A Study on College Student Organization in Contemporary China

中国当代高校学生组织研究

主　编：尹冬梅　丁　力
副主编：蔡景琦　滕育栋　郑智巍

时事出版社

目录

前言

党的十七大报告指出：当今世界正在发生广泛而深刻的变化，当代中国正在发生广泛而深刻的变革。机遇前所未有，挑战也前所未有，机遇大于挑战。中国社会的急速转型在给中国人带来物质财富的极大丰富、胸怀和视野的极大开阔的同时，也带来了无数前所未有的困惑和难题。

中国当代高校的学生组织，正是在这样的背景下进入我们的视野。在高校中，学生作为最重要的主体，借助于各类形形色色的学生组织，实现其多样化的存在、多元化的发展和多层面的诉求。同时，学校以各类学生组织的构架网络作为载体，实现对学生的有效管理和全面培养。特别是随着我国高等教育体制改革的不断深入，学生组织在学校，特别是高校中，成为最活跃的要素之一，学生组织成为联系学生和学校、社会的桥梁和纽带，在学生的专业知识获取、思想道德建设、综合素养提高、校园文化塑造等方面发挥着越来越重要的作用。

我国各高校的学生工作者，在第一线的工作中积累了一些学生工作经验，对学生组织也产生了比较零散的感性认识。然而，截至目前，涉及这一类组织的专门研究数量不多；结合我国社会发展与转型、高等教育改革与探索的现实来考察学生组织的研究成果更是有限。

我们发现，“学生组织”这一概念的内涵和外延在学界尚无定论。在这样的前提下，对其特征、分类、运行机制以及发展路向的深入探讨，难以形成有效的知识积累。同时，我们也发现，关于学生组织虽然没有系统的专著，但对于民间组织、共青团组织、学生会组织、国外高校及社团组织的研究却有很多可以借鉴和参考的成果。因此，实践上的迫切需求和理论研究的现有基础成为了我们写作这部关于学生组织的专著的动因。

本书将研究的对象限定为“中国的”、“当代的”、“高校中的”学生组织。这个范畴是我们所熟悉、了解的，比较有发言权；另一方面，选择比较小的切入点，有利于集中论述，把问题讲透。从书名来看，研究的对象已经非常明确，但是为了阐明研究对象的时代背景和历史渊源，以及通过对比来说明其特性，我们对古今中外的学生组织也做了一定篇幅的介绍。

本书分为七章。第一章为引论，主要说明学生组织的概念内涵及根本属性；第二章主要针对我国古代和近代的学生组织进行梳理介绍；第三章为对国外，主要是西方大学中的学生组织的研究；第四章对我国高校学生组织进行探讨，主要分析了我国高校学生组织的法律基础和常见类型及其特点；第五章为针对我国高校学生组织的制度研究及制度设计；第六章通过对基层班团组织、学生社团和学生媒体三组个案进行的深入剖析来探讨学生组织的优势与瓶颈；第七章讨论了我国高校学生组织的扩展功能及发展前景。这样的结构安排主要出于两个目的：一是为了将“学生组织”这个目前尚未完全明确的概念比较完整地呈现在读者的面前；二是为了能够对目前高校的学生工作给予较为实际的指导或启发。

客观地说，由于资料匮乏、经验优先，全书难免有论述不周、不当之处。我们的研究并非纯理论，而是希望能够通过系统地阐述，以期达到抛砖引玉的目的，为国内同行和相关领域研究者提供有限的参考。

全书各部分写作分工如下：

主编：尹冬梅　丁力

副主编：蔡景琦　滕育栋　郑智巍

第一章

第一节：朱妍蕾

第二节：滕育栋　金晓文

第二章　翟庆瑞

第三章　高天

第四章

第一节：高昕

第二节：蔡景琦　顾文

第三节：高昕

第五章　翁洁静

第六章

第一节：郑智巍

第二节：蔡景琦

第三节：顾文

第四节：滕育栋

第五节：蔡景琦

第七章

第一节：陈旖旎

第二节：朱妍蕾

第三节：郑智巍

统稿：蔡景琦

第一章

引　论

学生组织是伴随着改革开放和高教改革的不断深入逐渐进入人们的视野的。在探讨学生组织之前，需要对学生组织的概念进行梳理。我国高校的学生组织目前大致包括四种主要形式：班级组织、共青团组织、学生会组织和社团组织。另外还存在一些特殊的学生自组织。从理论上讲，学生组织的权力来自于高校中与行政权力、学术权力相并列的学生权力，其主要表现为学生参与学校管理和自我管理。作为其骨干和核心的学生干部是学生组织的重要环节。

第一节 时代潮流中的学生组织

大学在人类社会发展中承担着两个方面的使命和任务：对于个体的人，大学既承担着培养社会所要求的德、智、体全面发展的高级专门人才的任务，又负有养成健全的人格、开发人的理性和潜力、革新人的天赋、扩大人的生命内涵、为人的一生奠基的使命。对于整体的人类社会发展，大学既承担着传承文化和将科学技术成果尽快转化为现实生产力的任务，又负有批判性地发展知识以更新扩大文化遗产的使命。大学的核心工作是"育人"，大学的首要成果是"学生"。在大学的发展过程中，学生的群体镜像——学生组织——在不同历史时期、不同文化背景下承担了不同的使命和责任，它们的形态和功能也发生着不断的变化。从满足学生需要、维护学生权益发展，到辅助学校育人、服务贡献社会，学生组织的发展状况已经成为衡量一所大学"育人"成绩的评判尺度之一。

从构成来看，目前中国高校的学生组织主要有：

第一类：从学生最基本的身份出发，以相似的教学、培养内容或目标为基础，划分和编列而成的全覆盖型学生组织。它普遍存在于各类学校，也是最基本的学生组织形态。它往往是学生进入学校归属的第一个学生组织，具有最广泛和有效的覆盖性，并通常成为学生的身份标识。这类学生组织的传统形态为班级、院系等。在以通识教育为核心的高校新的育人理念下，有些高校为打破专业隔阂，促进通识意识，为学生建立了一些新的组织方式，比如以集中居住地为划分依据的学生组织，主要以宿舍楼、居住区为单位。

第二类：学生根据一定的政治面貌归属相应的社会团体，按照该组织的章程建立相应的层级组织，如我国高校中各级共青团组织。

第三类：为实现一定群体内的学生自我管理和沟通等功能，组建的具有一定群体代表性的学生组织，为相应的学生群体服务通常是其最基本的职能，如各级学生会、楼委会等。部分高校的校园网络论坛管理团队由学生构成，也属于这类学生组织。

第四类：以学生自主参与为基础形成的学生组织。这类学生组织结构相对松散，其成员拥有共同兴趣或共同目标，组成活动、参与型的学生组织，比如学生社团、学生志愿者队伍等。一些高校的勤工助学团队以类似企业组织的形式出现，也是特殊的学生组织。

在本书中，我们还会涉及一些学生自然集合而成的参与型的类社团学生群体，它们具有某些和社团相似的形态和特征，具有社团的某些功能，然而由于其成员的随意性和流动性极高，组织机制不全而松散，未经过自组社团的正式认证，不能称为严格意义上的学生组织，我们在论述中称为学生自组织，比如读书小组、同乡会、学生创业团队、以校园网络 BBS 论坛版面为集结的网友群等。

高校各类学生组织与其他社会组织一样，一般拥有自己的章程、纲领及组织规范体系，有各自特定的目标，有一定数量、按照一定条件和程序组成的成员，有自己的权力执行机构，并拥有一定的物质设施。除此以外，高校学生组织还有一些与一般社会组织不同的特点：

其一，个体的流动，整体的稳定。学生组织的成员是学生，而学生的身份属性是阶段性的。随着学生从学校毕业，学生组织的成员势必面临大规模的集中流失，在不长的时间内便会完成彻底更替。另外，除前两类学生组织外，组织对其成员的维系基础更多基于组织的吸引力和影响力，缺少强制约束性，这类学生组织成员的个体流动性更强。另一方面，由于学生组织依托学校存在，学生组织在整体上具有较强的稳定性。新的学生群体成为学生组织稳定的补充来源，新老成员有序更替达到动态平衡，组织文化并不随成员流失而得以传承，而使组织形态结构得以固化稳定。

其二，目标总体统一，文化多元独特。成长成才是大学生的首要任务，学生在社会生活中也处于特殊的地位，有着特殊的利益和诉求，这都使学生组织在根本目标上趋向统一。而成员年轻，是学生组织最鲜明的特征。学生精力充沛，思想活跃，好奇心强，求知欲高，年轻人所具有的身心发展的特点，必然会反映到学生组织的性质、任务、结构以及活动的方式上，使学生组织拥有青年特有的生机与活力，呈现出多元独特的组织文化。

其三，亚层性和前喻性。在社会组织结构体系中，学生组织一般不占据第一层次，而是居于亚层，往往以其他的社会组织为生存基础。但是，学生组织往往蕴含着超越或影响较高层次社会组织的潜力和能量，这就是学生组织的前喻性。它是与学生代群所具有的社会过渡、倾向未来的本质特征有内在联系的。

在世界文明史上，学生组织对社会、文化和历史的发展产生了不可估量的作用。在中国漫长的社会发展史上，早期学生群体和学生组织对中国传统文化的传承和发展，对异国文明的传播和借鉴，以及推动社会的进步和变革，都产生了深远的意义。近现代以来，学生组织和青年学生，在中国革命、建设、改革波澜壮阔的伟大进程中，为民族独立、人民解放和国家富强、人民幸福，创造了不可磨灭的辉煌业绩。我国现代高等教育制度的建立和发展，使学生组织的发展进入了新的阶段，高校学生组织获得了广阔的发展空间，在改革开放和社会主义现代化建设中奏响了新时代的青春之歌。

当今世界正在发生广泛而深刻的变化，当代中国正在发生广泛而深刻的变革，学生组织面对的是前所未有的机遇和挑战。中国的社会经济持续快速健康发展，综合国力不断增强，国际地位明显提升，社会环境日益开放，为学生组织创造了良好的外部环境。国家将教育放在了突出的位置，高校的大发展、育人理念的更新，为学生组织提供了肥沃的土壤。同时，高校学生组织的发展也面临社会思想深刻变化、社会生活方式变革、社会组织多样化等带来的冲击和困惑。中国的大学教育处于崇尚学术与适应社会的双重价值指向下。一方面，以认识论为基础的哲学要求大学教育必须崇尚学术，注重在长期教育和办学实践的基础上积淀和创造深厚的文化底蕴。另一方面，以政治论为基础的哲学要求大学教育应当适应社会，主动应对文明社会众多领域不同层次的广泛需求，既服务于社会又引领社会前进。从学生个人的角度看，社会对学生提出了更高的要求，专业化和全面素养、文化底蕴和创新精神、社会理想和个性发展，学生个人发展呈现出多元化的需求。

共青团中央十六大报告指出："要高度关注青年自组织，把握青年中相同兴趣爱好者之间需要交流互动、共同提高专业水平的特点，深入研究青年自组织产生和发展的趋势，加强同青年自组织沟通联系，配合有关部门做好对青年自组织的引导和管理，同时要主动培育和发展具有自组织特点的青年社团。"高校学生组织、自组织的发展进入了繁荣发展的阶段。而当前的高校学生组织，将责无旁贷地承担起社会、高校和学生赋予的使命，在学生获取专业知识、提高综合素养、活跃校园文化、参与学校管理等方面发挥更大的作用，培养"理想远大、信念坚定的新一代，品德高尚、意志顽强的新一代，视野开阔、知识丰富的新一代，开拓进取、艰苦创业的新一代"。高校学生组织的发展必然是帮助青年学生实现人的全面发展，从而推动经济、政治、文化和社会的良性发展。

第二节　有关学生组织的几组概念探究

学生组织是现代大学中重要的组成部分，是具有独特职能和使命的组织。学生组织既因为涉及高校权力结构而令学生们向往和追求，同时学生组织也因为是学生权力具体行使的载体而与广大学生休戚相关。这种权力与理想的交错使得学生组织成为了高校中不可忽视的影响因素，正在且将会成为一种拥有更大发言权的力量。

本节将就有关学生组织的几组概念进行探究，涉及学生组织的权力问题、管理问题、自治问题和干部问题。这些问题不仅是决定学生组织作用的关键要素，也关系到学生组织的存续与发展。换言之，离开这些问题，对于学生组织现象的论述并不能探寻到学生组织的内在要义。因此，对于这几组概念的论述也将成为下文论述的关键。

当然，必须强调的是，这几组概念并不是并列的关系，它们之间存在着一定的递进关系。权力问题作为贯穿几组概念始终的问题，处于决定和主导的地位；管理问题由于涉及到高校学生的综合管理，其外延要大于学生的自治问题；学生自治作为学生权力的有机载体，存在于学生管理的大问题中；而干部问题又作为自治问题的一个重要环节，影响学生组织的作用发挥。因此，本节将从权力问题着手，进而递推至管理问题、自治问题和干部问题，试图奠定学生组织的理论基础。

一、学术权力、行政权力与学生权力

在学生组织的运作和构成中，“权力”始终是制约和操控着学生组织有序进行的重要因素。因此，在分析学生组织的过程中，对其中涉及的重要概念加以阐释无疑是必要的。而在高校中又存在着学术权力、行政权力、学生权力等多元化的权力，它们所处的地位、所构成的权力结构，无疑又制约着组织发展的方向。由于现存的研究成果对于这些问题并没有达成非常一致的意见，所以在展开本书的结构之前，对这些概念进行界定和阐释便显得十分重要。

（一）概念厘定

从词源上考察，英语中 power 一词来自拉丁语 potestsa 或 potentia，引申自拉丁语动词 potere，意指能够做某事，是故权力往往是指贯彻某种意志以达成一定目标的能力。[①] 对于权力的定义众说纷纭。伯特兰·罗素认为，权力是“有预期地努力的结果”。[②] 彼德·布劳将权力定义为“通过消极制裁进行控制”的能力，是“个人或群体将其意志强加于其他人的能力”。[③] 我国学者在总结当代社会科学领域对权力的界定时指出，权力是“人际关系中的特定的影响力，是根据自己的目的去影响他人行为的能力”。[④] 从上述界定中可以看出，尽管不同学者对于权力有不同的理解，但是我们也可以发现关于权力的四点共性：第一，权力是一种社会关系，是在人与人活动的过程中产生的；第二，权力具有内在的强制性，即权力行使的一方对于被接受的一方具有绝对的优势；第三，权力是一种内在化的社会关系，换而言之，权力在行使之前已经是合法化了的；最后，权力的行使和运用具有一定的目的性，是以一定的利益关系为基础的。因此，权力作为一种社会关系，总是权力关系双方互动作用的结果。

与权力一词密切相关的另一个概念是权威。所谓权威，一般认为是一种做出特殊决定，命令别人服从的权力。[⑤] 恩格斯在《论权威》中指出，权威有两个基本含义，一是“把别人的意志强加于我们”，另一方面“权威又是以服从为前提的”。[⑥] 从某种程度上说，权威与权力是一对既不同又相似的概念，因此，就有学者将权威与

---

① 孙关宏、胡雨春、任军锋主编：《政治学概论》，上海：复旦大学出版社，2005 年版，第 44 页。

② ［英］罗素著，吴三友译：《权力论——新社会分析》，北京：商务印书馆，1991 年版，第 23 页。

③ ［美］彼德·布劳著，孙非等译：《社会生活中的交换与权力》，北京：华夏出版社，1998 年版，第 137 页。

④ 《中国大百科全书·政治卷》，北京：中国大百科全书出版社，1992 年版，第 498 页。

⑤ 王宗文：《权力制约与监督研究》，沈阳：辽宁人民出版社，2005 年版，第 7 页。

⑥ ［德］恩格斯：《论权威》，北京：人民出版社，1973 年版，第 14 页。

权力划上等号，例如汉娜·阿伦特就认为权力等于合法权威。就本节而言，由于在学生组织中权威与权力相互并行，且其发挥的作用也大致相似，因此文中涉及的权威与权力的涵义可以认为是基本一致的。

在明晰了基本的“权力”概念之后，我们将更为深入地界定与学生组织密切相关的三种权力：行政权力、学术权力和学生权力。

第一，行政权力。行政权力常常特指国家行政机关的权力，即国家行政机关依靠特定的强制性手段，为有效地执行国家意志而依据宪法、原则对全社会进行管理的一种能力。[①] 但一般也用来指社会组织中的行政权力，即社会组织中的行政机构和人员为实现组织目标，依照一定的规章制度对社会组织自身进行管理的能力。[②] 一般的机关、学校、工厂都有这种行政权力。高等学校中存在的这种行政权力，严格地讲表现出“科层化”的特征，其作用方式是通过指示、指令、决议等，自上而下地要求服从遵守，具有很强的强制性。这样构成的一个自上而下的行政权力体系有效地维持着高校的日常运作，保证了高校的正常秩序。

第二，学术权力。我国学者普遍认为，“学术权力是高等学校中学术人员和学术组织所拥有和控制的权力。简单地说，学术权力是学术人员所拥有和控制的权力”。[③] 别敦荣教授在《学术管理、学术权力等概念释义》一文中认为：就学理而言，学术权力是指管理学术事务的权力。[④] 李承先认为，学术权力亦即学者行会权力，其主要功能是

① 张国庆：《行政管理概论》，北京：北京出版社，1995 年版，第 218 页。

② 竺乾威主编：《公共行政学》（第二版），上海：复旦大学出版社，2005 年版，第 40 页。

③ 张德祥：《高等学校的学术权力与行政权力》，南京：南京师范大学出版社，2002 年版，第 15 页。

④ 别敦荣：“学术管理、学术权力等概念释义”，《清华大学教育研究》，2000 年第 2 期。

制定学术规范并负责学术评价。[①] 而伯顿·克拉克则在《高等教育系统——学术组织的跨国研究》一书中，把学术权力划分为三大组成部分，即扎根于学科的权力、院校权力和系统权力。其中，扎根于学科的权力包括个人统治、学院统治、行会权力和专业权力；院校权力包括董事权力和院校官僚权力；系统权力则包括政府官僚权力、政治权力和全系统学术权威人士权力。[②] 由此我们可以认为，学术权力的涵盖面是比较宽泛的，不能对之作过于狭窄的理解。

第三，学生权力。关于“什么是学生权力”有很多研究者作过不同的解释，研究者们的理论假设、研究视角、关注重点不同，表明学者们对学生权力的理解存在分歧。美国学者布鲁斯认为，学生权力是一种影响学校决策过程的能力，有积极的学生权力（如影响教学方式）和消极的学生权力（如追求私人权利）之分。[③] 我国学者董国文、王银霞认为，学生权力就是处于学生地位为争取自己利益而应具有的支配力量。[④] 甘永涛认为，学生权力是基于法律或学校管理体制的一种权力形式，其权力主体可以是学生个人，也可以是学生组织。[⑤] 但所有这些关于学生权力的解释，都从某个侧面反映了学生权力的内涵，即学生权力从本质上说是强调学生在教育活动中的影响力。因此，在探讨学生权力时，应该从学生的主体地位出发进行思考。

通过上述界定，我们不难发现权力在高校中呈现出以下的特征：

---

① 李承先：“高校行政学术化——我国高校权力整合模式初探”，《江苏高教》，2002年第2期。

② ［美］伯顿·R·克拉克著，王承绪等译：《高等教育系统——学术组织的跨国研究》，杭州：浙江教育出版社，1994年版。

③ D. Bruce Johnstone, “The Student and His Power,” *The Journal of Higher Education*, Vol. 40, No. 3 (Mar., 1969), p. 206.

④ 董国文、王银霞：“高校民主管理下的学生权力初探”，http://www.jiaoshuyuren.com。

⑤ 甘永涛：“对高校学生权力的探索”，《现代教育科学》，2007年第1期。

多元性、复合性、相互制约性。为此，下面将会围绕这几个方面展开具体论述。

（二）高校权力结构

在高校权力结构中，有三种权力无疑占据着最为主要的位置：行政权力、学术权力和学生权力。行政权力作为维持高校日常运作的权力，在整个权力体系中占据着重要的位置。但是作为以知识为主体的高等学府，如果无法给予知识传播和研究的主体以适度的权力，那么大学存在的合法性必然会受到挑战。因此，学术权力的存在从某种程度上说既是一种对研究者付出知识的回报，同时也是对于拥有运营大学的行政权力的一种约束。而构成大学主体力量的学生，因其身处的背景和年龄的缘故，对于权力意识的觉醒和渴望往往超过了一般人群，故而一方面缘于本身的不断诉求，另一方面缘自开明的大学背景，于是，大学生群体获得了一部分自我管理、并能够达到自我实现的权力。

既然高校中存在着这三种主要的权力，那么现行大学的权力结构又是怎样一种模式呢？大部分学者认为，现行高等教育体制可以归纳为三种典型模式：以学术权力为主的权力结构，一些欧洲大陆国家为典型代表；以行政权力为主的权力结构，以美国的一些巨型大学为代表；行政权力和学术权力均衡的权力结构，英国传统大学是该模式的典型代表。① 从上述归纳中我们可以看出，目前大部分学者并没有将学生权力纳入到高校权力结构中去。但是笔者认为，在目前的权力结构中，学生权力已经作为有机的整体参与到学校的管理当中，例如学生的监督与自治制度的设立。同时学生群体能够通过网上论坛、校园媒体等多元形式影响决策者的决定，获取自身的话语权，例如校长信

① 谢安邦、阎光才：“高校的权力结构与权力结构的调整——对我国高校管理体制改革方向的探索”，《高等教育研究》，1998年第2期。

箱、学生听证会制度等。此外，一部分在行政部门兼职的学生同样也能够以其更为有利的身份，代表学生群体对决策层形成相应的影响力。因此，笔者认为学生权力应该被纳入到学校管理的模式中。于是，现行大学的权力结构中也就同时存在着行政权力、学术权力和学生权力这三种权力。

那么，在这三种权力之间，是否存在着一种主导性的权力呢？我们不妨从大学的人员构成入手。大学通常是由三个群体构成的：教师群体、学生群体和行政人员群体。这三个群体的存在不仅分享了学术权力、学生权力和行政权力，同时也构成了大学的三重属性，即学术属性、行政属性和产业属性。[①] 但是不能简单地认为单一的群体仅仅获得了单一的权力，因为学术权力的享有者包括了教师群体和一部分学生群体中的科研人员；行政权力的享有者包括了单纯的行政人员和兼具科研和行政双重身份的教师和学生；而学生权力的行使者同样也包括了以学生身份出现的教师和行政人员。身份的重叠使得权力的运用呈现出复杂性。当不同的群体分别站在被建构出的不同身份上进行思考时，每一种权力就会发生相互冲突与制约。因此，我们很难说哪一种权力占据了主导地位，因为行政权力的主导地位很可能受制于学生权力的扩张[②]和学术权力的影响；而学术权力的强势地位很容易为行政权力所制约，并受到学生权力的挑战；此外，学生权力存在的前提就在于其他两种权力的让渡。所以，笔者更倾向于认为行政权力、学术权力和学生权力之间形成了一个“铁三角”的关系（见图 1），三种权力相互影响、相互制约、共同运作。

---

① 季诚钧：《大学属性与结构的组织学分析》，北京：人民教育出版社，2006 年版，第 72 页。

② D. Thiessen and A. Cook-Sather (eds.), *International Handbook of Student Experience in Elementary and Secondary School*, (New York: Springer Press, 2007), p. 587.

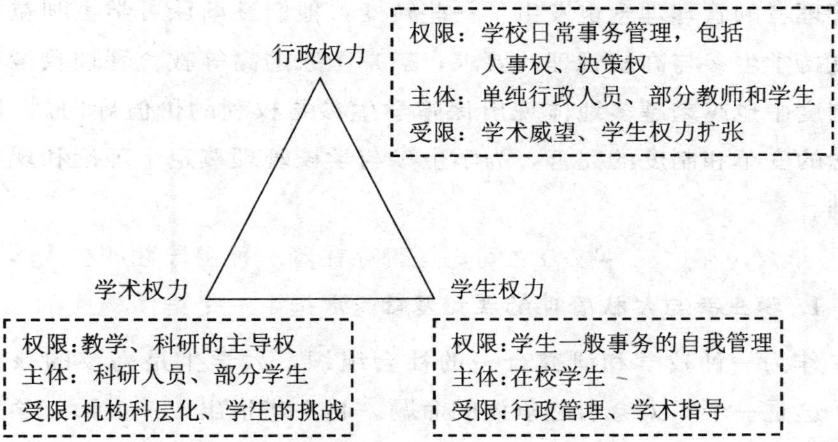

图 1：高校权力结构定位

二、学生管理与学生组织

传统意义上的学生管理是从学校管理层的角度出发进行探讨的，其管理主体主要是高等学校的学生工作队伍。但是本书试图改变这种传统论述观念，讨论学生群体这个直接的“利益相关方”如何作为主体参与学校的管理，实现从“被管”向自我管理的转变。因此，本节所说的学生管理是指学生参与学校的管理，是从主体意识出发进行阐释的。

（一）学生参与学校管理的基础

随着市场经济的不断深入和学生作为消费者观念的逐步形成，现有高校的权力结构中，以往大多为人们所忽视的学生权力正逐渐走上前台。作为学生权力发挥作用的具体形式，人们对学生管理的认识发生了以下三方面变化：一是学者们在“高校管理”的学术研究中越来越重视学生地位、权力和如何在高校中保障学生利益等问题；二是高校管理者的管理理念也发生了一些转变，他们逐渐认可学生利益诉求并支持学生参与高校管理的要求；三是国家的高等教育管理政策和管理制度中也越来越多地体现出保障学生参与权利的价值导向。[①] 这些观念的变革和制度的完善，为学生参与学校管理奠定了理论和现实的基础。

1. 学生参与学校管理的理论基础

作为一种教学和研究合一的社会组织，大学生是高校的核心成员，这是一个不太会引起争议的命题。赵文华指出，一方面，学生是构成高等教育系统的必要条件，离开了学生，高等教育系统就没有存在的理由；另一方面，大学生是身心发展达到一定程度、有一定的自律能力和批判能力的人。因此，大学生作为大学组织的主体是可能性与必然性的统一。[②] 台湾学者周志宏认为，大学生在推动整个大学改革运动中扮演了重要角色，其重要性和所产生的社会意义决不可忽视。西班牙学者加塞特认为："大学以学生为中心的概念必须得到贯彻，以达到能够影响其物质组织的程度。"[③] 因此，从本质上说，高校无论是主动适应学生的需求，还是被动接受学生的要求，学生始终是高等学府发展和进步的主体。

现代高等教育组织管理理论要求，学校管理层应该把大学生当作合作的伙伴，而不仅仅是被管理的对象，或者是敌对的、冲突的一方。只有在这样的前提下，大学的全面质量管理、全员管理等才能真正落实到实处。而且也只有这样，才能调动学生群体在各个方面的积极性，使他们对大学有认同感，将他们的全部激情和精力投入到大学

---

① 宋丽慧：《学生参与——转型时期高校管理的视界》，北京：北京大学出版社，2007年版，第134页。

② 赵文华：《高等教育系统论》，南宁：广西师范大学出版社，2001年版，第97页。

③ ［西］奥尔特加·加塞特著，徐小洲、陈军等译：《大学的使命》，杭州：浙江教育出版社，2001年版，第70—71页。

的建设中。所以，从理论层面上说，让学生参与到学校管理中去是必然的选择。

2. 学生参与学校管理的现实基础

如果说理论上的基础为学生参与学校管理提供了必要的前提条件，那么现实层面上的基础则最终推动了学生参与学校管理的进程。笔者认为，现实基础主要表现在高校组织结构从科层制向扁平化转向。

现代大学是多样化高等教育系统的核心部分，它符合马克斯·韦伯的科层制理论的精髓，借鉴了现代组织管理模式，设计出以科层组织为主的组织结构，使大学组织保持着一种高效、健康、有序的运作状态。但是由于受到经济全球化、知识经济化和信息网络化的冲击，当今高校科层制的管理结构受到了严峻的挑战：一方面，随着技术的不断升级和政治、经济、社会的变革，高校僵化的科层体制陷于挣扎之中，反应迟缓；[①] 另一方面，高等院校内学生更渴求民主、自由以及自我实现，因此，组织结构形式在内因和外力双层驱动下，逐渐从科层制向扁平化转变。这种扁平化的结构打破了原本上层对资源的垄断，使权力资源垂直流散，扩大了学生参与学校管理的机会。同时，由于扁平化组织缩减了层级，学生层的建议与想法也能很快地直接传递到决策层，并进而转化为现实决策，从而间接实现了学生参与学校管理的理念。所以，高校组织结构从科层制向扁平化的转向为学生参与学校管理的实现创造了重要的条件。

3. 学生参与学校管理的法律基础

除了理论与现实基础之外，法律上的依据和基础成为了学生参与

① ［美］罗伯特·G·欧文斯著，窦卫森等译：《教育组织行为学》（第七版），上海：华东师范大学出版社，2001 年版，第 95 页。

学校管理的有效保障。根据《中华人民共和国宪法》第三十五条规定："中华人民共和国公民有言论、出版、集会、结社、游行、示威的自由。"这为学生组成学生组织，参与学校管理提供了根本保障。依照《宪法》的规定，国家还就学生参与学校管理制定了相关的法律规定，主要涉及以下两部法规：

(1)《普通高等学校学生管理规定》(1990)

1990 年 1 月 20 日，中华人民共和国国家教育委员会发布第 7 号令，即《普通高等学校学生管理规定》，对学生参与学校管理作出了比较明确的规定。该《规定》第 50 条明确指出："鼓励学生对学校工作提出批评和建议，支持学生参加学校民主管理。"第 51 条规定："学生对有关切身利益的问题，应通过正常渠道积极向学校和当地政府反映。"由此可见，国家在法规上很早就支持学生参与学校的民主管理。

(2)《普通高等学校学生管理规定》(2005)

2005 年 9 月 1 日，教育部颁布了第 21 号令，即新的《普通高等学校学生管理规定》，该《规定》对高等学校的学生参与高校管理的规定主要包括如下方面：

第一，高校学生参与学校管理的组织保证。《规定》第 41 条规定："学校应当建立和完善学生参与民主管理的组织形式，支持和保障学生依法参与学校民主管理。"

第二，高校学生组织参与学生团体的权利和自由。《规定》第 44、45 条指出，学生可以在学校内组织、参加学生团体。学校提倡并支持学生及学生团体开展有益于身心健康的学术、科技、艺术、文娱、体育等活动。

第三，高校学生对有关处理决定享有申诉权和参与权。《规定》第 56、60、61 条规定："学校在对学生作出处分决定之前，应当听取学生或者其代理人的陈述和申辩。""学校应当成立学生申诉处理委员会，受理学生对取消入学资格、退学处理或者违规、违纪处分的申诉。”“学生申诉处理委员会应当由学校负责人、职能部门负责人、教师代表、学生代表组成。”这些规定赋予了学生参与处理该等事项的权利。

从中我们可以看出，学生参与学校管理获得了理论基础的支持、现实基础的推动和法律基础的保障，这使学生权力的行使有了具体的表现。

(二) 学生参与学校管理的形式

从理论上来说，学生参与学校管理的机制可以从参与动力来自于管理体制还是来自于学生群体为标准划分为两大类，即“自上而下”和“自下而上”两种参与机制。[①] 自上而下的参与机制主要通过行政机构来参与学校管理，其作用方式往往是间接的，因为它所涉及的问题通常是事关学校发展的重大问题；“自下而上”的参与机制主要通过学生组织来参与学校管理，其作用方式较前者相比更为直接，它所处理的问题往往与学生的日常学习、生活密切相关，也是学生权力实现的最主要途径。下面我们将分别论述这两种参与机制。

1. 自上而下的参与机制

在西方高校中，学生通过行政机关参与学校管理与通过学生组织参与学校管理具有同等的机会，因为绝大多数大学都允许学生代表参加各种委员会，如西方国家在董事会和校务委员会等各种决策机构中广泛地吸收学生参与，虽然参与的程度和内容是有一定限度的。但在中国现行的高校体制下，学生能够通过行政机关参与学校管理往往取决于上层决策者的意愿，且途径较少。现有比较普遍的形式主要有如

① 宋丽慧：《学生参与——转型时期高校管理的视界》，北京：北京大学出版社，2007年版，第142页。

下几种：

第一，校长接待日和校长信箱。这是最为普遍的参与形式。学校管理层为适应学生参与学校管理的民主管理理念，主动创建校长接待日、校长信箱等可行的机制，使学生对学校管理的意见和要求能够直接传递到校长等主管人处。虽然这种制度并非专门为学生所设，但是学生依然能够通过这种制度将学生主体的意见和要求传递至决策者处，影响事关学生利益的决策，间接地参与到学校的管理中去。

第二，学生申诉委员会管理机制。根据2005年颁布的《普通高等学校学生管理规定》，学生成员被吸纳到学生申诉委员会中，对与学生处分等相关的事宜发表自己的意见，使原本单向的决定转变为双向互动后的结果，使学生能够参与到和自己前途紧密相连的事务中。

第三，各校自行设置的一些制度。一部分高校试行了“学生校长助理制度”，通过校内公开招聘的方式，架起学校领导与学生之间的桥梁，向学校决策层直接反映学生的意见，参与学校重大事务的管理。另有一些高校在学校管理委员会中设立学生代表席位。尽管学生代表的名额很少，且没有决策投票权，但是学生代表直接在学校相关管理机构的决策过程中陈述立场，也是一种有效的机制。

从中我们可以看出，自下而上的参与机制并不能非常有效地将学生纳入到管理体系，有意或者无意的制度安排还无法使学生权力真正在该体制中得以体现。

2. 自下而上的参与机制

自下而上的参与机制是学生权力行使和体现的最主要途径。学生成立的学生组织虽然无法参与学校重大事务的决策中去，但是却有效地解决了学生实现自我管理的需求和部分参与学校管理的诉求。在现行的机制中，学生主要通过以下几种学生组织参与到学校的管理当中：

第一，通过班级、系科等基层学生组织参与学校的管理。班级、系科是所有学生能够直接接触到的单位，也是学生参与学校管理的最基层组织。在这两个基层组织中，学生管理的学校事务往往与自身最为相关，因为这些事务通常需要落实到个人层面。同时，班级、系科由于处于学校的最基层，因此也就能够听到最广泛学生的真实声音。能够将这些较为集中的声音上呈至相应的决策机构，这就最为有效地实现了学生参与学校管理的过程。

第二，以学生社团为中介的参与机制。学生社团是学生自发自愿组织起来的，具有较强的自愿性和自主性，因此从理论上也就最能成为学生利益的代言人。尽管社团的成立是以兴趣为基础的，且需要受到学校的审批、管理和资金支持，但是社团的成立在一定程度上是学生参与学校管理的体现，例如，社团举办的讲座和各类活动就使学生参与到自我发展的管理之中，所以，学校中大量社团的存在是学生参与学校管理的最好体现。

第三，通过学生会组织参与学校管理。较之学生社团，学生会的性质有所不同，它是具有半行政性的学生组织，因为它是学校对学生进行行政管理的正式组织，尽管它的组成具有群众性组织的特点。所以，它在某种程度上成为了学生利益的维护者。又由于学生会是由部分学生主持其日常运行的，它也成为了学生参与学校管理的最为突出的标志。

这里需要特别提及的是关于高校团组织的定位问题。有些学者认为，由于团组织具有特殊的政治属性，因此不应将高校团组织纳入到学生组织的范畴中去。但是本书认为，对于高校团组织要根据实际情况具体分析、区别对待。这是因为：第一，从本质上说，共青团组织属于社会团体，具有广泛的社会基础和自发性的特征。高校团组织虽然在组织和功能设定上有政治导向的作用，但是在实际操作层面却客观地发挥了学生组织的功能，是学生自治的有机载体，因此不宜将其排除在外。第二，区分团组织的属性应该以是否有专职团干部来加以划分，因为专职团干部的存在就超越了学生组织自为、自在的特征，其主体就将扩大化，而性质也会随之发生变化。因此，必须根据实际情况来加以区分，不应片面地将其排除在外。第三，从客体的认知层面来看，高校学生在定位团组织的过程中就将其视为一类学生组织，正是这种认知的存在才导致团组织的主体不断得以获得新鲜的学生资源，并发挥起自我管理的功效。所以，本书将高校团组织定义为一类特殊的学生组织，参与到学校的管理当中。

此外，有些学校还有具有本校特色的一些形式，例如大学生居委会等。这些都体现了学生参与管理目前相对集中在自下而上的参与机制，学校更多地从这方面挖掘资源，满足学生们参与管理的需求。

三、学生自治与学生组织

"学生自治"最早可追溯到中世纪意大利波隆那大学，学生组织"同乡会"和"行会"成为"治校"的管理者，全面负责主管校务、选聘教授、规定学费、决定授课时等。① 尽管当时的学生自治是一个极端做法，这种自治的模式没有、也不可能延续下来，但是学生自治的理念却由此萌发。随着经济的不断发展以及网络、媒体等技术的普及，学校已经无法满足学生对于自我管理的诉求，自下而上的管理途径开始挤占原本由学校掌握的管理权，此时，学生自治又获得了拓展其空间的机会，作为学生权力最为直观体现的学生自治，在学生权力的扩张中得到了新的发展。

---

① Stephen H. Spurr, "Faculty Power Versus Student Power," *Peabody Journal of Education*, Vol. 48, No. 1 (Oct., 1970), p. 38；徐元红："论社会转型期高校学生自治的拓展"，《教育探索》，2006 年第 9 期。

(一) 学生自治概念的界定

《汉语大词典》对“自治”的解释有两个：一个是“自行管理或处理”；另一个是“修养自身的德行”。[①] 这两个解释都适用于进一步分析学生自治，因为前者是自治概念在大学的运用，而后者可扩大为大学生的自我教育。

那么，什么是学生自治呢？陶行知先生在其撰写的《学生自治问题之研究》一文中指出，“学生自治是学生结起团体来，大家学习自己管理自己的手续”。从学校这方面说，就是“为学生预备种种机会，使学生能够大家组织起来，养成他们自己管理自己的能力”。他认为学生自治，不是自由行动，而是共同治理；不是打消规则，而是大家立法守法；不是放任，和学校宣布独立，而是练习自治的道理。[②] 杨贤江先生认为，学生自治是指在学校的宏观指导之下，在团体的约束力之下，学生们自发、自动、自主的行为，以使其在品性、学业、体魄、才识等方面得到不断提升，以利个人之发展和社会之进步。[③] 从中我们不难归纳出，高校的学生自治主要是指学生的自我管理和自我服务，是基于学生基本教育、民主权利之上的，由学生组成群众性的组织，协助学校对一定范围内的学生事务进行管理、监督的一种机制。

有学者认为学生自治有三个层次上的外延：第一，学生自我决定的意向、零散的利益表达和个体维护自身利益的个别行动。这个层次

---

① 罗竹风主编：《汉语大词典》（第八卷），北京：汉语大词典出版社，1991 年版，第 1318—1319 页。

② 陶行知：“学生自治问题之研究”，《陶行知全集》（第一卷），长沙：湖南教育出版社，1984 年版，第 132—141 页。

③ 吴月刚、丁永为：“试论杨贤江的学生自治思想及其实践意义”，《中国电力教育》，2006 年第 3 期。

上，“自治”是学生自发的一种倾向，具有个体性、零散性、盲目性和模糊性，有时可能出现偏激、剧烈的行动。第二，在一定范围内或一定时间内比较有计划、有针对性和有组织的行动或组织。这一层次的“自治行为”，经过较多的思考和组织策划，其特征是局部性、短期性和目的特定性。第三，正式的和非正式的学生群体组织。在这个层面上，学生组织所履行的自我管理的功能也比较完整和全面。①

对照相关的文献以及具体实践，我们认为大学生自治可以分为三个不同层次：首先，基于学生自我管理的民主自治。这个层次主要表现为以学生组织管理学生，自觉进行民主法制精神的学习过程。其次，对校园重大事务的参与过程，即大学生对大学事务有参与权，实现“民主参与”。在操作上表现为大学生参与大学管理机构，大学生参与涉及大学生事务的校园行政决定等。最后，追求和建构一种平等的身份，使学生、学术和行政成为学校三位一体的有机组成。

（二）学生自治的类型

学生是市民社会的重要组成部分，作为推动社会发展与变革的激进力量，国家和学校如何对待作为学生权力具体表现形式的学生自治，就无形中成为了学生自治的分野。在民主观念比较发达的国家，对大学生自治的管理采取比较开放的态度，学生自治有较大的发展空间；而在另一些国家，国家对大学生自治采取较为封闭的政策，因为客观上政治体制的限制、掣肘着大学生自治的发展。由此，国家干预大学生自治也就产生了两种不同的类型。②

第一，开放主义型。开放主义型自治主张，自治是大学不可侵犯的传统，其中心思想是多元开放，对象主体是大学生，操作方法是民

---

① 程同顺、郑天喆：“高校学生自治的政治学分析”，《江苏教育》，2005年第5期。

② 张永庆：《大学生自治的理念与实践》，华中师范大学学位论文，第62页；侯蔚：《“善治”——高校学生自治途径的探索》，华东师范大学学位论文，第12页。

主制度。开放主义型可细分为两种形态：一是有自治传统的大学和民主基础深厚的国家，以德国为代表；[①] 二是以台湾地区为代表的开放办学。[②] 开放主义型的特征主要体现在国家的宪法保障。在民主制度比较健全的社会，宪法是超然于政府之上的，且由于司法权的独立性，公民和团体的基本权益能够受到法律的保障，不受到政府或国家权力的侵害。因此，相对于其他两种权力，在一般情况下学生权力尚不能获得足够大的体现形式，大学生自治极易遭受不当的权威管理，其弱势地位就急需宪法和立法保障。于是，我们将有国家宪法保障的学生自治归为开放主义型的自治。

第二，国家主义型。根据《简明社会科学辞典》对“国家主义”的解释，国家主义的思想是宣扬“国家至上”，个人依国家而存在，要求牺牲个人的利益而效忠于国家。[③] 在这种情况下，大学生的自治机会是较微小的。国家主义型自治的中心思想是单元统一，其对象主体是国家或政府，而操作方法是国家机器（在大学层次是行政最高主管），施行的国家主要是发展中国家。国家主义型的特征主要是表现在对大学生自治的控制上，主要有立法控制和意识形态控制两种途径。由于发展中国家缺乏社会基础让大学生自治发展，且对大学生自治所产生的管理上的影响还没有一套解决的办法，控制就变成必要的手段。[④] 但是，控制同样也是促使学生运动形成的刺激性因素，进而引起大学生的反控制，大学生自治的表现就成为了据理力争的方式。

由此我们不难发现，无论国家和学校是否支持或者干预学生自治，学生自治已经作为学生权力意识觉醒和维护的重要标志，无以辩

---

① ［加］约翰·范德格拉夫著，王承绪等译：《学术权力——七国高等教育管理体制比较》，杭州：浙江教育出版社，2001年版，第19—22页。

② 徐小洲编著：《自主与制约——高校自主办学政策研究》，杭州：浙江教育出版社，2007年版，第186页。

③ 《简明社会科学辞典》，上海：上海辞书出版社，1982年版，第619页。

④ 张永庆：《大学生自治的理念与实践》，华中师范大学学位论文，第63页。

驳地登上了学校管理的舞台。随着学生民主观念和民主参与意识的不断加深，学生自治将愈发显示出独特的稳定功能，推动着学生权力成为高校权力结构三足鼎立中的重要一极。

（三）学生自治的载体——学生组织

学生自治是学生权力的具体表现，而作为一种理念，学生自治在具体实践中就必须通过一个载体加以实现，于是学生自治组织或称学生组织，就应运而生了。在西方国家，通常使用“student government”一词来称谓学生组织，不过不同的学校可能会使用不同的名称，如在美国就有学生委员会、学生评议会、学生联合会、学生议会、学生活动部等等。[①] 在中国，顾明远主编的《教育大辞典》认为，学生自治组织指的就是学生会。[②] 但是笔者认为，学生组织从广义上指的就是学生的自治团体，也就是学生自我管理的组织，因此，学生组织是指党群、专业、年级、班等不同系统和为培养德、智、体全面发展的建设者和接班人服务这样一个共同目的而组织起的领导团体，[③] 包括学生党支部、团总支、学生会、学生社团、班委会等。

与其他组织相比，学生组织有其自身的一些特色：

第一，权力范围小。虽然学生组织同样要进行职责划分和任务分工，但其权力范围要比一般组织小得多，不与社会生产及其他经济活动发生直接的联系。且由于学生管理工作也是行政权力和学术权力行使的重要组成部分，因此，学生组织的权限仅被限制在与自身密切相关的，但又不涉及升学、就业等事关前途发展的事宜，其权力范围就

---

① Paul A. Bloland, “A New Concept in Student Government,” *The Journal of Higher Education*, Vol. 32, No. 2 (Feb., 1961), p. 95.

② 顾明远：《教育大辞典》，上海：上海教育出版社，1998年版，第1810页。

③ 李正军编著：《高校学生管理工作概论》，保定：河北大学出版社，2002年版，第56页。

显得比较狭小。以高校共青团组织为例，尽管通常认为团组织在一般高校中属于权力最大的学生自治机构，因为团委对其他学生组织拥有指导和管理的权限，也能够获得相应的经费支持；但是从团委设置的部门来看，诸如组织部、秘书处、团校、调研部等相关机构大多负责活动的组织和策划、成员的发展与培养等工作，并不涉及学生未来择业所需的事务。因此，作为学生自治的学生组织，其能力培养功能要远远大于实质事务的决策功能。

第二，成员变动大。学生组织成员变更十分频繁，任职时间最长也只有三年或四年，更多情况下任职时间仅为一至两年，这是由高校学制期限所规定的。① 此外，由于学生组织中的成员具有非排他性的特征，即成为学生组织 A 中的成员并不意味着不能成为学生组织 B 中的成员，因此，学生组织中的成员往往是跨组织的，其流动性就比较突出。以复旦大学团委人数最大的部门《复旦青年报》社为例，2006—2007 年报社原有人数 74 人，截止到 2007 年 9 月，原成员仅剩 34 人，人员的总流动率达到了 54.1%。其中，以高年级为主的编辑以上人员流动率更是达到了 68.2%。可见由于学制的期限，学生组织中的成员一般更替较为频繁。

表 1：《复旦青年报》社 2006—2007 年人员流动状况

内容 职级	原有人数	留任人数	流动人数	流动率
编辑以上	22	7	15	68.2%
实习记者以上	52	27	25	48.1%
原有人数	74	34	40	54.1%

---

① Philip G. Altbach, "Students and Politics," *The Journal of Comparative Education Review*, Vol. 10, No. 2 (Jun., 1966), p. 182.

第三，民主性强。由于学生组织是自我管理、自我服务的载体，其成员也是由平等的学生组成的，因此，通常情况下，学生组织大多由民主选举直接产生，只有个别或少数的情况采用聘任制或者任命制。此外，因为处于该阶段的学生具有很强的民主意识，任何个人色彩很强的决策一般会受到大多数成员的反对与抵制，因此学生组织所作出的决策一般经过集体讨论，其成员的去留也遵循自愿原则，所以民主性成为了学生组织的显著特征。

第四，服务性强。[①] 学生组织作为学生自治的具体载体，其重要任务就是直接为同学的政治思想活动、学业学习活动、文体娱乐活动等服务。学生在学生组织中所做的只有奉献和义务，没有任何报酬，因此学生组织的建立就与自我管理、无偿服务联系在了一起。

第五，约束力弱。鉴于学生组织具有民主性强和服务性强的双重特征，又由于成员之间并无明显的科层制迹象，学生组织很难通过相应的规章制度来约束成员的行为，尤其在成员的流动问题上。如果成员对组织负责人或者所分配的任务感到不满，甚至因为个人偏好的缘故，成员完全能够通过随意退出而放弃对组织的归属，这无疑对学生组织的发展带来了一定的负面影响。

综上所述，学生组织作为学生自己的群众组织，代表学生的利益，并在一定的学生事务上为广大学生服务。虽然学生组织的法定性不是很强，但仍然要按照一定的程序履行严格的审批手续后，才能发生学生自治的具体作用，为学生实现自我价值提供有效渠道。

---

① James J. F. Forest and Philip G. Altbach (eds.), *International Handbook of Higher Education*, (New York: Springer Press, 2005), p. 333.

四、学生干部与学生组织

任何一种组织没有骨干与核心都是不行的，作为学生自治载体的学生组织亦是如此。作为学生组织的骨干与核心，学生干部是学生自我管理、自我服务、自我教育的实施者，在学生的教育和管理中，扮演着重要的角色。尤其是在大学扩招以后，学生人数急剧增加，学生干部更是成为高校学生管理工作中的一支生力军，所起的作用是辅导员和其他教师无法替代的。因此，充分了解学生干部也就成为了进一步认识学生组织的重要环节。

（一）学生干部的涵义

学生干部是指在学生正式群体或组织中担任领导或管理工作的学生，是学生中的优秀分子。他们既是学校教育管理的重要对象，又是学校教育管理最基层的组织实施者，广泛分布在班级、学生会、各种学生社团等学生组织中。[①]

作为学生中的骨干，学生干部首要的身份是学生。作为学生，就应该践行学生的本份，即好学力行。这里，学习是广泛的，既包括专业课程的学习、文化知识的学习，又包括思想道德的学习、文艺体育的学习；既包括理论上的学习，又包括实践中的学习；既包括自己的学习，又包括同学间的学习。其次，是干部。学生干部虽然与一般领导干部有着较大的区别，但仍然具有一般领导干部的本质属性。因此，既然是干部，就应该履行干部的使命，认真工作、服务同学，为学校的稳定、发展作出自己的贡献。最后，是学生干部。学生干部既是学生，又是干部，两者不可分割。因此，若是将学习和工作割裂

---

① 余辉："高校学生干部应处理好的几个关系"，《中国电力教育》，2007 年第 1 期。

开，学生干部也就从本质上失去了其应有的身份。所以，学生干部首先是学生，其次是干部，最后是学生干部，他们的作用在于服务同学、提高自我、奉献学校。

作为学校中一个相对特殊的群体，学生干部具有自身的一些特点：一是队伍庞大。依据高校学生组织的设置要求，所配备的学生干部人数众多，一般要占学生总人数的 1/3 以上，一个 40 人的班级往往有十多名各个层次的学生干部。这是由高校学生活动内容广泛而丰富的特性所决定的。二是人才齐备。高校学生干部是经过多重筛选出来的，有不同领域擅长的人才。这就为高校学生干部顺利而又生动地开展工作提供了优越的条件。三是热情高。高校学生干部都是精力充沛、对未来充满美好憧憬的年轻人。他们敢于创新、敢想敢做，这使学生工作能够以较低的代价换取较高的回报。四是联系同学紧。由于学生干部是学生中的一个有机组成部分，且因为高校学生干部始终与同学朝夕相处，彼此之间充分了解，这给学生干部工作带来了许多方便之处。①

所以，学生干部作为一种桥梁与纽带，既可以及时沟通教学联系，维护正常的教学秩序，又可以弥补高校行政管理工作中的不足，其作用不可忽视。

（二）学生干部的产生及影响

现有的学生组织中，学生干部的来源和组成是多种多样的。一般说来，主要有以下几种产生学生干部的途径：

第一，基于民主选举产生。从理论上说，由于学生组织是学生自治的主要载体，其中的一切事宜都应由学生自主决定，除学生之外的任何组织和个人都无权干涉学生组织中的事务。因此，作为学生组织

---

① 李正军编著：《高校学生管理工作概论》，保定：河北大学出版社，2002 年版，第 56 页。

中重要方面的人事任免，自然应当通过民主的途径加以产生，这符合学生自治的客观要求，也是学生民主意识的必然选择。现行的学生组织通常都是通过民主选举产生学生干部，这种方式产生的学生干部的权力来源于普通学生委托个体的学生权力。

第二，基于历史原因产生。如前文已述，由于学生组织具有高流动性和流失性的特征，学生组织中的成员一般只有一至两年的参与时间。为了保持学生组织的连贯性，确保学生组织中的工作不至于因人员的频繁更替而出现断档和真空现象，在一些情况下，原有组织成员中那些对组织有充分热情，并能为组织作出一定贡献的成员就能够在其他成员都流失的情况下自动成为该组织的负责人。这些学生干部通常是由原有领导推荐任命产生的，其产生的方式具有半任命制的特征。

第三，基于任命产生。虽然学生组织是学生自治的载体，但是为了指导学生能够在合理、合法的框架内进行最有效的自治，学校通常会组成类似于学生工作指导委员会的机构，指导学生自治。在一些重要的学生职位上，为了确保学校能够有效地对学生自治进行指导和管理，避免在特殊情况下出现失控的局面，学校拥有最终的任免权。这种方式产生的学生干部其权力来源于行政权力的授予，在现行学生组织中较为少见，但却必不可少。

第四，基于聘任产生。鉴于学生工作指导机构的存在，以及学生组织中具有高流动性的特征，学生干部就会因为现有人员无法胜任或者对相关职位无意向等原因出现空缺。在学生权力行使的最高机关——学生代表大会没有召开的情况下，为了既代表民意，又能产生合适的人选，通过公开招聘的形式产生学生干部就成为了较优的选择。相对原来在此情况下直接任命的产生方式，这种方式产生的学生干部具有半民主和半任命的特征，目前正得到推广。

那么不同方式产生的学生干部会有怎样的影响呢？首先，从影响力上来说。民主选举产生的学生干部最容易获得学生的支持，因为通过竞选这套检验机制，当选的学生干部往往具有较强的魅力来凝聚学生的力量，从而获得学生的支持、委托自我的权力。因此，民主选举产生的学生干部具有较强的威信，能够较为容易地推行一些方案和举措。其次，从权力范围上来说。学生权力最强势的体现是，相当一部分学生形成团体，发出同一种声音，甚至采取过激行动，违背校纪校规，与行政权力和学术权力发生冲突。在一般状况下，学生往往遵守着学校的管理制度，执行着行政部门的规定和要求，学生权力也就无法体现出与其他两种权力相比强势的地位。因此，在学生组织中，通过行政权力任命的学生干部也就意味着代表学校在管理该组织，其权限范围也就扩大到一般学生干部无法延及的领域，具有最大的权力范围。

对于基于历史原因产生的学生干部和基于聘任产生的学生干部，他们在职权上与民主选举产生的学生干部相同，但却并不具有其影响力，因此必须通过上级的授权来发挥作用。所以，我们可以看出，通过任命产生的学生干部和通过选举产生的学生干部比较适合担任领导性工作，而其余两类学生干部更适宜担当执行性工作。当然在更多情况下，学生干部的产生和工作的安排是几种形式的混合，其影响力和权力范围也是能够发生转换的，需要在现实中进行具体分析。

表 2：学生干部的相关问题

特征／产生方式	权力来源	优势	缺陷
民主选举	学生权力的让渡	影响力较大	民主但可能非理性
历史原因	行政权力授予	熟悉工作，工作有连贯性	工作变革的可能性较小
上级任命	行政权力授予	权限较大，执行力强	自主性较差
公开聘任	学生权力让渡与行政权力授予相结合	人选较合适，且符合民意	可能是少数人的选择

（三）学生干部在学生组织中的作用

学生干部在学生组织中的骨干核心作用主要表现在两个方面：实现学生组织的职能和加强学生组织自身建设。

1. 保障功能

管理需要制度。对学校来说，要把成千上万学生在学习、生活等方面的规章制定得十分完整而具体，是很困难的。一般来说，学校只能从宏观上作出比较全面的规定，此时学生组织就体现出了其存在的价值，即在微观领域的补充作用，对学生个体能够进行有效管理。然而这一功能的实现需要有一定数量的管理人员，而学生干部就在其中起到了职能实现的保障作用。

学生干部一方面能够创造性地执行学校的规章制度，即能够根据实际情况，在保证执行学校规章制度的前提下，制定出符合同学实际情况的实施细则，如班级制度、社团管理章程等等，使学校规章制度落到实处。另一方面，学生干部能够及时调控宏观管理，对于学生的实际情况和同学中出现的变化，学生干部能够及时向学校反映，弥补学校调控宏观管理时的信息不足。正是由于这两方面的作用，学生干部能够保障学生组织的各项职能顺利实现，确保学生组织有效发挥自我管理、自我服务的自治功能。

2. 建设功能

学生组织的自身建设是其实现学生自治功能的组织基础。如果学生组织内部的各种组织功能不健全、不完善，自身是松散无力的，那么就不可能发挥应有的自治功能。所以，这就需要学生干部去不断完善自身建设。

学生组织的自身建设包括思想、组织、作风建设等各方面，而学生干部首先就是学生组织自身建设的工作对象，因为学生干部是学生组织的核心，学生干部的思想、作风加强了，学生组织的自身建设就搞好了一半，学生干部也才有实施组织建设工作的资格。因此，为了能够使学生组织长期存在，学生干部的建设功能就显得至关重要。

参考文献

1. [加] 约翰·范德格拉夫著：《学术权力——七国高等教育管理体制比较》，王承绪等译，杭州：浙江教育出版社，2001 年版。

2. [美] 伯顿·R·克拉克著：《高等教育系统——学术组织的跨国研究》，王承绪等译，杭州：浙江教育出版社，1994 年版。

3. [西] 奥尔特加·加塞特著：《大学的使命》，徐小洲、陈军等译，杭州：浙江教育出版社，2001 年版。

4. [美] 罗伯特·G·欧文斯著：《教育组织行为学》(第七版)，窦卫森等译，上海：华东师范大学出版社，2001 年版。

5. 陈升主编：《共青团工作新论》，北京：中国青年出版社，1999 年版。

6. 王名、刘培峰等著：《民间组织通论》，北京：时事出版社，2004 年版。

7. 宋丽慧著：《学生参与——转型时期高校管理的视界》，北京：北京大学出版社，2007 年版。

8. James J. F. Forest and Philip G. Altbach (eds.), *International Handbook of Higher Education*, (New York: Springer Press, 2005).

9. D. Thiessen and A. Cook-Sather (eds.), *International Handbook of Student Experience in Elementary and Secondary School*, (New York: Springer Press, 2007).

10. J. Murphy and K. Louis (eds.), *Handbook of Research on Educational Administration* (2nd edn.), (San Francisco: Jossey-Bass, 1999).

第二章

中国高校学生组织溯源

严格意义上的大学及其学生组织是近代以后才出现的，但是为了更深入地研究，我们将研究的视角伸向中国古代。到了近代，随着自然经济的解体以及西方思想的传入，中国严格意义上的大学以及学生组织在炮火中诞生，翻开了历史新的一页，并作为一股变革社会的新生力量登上历史舞台，推动社会向前发展。

第一节　中国封建社会：中国学生组织的史前史

为了叙述的需要，我们仍然将中国古代学生的群体性组织或者团体称为学生组织。本节试从古代政治制度、社会主流思想、学校教育等外部社会环境入手，管窥古代学生群体性组织的特点。随着古代社会教育的不断发展，到宋代，书院兴盛，标志着我国教育事业进入官学、书院、私学三轨并行的时代，书院制度下的学生组织参与学校事务管理，具有民主倾向和重要的历史意义，奠定了我们现代意义上学生组织的雏形，因此，我们将书院下的学生组织单列一节研究。

一、古代学生群体的社会环境

任何组织的建立和发展都离不开外部环境的制约。专制主义中央集权的政治制度、强调伦理道德实践哲学的儒家思想以及学校教育给古代学生组织提供的物质基础、思想基础和权力来源，这些外在因素的存在和发展势必影响到学校的学生组织的成员来源、旨趣爱好、组织性质、功能定位、组织形态、组织管理形式以及组织目标等。本节试从这三个方面的影响因素进行分析。

（一）政治制度

当代世界著名的教育思想家、美国学者迈克尔·W·阿普尔指出教育与政治的关系：“教育与文化政治有着很深而且密切的牵连。课程从来都不仅仅是知识的不偏不倚的汇集……它总是一种选择性传统的一部分，是某人选择的结果，是某个集团对合法性知识的见解。”[①]对于中国而言，无论是奴隶社会还是封建社会，都是专制王权占主导。在中国古代的大学教育中，学术权力、学生权力始终居于行政权力主导之下，行政权力决定着大学的存废，无论官学还是私学都打上了深深的政治烙印，与国家的政治制度密切相关，这些学生组织不是商品经济的产物，而是适应政治统治需求的产物。

秦始皇建立了封建国家的专制主义中央集权制度，确立了皇权的至高无上的地位。以天赋的威权君临天下的皇帝“不但是政治上治之理之的帝王，更是道德上教之化之的表率……又是养育万民的父母”。[②] 基于皇权统治形成的行政权力，是教育机构、学生组织存废发展的权力来源和物质来源，这是学生组织建立和发展的保障。但是统治阶级皇权掌握着国家机器，不会允许有碍专制统治的言论、出版、集会、结社、示威、游行的存在，这就意味着社会团体、学生组织只能在专制主义的夹缝中生存发展。

1. 古代对教育机构、学生组织的管理存在着严密的管理制度，皇权通过“学官”直接管理着教育机构，汉代“五经博士”、“博士祭酒”、隋唐国子监、宋提举学事司、明提督学校官、清提督学正都是管理教育的政府机关。

2. 专制皇权还通过具体的文教政策约束人们的思想和活动。《史记·秦始皇本纪》记载了秦禁止“私学”、“焚书坑儒”、“以法为教、以吏为师”的文化专制主义政策：“私学相与，非法教人，闻令下则以其所学议之，入则心非，出则巷议。夸言以为名，异取以为高，率群下以造谤。如此弗禁，则主势降乎上，党与成乎下。禁之便。臣请史官非秦纪皆烧之，非博士官所职，天下敢有藏诗书百家语者，悉诣守尉杂烧之；敢有偶语诗书，弃市；以古非今者，族；吏见之不举

---

① [美] 迈克尔·W·阿普尔著，阎光才等译：《文化政治与教育》，北京：教育科学出版社，2005 年版，第 24 页。

② 国风：《中国古代的权力结构》，太原：山西人民出版社，2006 年版，第 1 页。

者，与同罪。……若欲有学，以吏为师。”秦统治者还认为，士人的上下串联，言论纷纭，传播自由思想与主张的传统，不利于秦统一，于是采取了“禁游宦”政策。所谓“游宦”是指通过游说宣传自己的主张以达到从政做官目的的知识阶层。因此，讲学求学、求师访友、会盟、讨论等教育、学术活动，都被认为是“游宦”的体现。这一政策“取缔了人们流动、迁徙、集会、结社、会盟、讲学和言论的自由”。[①]

秦朝是中国历史上第一个统一的中央集权制的封建王朝，时间虽然很短，只有 15 年时间，但是影响后世。恽敬《三代因革论》指出：“自秦以后，朝野上下，所行者皆秦之制也”；[②] 顾炎武《日知录》也指出：“汉兴以来，承用秦法，以至今日者多矣。”[③] 谭嗣同认为：“二千年之政，秦政也。”[④] 秦后，汉武帝罢黜百家，隋、唐重振儒术剪灭异端，宋、明、清崇尚理学特务统治等奉行的都是文化专制主义。

统治阶级对各类学生团体、组织很是敏感、恐惧，打压条令“不厌其烦”、层出不穷。明天启五年（1625 年），东林书院以及东林党人的劫难就是一例。清顺治八年（1651 年），颁布诏令，严令学臣“约束教官、生员之法”，提到“生员不许聚众结社、纠党生事及滥刻选文窗稿”。顺治九年，颁布“卧碑文（八条）于直省儒学明伦堂”，其中一条是“不许纠党多人，立盟结社”。康熙四十一年（1702 年），《御制训饬士子文》将“蜚语流言、招朋呼类、结社要盟”斥为“名教不容，乡党勿耻”，是违反“王章”的行径。

在这种专制环境下，古代的学生组织举步维艰，数量和类型都很少，只能以探讨学术、兴趣爱好的形式存在。即使有一些关心国家时政、讽议朝政、裁量人物的团体或者机构存在，也要么是地下活动，

---

① 胡凡：《中国政治制度十讲》，北京：三联书店，2003 年版，第 155 页。

② 恽敬：《三代因革论》，大云山房文稿·卷一。北京：商务印书馆，1936 年版。

③ 顾炎武：《日知录》，北京：商务印书馆，1935 年版。

④ 谭嗣同：《仁学》，北京：中华书局，1958 年版。

得不到合法存在，要么是依附于统治阶级内部的某一派别，参与其斗争，成为其内部斗争的工具。

（二）儒家思想

儒家思想是中国传统文化的核心。儒家学派的开创者孔子是中国第一个系统地提出伦理道德理论的哲学家、思想家和教育家，他对中国教育事业作出了非同一般的贡献，他的很多思想成为后世的教育原则，很大程度上影响着古代学生组织的发展。

孔子学说主要是以伦理道德为本位，“贵仁”、“重礼”，提出“仁者爱人”和“齐之以礼”。人要做一个“君子儒”，做一个有道德修养、有学问见识的人，而“仁”就是内心的情感道德，“礼”则是外在的行为规范。“仁”和“礼”的目标就是“大学之道”，就是“养成人格、贤人治国”，其方法、步骤就是《大学》所提出的“三纲领”、“八条目”。《大学》开章明义：“大学之道在明明德、在亲民、在止于至善”，即“三纲领”。“明明德”是“三纲领”之首，意思是“养成健全人格”，方法、途径就是“格物”、“致知”、“诚意”、“正心”以及“修身”。“亲民”是“三纲领”的核心，意思是要“贤人治国”，在自己养成健全人格后还要推己及人，帮助教育他人，达到“齐家”、“治国、”“平天下”。“止于至善”是“三纲领”的灵魂，要求君子无论是“养成人格”还是“贤人治国”都要追求或者达到尽善尽美的境界，成为“君子”也是学生的最高目标。

到汉代，董仲舒以儒家思想为核心，吸收法、道家的一些观点，使儒家思想适合了封建专制主义中央集权的需要，汉武帝“罢黜百家，独尊儒术”，奠定了儒家思想的统治地位。魏晋以后，面对佛、道思想的冲击，唐儒韩愈坚决捍卫儒学的独尊地位，打着维护儒家“道统”的旗号反对佛、老，但是也吸收了佛、老的思想，修改了儒家理论，搭起了向宋明理学过渡的桥梁。宋儒朱熹最终将佛、道二教的清心寡欲同儒学的安贫乐道结合起来，诞生了儒学新体系——理学。理学主张“存天理，灭人欲”，更利于为封建纲常培养“忠臣孝子”，迎合了在复杂的阶级矛盾和民族矛盾下进行专制统治的需要。理学诞生后便成为官方统治思想，极大地影响了后世的养士、取士政策。明中期，王守仁又将客观唯心主义的理学发展为主观唯心主义的“心学”，将禁欲主义发展到顶峰，使专制统治的驭民、愚民之术登峰造极，更加隐蔽，儒学也走向腐朽没落。

由于“学”与“仕”的密切结合，古代学生组织存在推进学术、关注维护社会正义和政府统治的三层目标，也就是前文述及《大学》所主张的“三纲领八条目”。第一个目标是“为学”，完善自身知识储备和文化修养。不同的学术派别之间经常进行学术争论，如战国时期的“稷下学宫”，各派学者自由辩论，学生择师而从；朱熹摒弃门户之见，邀请“论敌”象山学派的代表人物陆九渊到他主持的白鹿洞书院讲学，还收其讲稿刻石为记。另一方面，表现出强烈的济世情怀和“为君王材”意识，维护着“道统”与“政统”。[①] 国家供养下的封建学校以培养国家需要的人才为主要任务，加上儒家思想“学而优则仕”的主张，使得古代学生组织将忠君爱国作为实现人生价值的目标。同时，他们关注社会现实，关注百姓疾苦，维护社会正义，进行社会情意，参加社会批判，学者余英时称其为兼有“俳优”。[②]

儒家思想具有积极的一面，号召知识分子做人、做学问，将自我价值和社会价值统一起来。在儒学的影响下，历史上确实出现了一大批有德有才、有胆有识的知识分子、封建士大夫，他们“穷则独善其身，达则兼济天下”，团结在一起，以天下为己任，心系国家苍生，

---

① 学者余英时认为，中国知识分子的原始型态是“道统与政统之间”，“学”、“仕”结合的中国古代知识分子有着维护社会正义与政治统治的理想。参见余英时：《士与中国文化》，上海：上海人民出版社，2003年版，第二章。

② 德国社会学家伦道夫认为，西方中古宫廷的没有固定成分、责任归属的“Fools”（“俳优”）是现代知识分子的前身，余英时借用此说，认为中国古代士人也有“俳优”传统。参见余英时：《士与中国文化》，上海：上海人民出版社，2003年版，第三章。

尤其是在国家和民族危亡的时刻，刚正不阿，杀身成仁。这种“为天地立心，为生民立命，为往圣继绝学，为万世开太平”的“士大夫精神”成为中华民族的宝贵财富。儒家思想深远影响了学校教育，无论是教师还是学生，无论是学术派别还是学生团体，无论是为学还是为人，无论是入仕还是出世，都很注重关注社会现实，心系国家与苍生。

儒家思想对学校教育、学生组织也有负面影响：（1）它使得学生、学生团体政治味强，将学校教育作为入仕做官的跳板，牟取功名，道貌岸然，成为专制主义国家机器的附庸；（2）它使得学生、学生团体的团派性、等级味强，对君主、师长、团体首领“愚忠”，党同伐异，排挞异己，不利于个人和组织的长远发展。

（三）学校教育

学校是学生以及学生组织存在和发展的物质条件，学校教育使学生以及学生组织得以进行文化修养，获取精神食粮。学校体制以及教育制度对学生以及学生组织的影响是直接和最显著的。本节中，我们通过梳理古代的学校教育制度，研究学生组织发展演变的外在环境。

1. 学在官府：太学、国子监以及专科的馆苑等官学

中国古代的学校教育历史悠久。据《孟子·滕文公上》记载：“夏曰校，殷曰庠，周曰序。学则三代共之，皆所以明伦也。”古代文化掌握在贵族手中，而政权亦为贵族垄断，身份等级、政权、文化的合一性造成“学在官府”，这时的学生组织具有很强的政权依附性。

汉魏时期，教育有了很大的发展。西汉时，汉武帝接受董仲舒的建议，“罢黜百家，独尊儒术”、“以儒治国”、“以士为吏”，而“养士之大者，莫大乎太学；太学者，贤士之所关也，教化之本源也”。于是，我国历史上的第一所大学——太学应运而生。到东汉末年，太学

的学生经常有三万多人。汉魏时期是我国学校发展的一个高峰，也是学校教育的一个黄金时代，班固在《东都赋》中说："四海之内，学校如林，庠序盈门。"在汉代，太学所用的教材由皇帝统一制定，这种由政府正式审定全国统一教科书的做法，在世界教育史上也是最早的。汉魏时期的学校，不仅规模大、人数多，而且有一套完整的教育制度、教学计划、教学方法，为后来隋唐学校的全面发展开辟了道路。

隋唐时期是中国封建社会发展的鼎盛时期，也是中国封建社会学校教育发展的鼎盛时期。学校的招生面大大地扩宽了，当时的青年不怕路遥水阔，长途跋涉到京师求学，为前朝所不多见。唐代中央设办学校甚多且门类齐全，出现了医学、卜筮学、兽医学、天文学、历数学、漏刻学、校书学、律学、书学、算学等。唐朝科举制度的日益完善是推动学校教育繁荣的根本原因。在唐朝，有资格参加科举考试的主要是学校培养出的"士"，科举考试对学校教育的培养目标和教学内容有很大的影响。

宋代是我国历史上教育较为发达的朝代，学校类型繁多，不仅有传统的官立学校和私立学校，而且创立了我国特有的教育机构——书院。北宋之后，官学教育一落千丈，逐渐走向没落，成为钳制人民思想的工具。

伴随贵族政治向官僚政治的转变，封建政权逐渐向下层开放，很多"布衣子弟"进入封建官学，这扩大了学生组织的成员基础，古代学生的数量总体呈递增趋势。学生数量的增多，给一些学生组织的建立和发展交流提供了条件。他们结合为组织的主要原因是出于共同师承的"同门"以及相同价值追求的"同道"、"同志"，正如《礼记》所谓"同门曰朋，同志曰友"；由于古代考取大学困难，加上交通不便，来自共同地域的"同乡"也是群体结合的重要原因。这种基于相同或相似经历的组织具有很强的稳定性，成员具有很强的组织归属性，比如在同一年同科考中的"同年"。在唐代，这种关系还是仅被视为“九州四海之人偶同科第，或登科然后相识”。[①] 而宋代以来，这种同年关系不仅仅是一种亲密相识的兄弟关系，而成了荣辱与共的政治关系，甚至发展为朋党，与现实的政治活动密切相关，如宋初名臣柳开在致其同年李巨源的信中，最明白不过地道出了这种关系的内容：“同年登第者指呼为‘同年’，其情爱相亲如兄弟……进相援为显荣，退相累为黜辱”。

应当指出，古代官学不是商品经济要求的产物，而是政治统治要求的产物。官学是贵族垄断文化教育的工具，其“政教合一”、“吏师合一”的特性，使官学成为维护统治的工具，实现其两个基本目的：一是进行伦理道德和历史文学教育，即在“尚德”思想的指导下，通过推广教育，形成良好的社会风俗习惯。二是为国家培养官吏，将贵族子弟和庶民中的优秀者培养成国家的管理者和人民的统治者。

以汉代太学的情况为例，古代官学及其学生群体体现出了如下几个特点：

（1）学校设置的目的在于为国家“养士储材”。董仲舒在《贤人对策》中阐述了太学设立的重要性：“养士之大者，莫大乎太学；太学者，贤士之所关也，教化之本源也”，[②] “学而优则仕”的从学思想使得太学生具有强烈的社会责任意识和政治抱负。

（2）高等教育的内容和方法可以概括为“传授经书”、“信守师法与家法”。太学以经学作为唯一的教学内容是汉代崇儒尊经的必然结果。需要注意的是汉代存在的“今古文”之争，而以“今文经学”占上风，也反映在太学课程中。今文经学与古文经学除了经书写本字体的不同外，最重要的区别是今文经学以孔子为政治家，以六经为孔子政治学说，所以偏重“微言大义”；古文经学以孔子为史学家，以六经为孔子整理古代史料之书，所以偏重于“名物训诂”。从汉武帝设

---

① 顾炎武：《日知录》，卷十七，兰州：甘肃民族出版社，1997 年版，第 774 页。

② 杨荣春：《中国封建社会教育史》，广州：广东人民出版社，1985 年版，第 39 页。

立的太学“五经博士”到光武帝置今文学“十四博士”，今文经学一直主导太学课程，使得汉代太学具有强烈的政治性。汉代授经重师法与家法。“前汉重师法，后汉重家法。先有师法，而后能成一家之言。师法者，溯其源；家法者，衍其流也。”① 太学博士以及弟子不信守家法也是不允许的，西汉张玄、孟喜就因为不“墨守家规”而被撤职、赶出太学。汉代太学严格的师法、家法使得太学生各立门户，在一定学术基础上建立的团体派别的组织性稳固，但是派别间“党同伐异”，则使得这些派别的组织行为取向保守封闭。正如朱熹在《朱文公文集》卷六十九中评论说：“此汉之诸儒所以专门名家，各守师说，而不敢轻有变焉者也。但其守之太拘，而不能精思明辨以求真是，则为病耳。”

在团体组织的活动上，学生之间、学生组织之间的学与术的辩论交流是常态，但是面对黑暗统治和社会动荡，也会发生一些学生群体激进的“干政”行为。东汉末期党锢之祸，就是太学生不满宦官专权的群体行为。到了宋代，学生干政举动更为颇繁，从北宋太学生反对蔡京、童贯的斗争，到南宋末太学生反降主战的上书请愿，可谓一波未平一波又起。明末天启年间，阉党横行，顾宪成被排挤削职回家，与志同道合的好友高攀龙讲学东林书院，“讲学之余，往往讽议朝政，裁量人物”。东林书院不仅是教育和学术中心，也成为思想舆论和政治活动的中心，“朝士慕其风者，多遥想应和”。东林书院闻名天下，甚至“东林”成为当时书院的代称，但也招致阉党的忌恨。天启五年(1625年)，阉党罗织罪名，将东林党人一网打尽，但是东林师生的英勇无畏名垂千古。而真正意义上的有组织、有领导、有一定政治目

① 所谓师法，就是以汉初经学大师最精通的那一门经典的解释为准绳，钻研或传授经书，比如“汉兴，至于五世之间，唯董仲舒名为明于《春秋》；其传，公羊氏也”(《汉书·董仲舒传》)，那么传授《公羊春秋》则一定以董仲舒之说为规矩，“背师说则不用”。所谓家法，就是“博士教授，专主一家”。参见皮锡瑞：《经学历史》，北京：中华书局，1959年版，第136页。

的的学生运动是在近代学生群体出现、近代学生组织建立之后。

二、书院及其影响下的学生组织雏形

书院是我国唐末出现的一种学校类型，它的意义在于突破了官方办学的控制，同时又有一整套较为完整的教学管理制度，成为我国古代学术独立的重要体现和文化传承的重要载体。书院也是与现代意义上最为接近的一种教学组织，在书院的环境下，中国近代学生组织的雏形也随之形成。

唐代推行科举制后，官学逐渐成为科举的附庸，没有学术可言，加上唐末由于战乱，官学不振，在佛、道山林讲学的影响下，一些封建士大夫选择山林名胜之地，建房筑舍，研习学问，坚守儒理，聚众讲学。唐代有丽正书院、集贤书院，主要是官方藏书和校书的场所。

宋代是书院的兴起时期，而南宋则是书院的兴盛时期。南宋许多著名学者追求学术自由，坚守儒道，强调人格独立，比如张栻、朱熹、吕祖谦、陆九渊等在南宋四大书院讲学，带来了学术的繁荣昌盛，使得学术与书院的一体化得以完成。而朱熹的《白鹿洞书院学规》，通行天下，从此书院与教育、学术结合，形成魅力无限的文化人格特征，影响广泛且深远。书院制度的形成，标志着我国教育事业进入官学、书院、私学三轨并行的时代。

宋代书院教育和管理模式对学生组织产生了深远影响，主要表现为：

1. 书院的教学、研究风气活跃，“百家争鸣”，鼓励探讨交流。书院有讲会制度，教师和学生都可以“升堂讲说”、“学术会讲”，讲演之余，也鼓励辩论，重视不同学术观点的论辩交流。书院藏书丰富，注重学生自修研究和质疑问难。

书院自由的教、学方式，使学术研究与教育活动结合起来，一方面通过学术研究深化学理探讨，促进教学活动；另一方面又通过教学和学术研究培养人才，扩大了学派（学生组织）影响。

2. 书院的管理机构精简化，带来了管理方式的学规化和民主化趋势。书院只设一位明确的主持人，主持人往往也是学派宗师，主要职责是讲学释难，同时兼领校务管理工作，其他专职人员极为有限，相较于官学，书院冗员极少。一方面，书院的管理人员少，而师生又朝夕相处，所以有一套共同遵守的学规来进行自我约束、自我管理、自我教育，比如，朱熹所订《白鹿洞书院学规》和吕祖谦所订《丽泽书院学规》。另一方面，书院管理吸收学生参与管理，采取学生轮流分任的方式，或称“高足弟子代管制”，担任堂长、管干、学长、斋长，直接管理学生的学习和生活。从这个意义上讲，宋代书院的学生组织成为近代严格意义上学生组织的雏形。

第二节 中国近代社会：学生组织初步形成

一、中国近代学生群体的外部环境

1840 年鸦片战争开始，外国侵略势力的“坚船利炮”轻松叩开了中国闭关自守的大门，中国由封建社会逐渐沦为半殖民地半封建社会，引起了中国社会的一系列变迁。

（一）封建统治的没落

随着自然经济基础瓦解，资本主义生产方式开始占据统治地位，资产阶级和无产阶级等新兴阶级出现，专制主义中央集权制度进行着最后的垂死挣扎。清末学校制度名义上设有各级各类学校，中央有国子监和为八旗子弟所设的官学，地方有各级儒学——府学、州学、县学，以及其他由国家设立的大小书院。此外，还有各级各类私人设立的教育机构或“私馆”。实际上，各级各类学校都不过是科举的附庸，有其名而无其实。而日趋自闭的“八股文章”以及卖官鬻爵等，使得支配全部教育的科举制度已经腐化到了极点。随着清末学校制度和科举制度的没落，封建教育制度穷途末路，封建统治也“日薄西山”。清朝统治集团为了加强对人民的控制，积极提倡程朱理学，诱使知识分子专攻理学，使全部精力沉溺于“悟性”、“冥想”之中，以消灭反抗思想。在思想学术领域，清朝统治者又积极倡导考据学，使一些学者脱离现实斗争，沉湎于故纸堆中，无暇过问政治。

(二) 清末社会各个阶层的救世探索以及新式教育的出现

在“亡国灭种”的空前危机下，清朝统治者已经无力回天，社会各个阶层在各个方面开始了救世探索，其中在教育体制上的探索表现为新式学校、新学制的出现以及科举制的废除。

近代资产阶级改良主义的启蒙思想家龚自珍、林则徐、魏源等也曾提出过一些改良教育、推行西学的主张，但是他们的计划都落空了。

第二次鸦片战争再一次敲响救亡的警钟，洋务派开始了“兴西学”的实践。1862 年由总理衙门奏请创办京师同文馆，这是中国近代最早的国家主办的新型学校。随后算学、天文、化学、物理、万国公法、医学、生理、矿业等课程进入“洋务学堂”，一系列军事专科学校也大量出现。19 世纪末，代表资产阶级要求的维新派改良教育、提倡新学，更加注重兴办兼有学会和学校性质的新式学堂。如康有为于 1891—1895 年在广州长兴里设立万木草堂，梁启超、谭嗣同等于 1897—1898 年在长沙主办时务学堂，严复于 1894 年在北京创办通艺学堂，谭嗣同等于 1897 年创办浏阳算学馆，梁启超为了提倡女子教育，1898 年在上海创办务本女学和经正女学等等。上述各类新型学校的建立，是中国新式教育的有效探索，促成了新学制的产生以及科举制的废除。1903 年清政府颁布“奏定学堂章程”，1905 年科举制度被废除。从此，中国封建教育制度在形式上完全结束，新的教育制度得以建立，中国教育开始进入一个新的发展阶段。

（三）中国近代青年学生群的出现

随着帝国主义侵入中国，教会学校里产生了第一批接受资产阶级思想和科学文化知识的近代学生群。此后，伴随洋务派和资产阶级维新派、革命派的“兴学热”，以及大量留学生的出现，中国近代青年学生群日趋庞大。到“五・四”前夕，包括国内学生和留学生在内，中国近代学生总数约达到 500 多万人。[①]

二、中国近代学生组织的出现与发展

随着中国社会的变迁，新式学校诞生，中国近代青年学生群出现并壮大，严格意义上的学生组织也在炮火中诞生。

（一）辛亥革命前后的学生组织

1900 年，“励志会”成立。这是留日学生最早成立的学生团体，该组织以联络感情、策励志节为宗旨，还创办了《国民报》月刊，宣传西方天赋人权、自由平等思想。留日学生在思想和组织上日益成熟，在国内引起学潮，孕育革命思潮，推动中国由改良主义向革命主义转变。

1902 年 4 月，蔡元培等在上海组建中国教育会，宗旨是采用新

① 邵鹏文：《中国学生运动简史》，石家庄：河北人民出版社，1985 年版，第 13 页。

式教育手段促进青少年发展。同年11月，在中国教育会的领导下，上海出现了第一个学生社团——爱国学社。[①] 上海南洋公学爱国学生因抗议校方压制学生言论自由而集体退学，并在中国教育会的帮助下进行“复学”。爱国学社设于泥城桥福源里。蔡元培为学校总理，吴敬恒为学监，黄炎培、蒋智由、蒋维乔等为义务教员。爱国学社以灌输民主主义思想为己任。其章程指出：“本社略师日本吉田氏松下讲社、西乡氏鹿儿私学之意，重精神教育，而所授各科学，皆为锻炼精神、激发志气之助。”吉田松荫、西乡隆盛是明治维新时的日本政治思想界代表人物；松下讲社、鹿儿私学是他们在维新前后的讲学之所。蔡元培在学社开学祝词中说：“用吾理想普及全国，如神经系之遍布脑筋于全体是也。”学社可以说是一个学校机构，更可以说是一个学生社团。学社内部组织简单，采取学生自治的方式，学生享有最大的民主和自由，师生出版革命刊物，讨论国家大事，支持革命学潮。住宿生实行自治制，设有评议会，监督学校行政和学生操行。高年级学生还充当寻常班的教师。学社因1903年6月《苏报》案遭到清政府的镇压而解散。

爱国学社之后，包括社团在内的现代意义上的大批学生组织风起云涌。它们通过集会、演讲、办报、发传单等方式广泛开展活动，宣传先进思想，抗议外敌入侵。以上海学生组织的发展为例，辛亥革命期间，学生成立组织参加武装斗争，先后有中国敢死团、秘密敢死队、中华学生军、学生北伐队、学生守卫团、国民军北伐团、志愿决死团等等。革命成为此时青年及其学生组织团体的主要奋斗目标。

（二）十月革命、五·四运动和中国学生觉醒

辛亥革命后，学校有了更大的发展，学生队伍有了进一步的扩

① 《上海青年志》编纂委员会编：《上海青年志》，上海：上海社会科学院出版社，2002年版，第二篇《青年组织与社团》。

大，仅1916年，大学在校学生达到17241人。[①] 辛亥革命失败、签订“二十一条”、袁世凯称帝、张勋复辟、段祺瑞执政等一个个政治事件使知识分子倍感彷徨。更加激进的知识分子发动了“新文化运动”，作为运动主要阵地的《新青年》影响了很多青年学生，促使他们组织起来。

1917年俄国“十月革命”至“五·四”运动前，在基于反对《中日共同防敌协定》而发生的学生运动中，“学生救国会”产生。救国会简章规定：“本会为大中华民国学生所组织”，“以养成爱国精神，协御外侮，不干涉内政为宗旨”，“本会有提倡国货之任务”。救国会总会暂设北京，上海、天津各省城及外国重要都会设分会。救国会设总务科、文事科等7个科，有正副会长，每校选举干事，每年5月7日开常会一次。事实上，这些组织没有正式建立起来，后来学生救国会的主要活动就由“国民杂志社”进行，但我们仍然可以认为，这个学生救国会实际上是“中华民国学生联合会”的前身，是青年学生注重更大范围联合的表现，而后者是“中华全国学生联合会”的前身。此后，中国出现了一个兴办学生社团的高潮，其中尤以新民学会、少年中国学会、国民社、新潮社等影响最大，这些社团还注重创办宣传包括马克思主义在内的新思想的刊物，如国民社办的《国民》、新潮社办的《新潮》等，这些社团以及刊物的出现，实际上为“五·四”运动作了组织和思想上的准备。

1919年巴黎和会上中国外交的失败成为“五·四”运动的导火线。“五·四”运动给青年学生群体产生了很大的影响。第一，激发了青年学生的爱国热情和实际行动，过去那种闭门读书、不问国事的毛病一扫而光。第二，这场起于北京学生的爱国运动，后来引起了全国的学生运动，并逐渐波及工商界，成为全国一场轰轰烈烈的群众运

---

① 教育部教育年鉴编纂委员会编：《第二次中国教育年鉴》，北京：商务印书馆，1948年版，第230页。

动，学生在运动中起了先锋和桥梁的作用，学生群体成为一支重要的力量。第三，促使青年学生走向全国统一，1919 年中华民国全国学生联合会总会（以后简称全国学联）成立，不仅统一了全国的学生运动的步骤，加强了全国学生的团结，为“五·四”爱国运动取得最后胜利作出了贡献，而且成为一面光辉的旗帜，激励着我国学生向着进步和革命的道路迈进，也成为全国各界走向联合的榜样。第四，传播了马克思主义新思想，青年学生逐渐走向了与工农相结合的道路。

1920 年 8 月，在中国共产党发起并组织领导下成立了上海社会主义青年团，它是全国最早的团组织，并逐步成为上海进步青年社团的领导团体，学生组织进一步融入整个青年群体中。

“五·四”运动后，青年学生组织成为反动军阀政府的眼中钉，遭受严重的打压，学生运动进入低潮。1925 年，国民党“一大”召开，通过了新三民主义，中国革命统一战线形成。伴随革命运动的高涨，学生成为国民运动的生力军和反帝洪流的急先锋，在五卅运动、三一八运动、北伐战争中展现了青年学生以及学生组织的重要力量。

这一时期，学生团体还逐步向学术性社团发展，如 1914 年 6 月由留美学生发起在美国成立的中国科学社，1915 年 1 月在上海发行机关刊物《科学》；1916 年在日本成立的丙辰学社（后改组为中华学艺社）等。

（三）抗日救亡时期积极参抗日救国

从 1931 年九·一八事变、1935 年华北事变到 1937 年卢沟桥事变，中日矛盾逐渐上升为社会的主要矛盾，在中共的领导下，青年学生总是与国家、民族共患难。一二·九运动、一二·一六运动、南下扩大宣传团、中国民族解放先锋队的成立……青年学生发动了反对日本帝国主义、要求国共联合的一次次运动。抗日战争爆发后，青年学生奋起抗日，奔向抗日前线，在革命的熔炉中锻炼成长。

（四）解放战争时期争取和平民主

抗日战争胜利后，国内要求和平、民主的呼声高涨，昆明学生一二·一运动引发的惨案引起各界的声援。全面内战爆发后，青年学生战斗在第二条战线上，相继发动了抗议美军暴行的斗争以及反抗国民党的“反饥饿、反内战、反迫害”运动、六二三反内战大示威、五二〇斗争等，但是遭到国民党反动政府的血腥镇压。他们转而为了推翻国民党反动统治、“将革命进行到底”、建立新中国而奋斗。在解放战争胜利前夕，第十四次全国学生代表大会以及中国新民主主义青年团第一次全国代表大会召开，全国学生走向了大团结，踏上了新的发展征程。

三、中国近代青年学生群体的历史特点

毛泽东曾指出：“数十年来，中国已出现了一个很大的知识分子群和青年学生群。在这一群人中间，除去一部分接近帝国主义和大资产阶级并为其服务而反对民众的知识分子外，一般地是受帝国主义、封建主义和大资产阶级的压迫，遭受着失业和失学的威胁。因此，他们有很大的革命性。他们或多或少地有了资本主义的科学知识，富于政治感觉，他们在现阶段的中国革命中常常起着先锋的和桥梁的作用。”[①]“在中国的民主革命运动中，知识分子是首先觉悟的成分。辛亥革命和五·四运动都明显地表现了这一点。”[②]

中国近代教育的发展，新式学校的开办，逐渐地形成了人数达几百万的中国青年学生群。他们是中国资产阶级、小资产阶级知识分子

---

① 毛泽东：《毛泽东选集》第2卷，北京：人民出版社，1991年版，第641页。

② 毛泽东：《毛泽东选集》第2卷，北京：人民出版社，1991年版，第559页。

的重要部分，他们不同于旧式的士大夫，在中国社会内部是一种新产生的社会力量。在近代青年学生群体的土壤中诞生的近代学生组织也具有了自己的历史特点。

第一，有强烈的爱国主义思想和反帝反封建的革命要求。近代青年学生群、近代学生组织的形成过程也是中国逐渐由封建帝国沦落为半殖民地半封建的过程，伴随列强侵略的加深和民族危机的加深，山河飘零破碎，社会局势危若累卵。一方面，外国列强的武力入侵和清政府的腐败无能，对比世界形势，使他们对当时的民族危机有了更深切的体会和紧迫感。另一方面，“天下兴亡、匹夫有责”，来自民族文化中反抗侵略、反抗压迫的光荣传统，不断地激励着他们。他们奔走呼喊，创办刊物，创建社团，注重联合，前仆后继，掀起一场又一场的救亡运动。因此，可以说，强烈的爱国主义是近代中国学生最显著、最本质的特点，也是近代中国学生组织的精神支柱。

第二，接受新思想的指导。在内忧外患的形势下，“救世”与“为学”成为特定历史情况下的组织属性，“求存”与“求强”成为被激发出来的组织目标。近代青年学生如饥似渴地学习新知识、寻求救国之道，他们向西方学习资本主义先进的科学文化技术、先进的社会制度，但是仍然无法挽救乱世。后来，“十月革命一声炮响，给中国送来马列主义”，一批先进的青年学生开始接受马克思主义这一新的思想武器。尽管他们在近代每个阶段如何救国的探索上存在分歧，还有人主张实业救国、教育救国，有人主张维新改良，有人主张革命运动，但是他们富国强民的愿望是一致的。

第三，成员来源广泛，分布集中，有广泛的社会联系。我国新型学校和学生大都集中在沿江、沿海的大中城市，上海、北京、武汉、南京、广州等是学生最多的地方。他们来源很广泛，有社会的上层，也有中下层，这样，他们一旦发动，不仅各城市一呼百应，而且牵动整个社会，往往引起农工商各阶层人士的响应，因此学生运动往往成为革命的先锋和桥梁。

第三，较强的组织性。新式学堂成为学生学习与生活的主要场地，有着较多的言论和结社的自由，同时，新式学校的教学内容不仅包括西方先进的技术，也包括了西方先进的政治制度，因此新式学堂，特别是大学成为学生组织的重要诞生地。近代青年学生展现出广泛的兴趣和爱好，有集群结伴的需要，在救亡图存的背景下，学生的集群成为可能也成为必要。青年学生为了满足他们某些共同的利益和需要，自愿结成各种不同形式和内容的组织，包括正式组织和非正式组织，对于组织成员的个体来讲，具有自我教育、自我保护、自我服务、自我管理，并借以实现某些自我价值的作用；对于学生群体来说，发挥着动员、组织和凝聚作用。这表现为学生社团的广泛建立、有组织的学生群体性运动的波澜壮阔，而无论是学生社团还是学生运动都在强有力的领导下，具有较强的组织性、目标性。

第四，普遍重视新思想宣传。近代的学生组织认识到新闻宣传在变革社会中的巨大影响力。主要活动是集会交流以及聚众讲演，而更主要的、影响力更大的则是创办刊物。1900 年，留日学生成立最早的学生团体“励志会”，创办了《国民报》月刊；1902 年，国内第一个学生团体“爱国学社”以《苏报》为阵地……可见，近代学生组织从诞生起就非常注意新闻宣传，纷纷创办机关刊物。而到“五・四”时期，学生报刊的大发展甚至“形成了新民主主义革命时期新闻事业的第一个繁荣局面，据当时估计，这类报刊全国有四、五百种。在许多城市中的大学，中学，甚至连小学都创办了报刊。这反映了广大学生和青年追求新思潮，学习革命理论，探求改造中国社会的巨大热情”。[①] 1919 年 5 月 7 日，北京学生联合会出版了机关刊物《五七》月刊，宣传爱国思想。1919 年 7 月，少年中国学会出版机关刊物《少年中国》，不久出版《少年世界》，受到进步青生的普遍欢迎。北京大学

① 复旦大学新闻系新闻史教研室编：《简明中国新闻史》，福州：福建人民出版社，1986 年版，第 158 页。

学生组织的曙光社出版了《曙光》杂志，介绍苏维埃俄国的情况，有社会主义倾向。1919年7月，湖南学生联合会创刊《湘江评论》，毛泽东发表创刊宣言，并以之为阵地，宣传进步思想。十月革命后，《湘江评论》对十月革命的宣传“体现了五·四时期民主主义报刊向马克思主义报刊转变的特征”。[①] 可见，近代学生组织的新闻宣传是和时代新思想与时俱进的，体现出青年学生思想的敏锐性和学生组织的进步性。

第五，具有很强的革命性，进而崛起成为一支新的社会力量，学生运动成为一股波澜壮阔的潮流。中国历史上，有过一些太学生激进的群体干政举动，严格地讲，尚难称之为学生运动，并未成为一支强大的政治力量。近代青年学生群体中多数人社会地位比较低下，家庭正在破产没落，自己也遭受着失学失业和找不到出路的威胁，改变现实的要求强烈。这种历史环境下，为了共同的政治性目标而结合远比为了一定的学术兴趣而结合的学生组织更易成为时代的需要。同时，发达的近代交通传媒使得学生组织之间的沟通和交流更为容易和频繁，使得大规模的学生运动产生较大的“互动”和集群效应。因此，在内忧外患的形势下，根据社会主要矛盾的变化而进行的学生运动成为最经常的组织形态。这些在新式教育下具有共同的心理特征、共同的交流环境的青年学生，逐渐觉醒起来，并以大规模的群体形式开始干预社会政治和生活，积极投身到中国人民反帝爱国的革命运动中去，对中国社会的发展起到了极大的推动作用。中国革命的先行者孙中山在1900年以前，曾领导过多次反对清朝统治的武装起义，那时他所依靠的主要是中国南方各种会党的势力。1900年底，他再次亡命日本以后，与留日学生联系，资产阶级、小资产阶级的知识分子就成了他依靠的主要力量。这是孙中山革命道路上的一个重要发展，

---

① 复旦大学新闻系新闻史教研室编：《简明中国新闻史》，福州：福建人民出版社，1986年版，第162页。

1905 年成立的同盟会成员绝大部分是青年学生。1905 年至 1907 年加入同盟会的会员，其出身可考者有 379 人，其中学生 354 人，占 93% 以上。著名的革命宣传家邹容、陈天华都是从青年学生中成长起来的。可见，从最早的“励志会”、“爱国学社”，到后来的新民学会、全国学生联合会、中国共产主义青年团等，把无数的青年学生聚集在一起，形成一股强大的力量，为争取民族独立、国家富强而不懈努力奋斗。

参考文献

1. 皮锡瑞：《经学历史》，北京：中华书局，1959 年版。

2. 余英时：《士与中国文化》，上海：上海人民出版社，2003 年版。

3. 王冀生：《大学理念在中国》，北京：高等教育出版社，2007 年版。

4. 李桂林主编：《中国教育史》，上海：上海教育出版社，1989 年版。

5. 杨荣春：《中国封建社会教育史》，广东：广东人民出版社，1985 年版。

6. [美] 迈克尔·W·阿普尔著：《文化政治与教育》，阎光才等译，北京：教育科学出版社，2005 年版。

7. 王名、刘培峰等：《民间组织通论》，北京：时事出版社，2004 年版。

8. 陶行知：《中国教育改造》，北京：东方出版社，1996 年版。

9. 教育部教育年鉴编纂委员会编：《第二次中国教育年鉴》，北京：商务印书馆，1948 年版。

10. 《上海青年志》编纂委员会编：《上海青年志》，上海：上海社会科学院出版社，2002 年版。

11. 邵鹏文：《中国学生运动简史》，石家庄：河北人民出版社，1985 年版。

12. 复旦大学新闻系新闻史教研室编：《简明中国新闻史》，福州：福建人民出版社，1986 年版。

第三章

参照系：西方高校的学生组织

在纵览中国历史上的学生组织之后，让我们把目光投向国外。西方高校的学生组织为我们的研究提供了一个很好的参照。研究西方高校学生组织的历史发展、组织结构和运行方式，有助于我们更好地厘清学生组织的内在特性、把握学生组织的发展脉络，从而为我国学生组织的成长、提高提供借鉴。

第一节　西方高校学生组织的历史发展

零星的高等教育早在西方的古希腊时代、东方的春秋战国时期就已出现，而独立的大学组织和建制化高等教育实践直到中世纪晚期才在欧洲形成。根植于大学体制之上的西方高校学生组织及其学生自治权力，在长达900余年的发展过程中，对社会、文化和历史的发展产生了不可估量的作用。学生组织和学生自治已经成为现代高等教育体制不可或缺的重要组成。

一、中世纪：大学的出现与学生自治的肇始

（一）欧洲大学逐步形成的原因及其文化背景

大学是中世纪的产物。从某种意义上说，今天的常春藤名校、牛津或者剑桥，都是900年前中世纪大学的直系后裔。现代大学和中世纪大学的基本组织特征是一样的，历史的延续并未中断。

1. 大学形成的外部空间：商业发展与城市兴起

11世纪之前，处于中世纪时期的欧洲社会一直被人们称为“黑暗时代”，思想文化日益禁锢，思想自由严重缺乏。但“在欧洲，从11到13世纪被称作——中世纪的精华——是多少世纪以来发展的顶点。它是促使以后年代发展最好的时期”。[①] 在这个时期，欧洲封建制

---

① S·E·佛罗斯特：《西方教育的历史和哲学基础》，北京：华夏出版社，1987年版，第154页。

度进入巩固和发展时期，农业生产稳步增长，与农业有关的副业也日渐发达。同时手工业逐渐从农业中分离出来，城市在欧洲大地如雨后春笋般迅速出现并发展，社会的商业兴趣显著扩大，自给自足、相对封闭的庄园经济被新兴的近代农业所打破，工业经济得到了君主的保护，国家敞开了原料来源并向消费者开放。此时的教会不但使社会公众的精神需要得到了满足，而且也凭借其强有力的司法系统保障了基本社会秩序的安定。这一切，为当时的民众提供了必要的自由和安全。最为重要的是，西欧新型城市开始在教权和王权二元对立和彼此冲突中逐渐形成。“无疑从 10 世纪起，也许从 9 世纪开始，孕育中的城市，即口市（portus），就得到了发展。它们是独立的单位，或者是依附主教或军事—地方长官的驻在地的城邦。”[①]

到了 12 世纪，中世纪的世界就已经成了城市的世界。至 15 世纪，欧洲诞生了约 5000 个新兴城市和城镇，有些地方约有一半以上的人口由农业转向了商业和工业，许多城市人口超过了 1 万人，甚至出现超过 20 万人的大城市。[②] 在新兴城市中，社会分工日益细化，商品交换、劳动有偿等观念日渐盛行。城市的兴起对西方社会的发展产生了深刻的影响，它既为公共文化生活提供了必要的社会空间和市场契机，也为生活于其中的市民阶层争取和赢得一定的特权提供了必要的环境支撑和法律背景。

2. 大学形成的知识基础：学术复兴与知识分子群体出现

当西欧社会开始进入中世纪并大肆破坏、摧毁古希腊、罗马文化时，阿拉伯文化、伊斯兰国家成为了古希腊、罗马文化的保存者。亚里士多德、欧几里德、托勒密、希波克拉底、盖伦的著作流传到东

① 雅克·勒戈夫：《中世纪的知识分子》，北京：商务印书馆，1996 年版，第 5 页。

② 亨利·皮朗：《中世纪欧洲经济社会史》，上海：上海人民出版社，2001 年版，第 48—53 页。

方，由阿拉伯人捐赠给伊斯兰图书馆，大量地保存下来。十字军东征带来了巨大的文化交流效应。最重要的效果是，十字军东征加强了与东方的文化接触，建立了学习和学术中心，使东方丰富的文化宝藏对西方有用。通过十字军东征过程中对古希腊罗马文明的重新发现，通过东西方文化之间的交流，中世纪欧洲出现了学术复兴。[①] “从那时起，西方文明有了长足的进步。这个在文艺复兴中达到顶点时期的一个方面就是，西欧以一种独立的姿态、一个有意识的文化领导者的姿态出现了。”[②] 在中世纪学术复兴运动中，翻译家是先驱。经过漫长的中世纪演变，西方国家的人不再懂得希腊文了。从伊斯兰国家引进的用阿拉伯文改写的古希腊著作以及希腊文原著，都需要翻译才能被当时西方学者所理解，所以这些翻译家们成为了最早的研究者和专业化的知识分子。“他们填补了空白，这是拉丁遗产在西方文化中造成的空白，这指的是哲学，首先是科学。欧几里德的数学、托勒密的天文学、希波克拉底和盖伦的医学、亚里士多德的物理学、逻辑学和伦理学，所有这一切，都是这些翻译工作者的巨大贡献。此外，比这些材料也许更为重要的，还有方法。”[③] 在翻译阿拉伯文化、重拾古希腊罗马文化光辉的过程中，西方社会出现了许多以知识和学术为业的知识分子团体，他们在城市中以劳动者的身份借助于教学与写作等学术活动谋生，并开始积极寻求职业发展。

3. 大学形成的组织参照：行会组织与市民自治

大学最初的含义就是行会，即是为争取特许状（即法律地位）以及学术活动自由而组织起来的中世纪学者行会组织。中世纪的城市具

---

① J·C·富勒：《西洋世界军事史》，广西：广西师范大学出版社，2004 年版，有关中世纪战争章节。

② 赫伯特·巴特菲尔德：《近代科学的起源》，北京：华夏出版社，1988 年版，第 157—158 页。

③ 雅克·勒戈夫：《中世纪的知识分子》，北京：商务印书馆，1996 年版，第 14 页。

有以往从未有过的自治性，共同的利益和生活经验使得商人和手工业者形成了新的共同观念和市民精神：理性并热心参与公共事务，防止他人侵犯个人自由，自己制定法律并遵从之。因而，城市不仅拥有独立的司法权和立法权，而且拥有组织城市管理体系的权力。“在城市中，各类城市的市议会，都是主权实体；每个城市都是一个自治的市民社会，各自制定法律、自行征税、自管司法、自行铸币，甚至根据各自需要结成政治联盟、自行宣战或媾和。”[①] 而且，随着商人群体的财富和人数的增长，“他们日趋演化成为一个可以脱离封建国家的常设机构而独立存在的完善的自给自足的组织”，并渴望着“将从前绝对属于主教、伯爵或封建国家代理人的政治、司法和军事职责接管过来。以这种方式，自治联盟兴起了”。[②] 自治联盟不仅是商人的联盟，也是一个城镇的所有居民的联盟。在自治城市里，有权处理自己事务的各阶层市民取得了与日俱增的独立地位，建立起了可以用集体力量维护自己利益的组织——行会制度。行会制度和特许状是城市制度中重要的组成部分，市民们可借此使自己逐渐摆脱教会和国家的最高统治者强加给他们的种种约束。城市的兴起、贸易与工商业的发展，还使得各种管理和服务机构不断增多。同时，随着长期贸易扩大而发展起来的商业与银行机构都要求有一批具备新知识的人才，作为城市新生力量的工商业界人士本身也要求学习世俗文化、提高知识水平。这些因素客观上都促进了高深知识的发展和中世纪大学的产生。

（二）大学自治与学生行会

大学传统的延续性不是建筑物或某种建筑式样，也不在于学位礼

---

① 汤普逊：《中世纪晚期欧洲经济社会史》，北京：商务印书馆，1992 年版，第 174 页。

② 亨利·皮朗：《中世纪欧洲经济社会史》，上海：上海人民出版社，2001 年版，第 77—80 页。

节和仪式，制度才是大学传统最直接的表现。首先是大学之“名”——即教师和学生组成的社团。其次是大学之“实”——培养人才，保持学习和研究的传统。

1. 中世纪大学的组织机构与自治的内涵

欧洲中世纪大学的组织形式是在中世纪行会组织的影响下形成的，所以城市当局、国王和教会最初就往往是把它们当作特种行会来特许的。拉丁语“Universitas”一词也是团体的意思，到以后才被用来专指大学。中世纪大学的组织机构一般包括四个：[①]

（1）民族团和教授会。“民族团”（Nation）是学生为了维护自己的利益而按出生地域组成的群体，并且还要选举出学监作为其代理人。而“教授会”（Facultas）则是按所教授的学科组成的。大约到14世纪，一般的大学都有文科、法学、医学和神学等4个“教授会”，也就是4个系。

（2）科。分高低两级。高级科有法律、医学和神学三个；低级科只有一个，即艺科（Liberalarts）。艺科主要是指“七艺”：文法、修辞、辩证法、天文、算术、几何、音乐。只有完成了艺科的修业，才能继续学习高级科的课程。科由教师组成，首领叫学长。

（3）教会代表。其主要职责就是，根据教会授予他的权力，给教师发执照。这种执照形式的正式认可，实际上就是教师资格证书。这种资格证书开始只在各自被授予的大学有效。后来被进一步推广开来，才得以在全欧各地通用。

（4）校长。他是全校的首领，由各个科的学生和民族团的学监一起选举产生的。

---

① 董漫雪：“中世纪大学学术权力存在的特征分析”，《中国成人教育》，2007年第6期。

行会性社团组织的大学虽然还只是大学的雏形，但它具备了大学自治权力的两大特征：(1) 拥有自主管理大学内外事务的权力。行会性社团组织拥有自主管理的实质性权力，而且大学存在的依据及其合理性得到确认的权力也都属于行会性社团组织。正是由于大学自身拥有上述权力，才确保了大学成为不直接隶属于任何其他权力系统和利益集团的独立组织结构。(2) 拥有自主的知识权力。虽然大学在管理主体的属性上存在着不同，但管理主体——行会性社团组织自身拥有自主决定教育内容、自主裁决和设置课程、自主决定教师资格等方面的权力。在此基础上，大学才享有学术自由的权力，这也是中世纪早期的行会性社团组织大学之所以能够自治的内在逻辑。上述两个方面构成了大学自治的原初内涵。

2. "教师大学"与"学生大学"

中世纪大学实行自治，由教师或学生组成行会管理学校内部事务。由教师行会管理的大学称为教师大学，而以学生为主体管理学校的大学则称为学生大学。哈佛大学文理学院研究生院主任、著名学者哈斯金斯认为，20 世纪的大学是巴黎大学和博洛尼亚（Bologna）大学的直系后裔，"它们是我们（现代大学）被砍砸打磨出来的那块岩石；它们是我们（现代大学）被挖掘梳理出来的那条壕沟……巴黎和博洛尼亚创造了现代世界的大学传统"。[①] 巴黎大学和博洛尼亚大学分别是教师大学和学生大学的典型代表。

在巴黎大学，由以学者为主、学生参与的团体来管理学校，大学的教育内容完全由自己决定，学派和学术观点可以自由地宣传，而且教师资格由大学自己认定。牛津大学在 12 世纪末从巴黎大学的母体中发展出来。一段时间后，剑桥大学出现。14 世纪以后，诸多德国

---

① 查尔斯·霍默·哈斯金斯：《大学的兴起》，上海：上海世纪出版集团，2007 年版，第 2—3 页。

大学陆续诞生，它们承认都效仿了巴黎大学。[1] 在整个北部欧洲，巴黎大学是诸多大学的先鉴。

在意大利的博洛尼亚，学校的一切权力都掌握在学生手中。学生担任校长，教授的选聘、学费的数额、课程、学期时限等全由学生决定。和教师大学一样，学生大学同样在市政当局那里争取了许多权力，一旦学校自治受到控制或干涉，学生行会便以举校迁移捍卫自己的权力。此外还有一些其他特权，如免纳捐税、平时免受征召服兵役、不受普通司法机关管辖等。博洛尼亚大学的影响绝不仅限于意大利，许多外国大学在体制上也或多或少地打上了博洛尼亚的烙印。这是学生权力的兴盛时期。这种特殊兴盛的首要因素在于学生行会是当时特定社会政治环境下的衍生物。因为学生来自欧洲各地，没有居民权，不受城市民法的保护，学生行会可以保护学生的利益。其次，当时的学生年龄一般较大，有的已经 40 多岁，和教师年龄差不多，具有一定的管理能力和经验。再次，因为当时的大学对当地城市的商品贸易及吸引新居民等有较大影响，从而大学才可以以迁移相要挟获得了多种特权。脱离了当时这种特定的社会经济条件，这种兴盛时期的学生管理权力就再也不可能出现了。[2]

二、17 世纪到 19 世纪：近代大学体制下的学生组织

（一）近代大学的特征与理念

和中世纪大学相比，近代大学在大学的理念、职能、培养目标、教学及师生关系等诸多方面有了新的发展和变化。大学建制进一步完

---

① 查尔斯·霍默·哈斯金斯：《大学的兴起》，上海：上海世纪出版集团，2007 年版，第 17 页。

② 罗红波：《博洛尼亚大学》，长沙：湖南教育出版社，1993 年版，第 30—59 页。

善，培养体系日趋多元，尤其在对理性精神的推崇上，深深留下了启蒙时代的印记。这其中，英国绅士教育模式与德国研究型大学模式成为两大潮流。[①]

在大学的核心理念上，近代大学相比中世纪大学更具备人文主义的色彩。著名教育家、近代大学体制主要创建者、德国柏林大学创始人洪堡（1767—1835 年）认为，普通教育和特殊教育是两种不同本质的教育方向。前者可使人自身的全部力量得到强化和协调以致升华，而特殊教育仅在于让人获得实用的本领。教育要把人真正当作人来培养，充分激发人内在的生命力，开阔人的视野，促使每个人得到和谐的发展。通过自然科学和人文科学紧密结合，扎根于人的完美内心世界的教育才是有意义的。[②]

在大学的职能上，中世纪的大学主要为阐释神学。而近代大学则具有双重职能：教学和对科学的探索。在大学的培养目标上，中世纪的大学主要培养神职人员，近代大学教育则是培养“人”。按照英国著名教育家纽曼（1801—1890 年）的观点，大学并不培养诗人、作家，也不培养教育家、殖民地统治者或他国的征服者，大学也不承诺造就一代诸如亚里士多德、牛顿、拿破仑、华盛顿、拉斐尔或莎士比亚那样的伟人，也不满足于培养批评家、科学家、经济学家或工程师，尽管这些都包括在大学的培养目标里。如果一定要为大学课程制定一个实际目的的话，那么这个目的就是要为社会培养良好成员。[③]在大学的教学上，中世纪的教育刻板而雷同。近代大学则逐步关注学生的个性发展。在师生关系上，近代大学强调大学内部师生间的互动和大学内部的交往。近代大学界普遍认同大学是凭借着人与人之间的

---

① 韩芳、李维哲：“纽曼与洪堡大学理念比较”，《高等农业教育》，2007 年第 2 期。

② 贺国庆：《德国和美国大学发达史》，北京：人民教育出版社，1998 年版，第 44—66 页。

③ 吴式颖、任钟印：《外国教育思想通史》，长沙：湖南教育出版社，2000 年版，有关纽曼章节。

彼此交往进行思想交换和流通的场所，正是这种互动或交往促进了思想的沟通与交流，这是大学与其他教育机构相区别的本质特征所在。同时，大学教师和学生不再是原来单纯的教与学的关系。教师并不是为学生而存在，教师和学生是共同为科学而存在；大学教师已经不是通常意义上的教师，学生也不是被动的学习者，学生自主地从事研究，教师则对学生的研究给予指导和帮助。

（二）大学自治与学生组织

作为大学的主体之一，学生在近代大学的发展过程中依然扮演着不可或缺的角色。也许他们没有中世纪先辈的显赫，也没有后世晚生的风华，但他们却在潜移默化中对后来者产生更多的影响。

1. 近代大学自治的内涵与特征

从表面上看，近代大学自治与中世纪早中期的大学自治在追求大学的独立、自主以及大学拥有自主地确定和规划自身发展的权力等方面具有相似性。如下方面表现出近代大学自治的内涵及特征：

（1）虽强调大学独立于国家政府，但主张大学隶属于国家政府，而且大学的办学宗旨是大学服务于国家、民族的振兴和发展需要。首先，大学已被纳入国家政府的范畴。也就是说，创办大学的责任在于国家政府，是国家政府出资办学。其次，办学的目的指向满足国家、民族的振兴与发展需要。如近代大学首要代表柏林大学的创建，一开始就具有积极参与国家意识形态、重振民族精神的目的。但同时，在大学与政府的关系处理上，大学必须独立于国家政府，是一个独立的自治机构，按自身的发展逻辑自主地管理和处理自身的事务，规划自身的发展；而国家政府必须担负起大学所需的资金并提供政策性的制度保障，这是大学与国家政府关系处理的一个原则性框架。

（2）在这一原则性框架内，大学享有自主决策和处理大学内部事务的自治权力。该权力主要包括三个方面：其一，对知识的权力。在制度化的层面，把对知识的合法性和价值合理性的确认权力归属于大学。其二，教师聘用。对大学教授的聘任、薪酬以及工作条件的落实的权力应在大学自身，而不是由政府决定。其三，选拔和确定校长的权力。柏林大学校长最初采用任命的方式，但不久就改为选举，柏林大学的第一任校长费希特就是通过教授投票选举来确认的。确定大学校长的权力归属大学自身而不是行政指令，直接体现出大学的自治权力。①

2. 学生组织的形式与影响

中世纪学生大学一去不复返了，学生行会消弭了，管理权力被严重削弱。在很长一段的时间内，学生组织在大学里几乎没有声音。在校内外人士的严控下，学生在大学里感受到的是束缚和缄默。在英国和法国出现了学生管理权力衰落的情况。大学里几乎没有学生组织，连学生人数也岌岌可危。随着时代的发展，大学生的民主意识逐渐增强，反权威、争独立、摆脱学校和教师的控制就成了当时大学生的时尚。政治化的团体成为当时学生组织的主要形态，“造反”成为学生组织的主要任务。在 19 世纪上半叶，几乎每一所美国大学都发生过颇为严重的学生造反事件。哈佛大学在 1823 年爆发学潮，芝加哥大学举行了多次抗议活动。加利福尼亚大学在 19 世纪末发起了学生自行管理的高年级学生作用活动，就是让高年级学生自行组织学生会，带动和领导低年级学生的学习、课余、社交等活动，使学生会组织成为加州大学教育与行政管理、教员职工会鼎足而立的组织。② 这些都

① 贺国庆：《德国和美国大学发达史》，北京：人民教育出版社，1998 年版，第 66—80 页。

② 贺国庆：《德国和美国大学发达史》，北京：人民教育出版社，1998 年版，第 90—110 页。

为 20 世纪现代大学体制下的学生组织打下了基础。

三、20 世纪至今：现代西方高校的学生组织

（一）激荡年代中的学生权力与学生组织

20 世纪 50—70 年代，各国高等教育得到了空前发展，这个时期的学生权力因六七十年代的学潮而达到了高峰。这一阶段学生权力的特点，已经跨出了校园，更多地表现在了政治权力上。事实上，50 年代学生的抗议就接连不断地爆发，直到 50 年代末，在许多地方，如布达佩斯、华沙、马德里、巴黎、哥廷根及美国的一些校园都发生过严重的动乱。此后，学生运动在全球展开，一直到越南战争结束后的整个 70 年代。学生运动加快了 60 年代后期到 70 年代的大学改革，1966 年“强调大学管理中的政治理解和民主气氛的重要性，这个问题已经为全世界学生所关注和研究”。① 学生从行政人员和教师手中夺取了部分权力，迫使学校分权。学生组织了很多社团，在学校的很多委员会中都占据了席位，参与了学校的决策，在学校管理活动中发挥的作用越来越大。在美国，20 世纪 50 年代的学生还被称为“沉默的一代”。但 60 年代学生运动就在美国各大学此起彼伏。1971 年，美国国会批准宪法第六修正案，降低了选举年龄，使全国 98％的大学生有了合法的选举权，使得高校学生在政府与大学教育政策的形成中，作为重要的利害关系方不能再被忽视。60 年代末 70 年代初形成的学生消费者第一的管理哲学也导致了学生权力的膨胀。学潮、选举、消费等因素的作用，使得美国学生的管理权力大大增强。在 1968—1969 年学生运动的高峰期，许多高校的学生被允许参与教师的聘用、解雇

---

① （澳）W·F·康内尔：《20 世纪世界教育史》，北京：人民教育出版社，1990 年版，第 781—784 页。

和有关课程设置的决策。1970年4月美国教育理事会关于校园动乱专门委员会的报告指出，在出现骚乱的高校中，学生权力等校内问题成为争端的约占65%，而越南战争等社会问题成为争端的仅占28%。学生权力运动使美国大学内部的管理产生了重要意义的变化。据1969年对875所高校的一项调查发现，88.3%院校允许学生代表至少参加学校的一个管理决策机构的工作。其中2.7%的院校给予学生在学校董事会议上的表决权，41%允许学生作为处理诸如教师的选用、提升、任期的委员会的观察员。① 法国1968年5月风暴后颁布了高等教育方向法。该法规定，在教学科研单位、大学、地区审议会，都有学生代表。② 在英国，20世纪60年代中期以来，学生要求参与治校的呼声日益高涨。绝大多数大学都通过允许学生代表参加各种委员会（包括特别建立的师生联合团体和语言会、理事会的各种常规委员会）来减轻学生的压力。有的地方学生权力还很大，如在苏格兰一些古老大学，他们可以民主地选举他们的校长。德国、加拿大等国的学生，都不同程度地参与到了学校的决策机构和管理机构，学生参加大学管理的要求有许多项被采纳。学生参与最多的是与学生利益直接相关的委员会，如教学、食堂、学生宿舍、图书馆等，学生积极组建了众多维权组织，在这方面产生了很大的影响。③

（二）当代西方高校的学生组织

1. 组织构架

在西方大学，学生组织是一个很庞杂的体系。它包括以“学生会”、“学联”为代表的学生权益组织和以社团为代表的学生兴趣组

---

① 巴巴拉·伯恩：《九国高等教育》，上海：上海人民出版社，1973年版，第35页。

② 巴巴拉·伯恩：《九国高等教育》，上海：上海人民出版社，1973年版，第77页。

③ 郑文：“西方发达国家高校学生管理权力的演变”，《复旦教育论坛》，2006年第4期。

织。它的存在是十分重要的，它的活动成了大学生生活不可或缺的重要内容。

通常，学生组织的领袖为 President，我们姑且把它译作主席，副主席通常为数人。其最高层一般由单数人组成主席团或称管理委员会或执行委员会，成员数的多寡与大学的规模有关。如牛津大学学联的执行委员会由 17 人组成，爱丁堡大学学联的管理委员会由 15 人组成，而安格里亚学院学联的执行委员会则仅有 9 位委员。在最高的主席团或委员会之下，是诸多分工明确且细致的分支机构。如学术服务、外交、研究生、教学、福利等委员会；膳宿、社区、机会平等、学校与征召等直属办公室；人文、教育、法律、医药、科学与工程等专业学院级的学生代表以及每个部门设有的秘书、司库、财务主管等职务。

一般而言，这些学生组织是以科层式为主，辅以项目化管理的运作模式。

2. 分类特点

当代西方高校的学生组织主要可以分为两大类：第一类是以“学生会”、“学联”为代表的学生权益组织；第二类是以社团为代表的学生兴趣组织。

西方高校一般没有“学生处”或者“团委”这样的部门，部分管理职责由学生会或学联担负。而它们与数量众多的基础社团之间，却只是不完全的领导者和被领导者之间的关系。大学学联或学生会不对下属社团的唐突行为负责，而下属社团有自主的独立活动的权力。它们除了遵守学联或学生会的共同宪章，尤其是遵守选举章程外，和上级学联或学生会仅仅保持着松散的关系。换句话说，学联或学生会给予各社团在国家法律所许可的情况下从事各种活动的自由空间。在各大学学联或学生会之上，还有一个全国性的学生组织，如全英学联(National Union of Students)。全英学联是全国各高等院校学联的松散的联盟，创立于 1922 年，永久总部在伦敦霍娄威路。到目前，全英学联已经拥有了各校的学联和学生社团 900 多个。全英学联无权指挥其麾下的各校学生团体，无权干预各团体的工作，只是向各校学联提供业务指导、训练新当选的学生干部、代表全国的大批学生向社会争取帮助等等。在必要时，也发动组织一些事实上很少组织的涉及教育的全国性活动。同时，这些学联或学生会又标榜着很强的独立性，虽然这些学生组织在经费上接受大学的资助，还使用大学的场所和设施，大学也派代表参加它们的最高层领导机构，但没有一个这类组织会承认它们是在大学的领导下工作，而是鲜明地标榜它们在政策制定上是完全独立的。这是为了有利于树立它们是学生的代表的形象。[①]

而对于诸多社团而言，它们也有着相当程度的自由权利。以美国高校的社团为例，它们只要符合以下六项条件，就能获得学校的经费支持。必须符合以下条件：（1）开放的社员关系（Open Membership），社团需面向全校范围吸纳会员，不能存在任何歧视。（2）一定的组织规模（Organization Size），一个社团组织必须由相当数量的当前注册的本科生组成。（3）非重复性组织（Nonduplicative），为避免重复建设，社团应区别于其他学生社团组织。（4）民主完善的组织制（Constitution），有清晰的活动目标和活动程序，有明确的选举过程和选举办法。（5）与学校政策一致（Compliance with University），学生社团组织主办的活动必须与学校培养学生的目标一致，学生活动管理规范应与学校的各种规章制度一致。（6）其他具体要求（others）。大学里的学生社团五花八门。[②] 以哈佛大学为例，哈佛大学目前有 600 多个学生社团，其中建立了自己网站的社团有 546 个，得到学校认可的学生社团有 302 个（截至 2005 年 2 月），平均不到 30 个学生就有

---

① 羽离子："英国大学学联的组织结构和活动实践"，《贵州师范大学学报》，2002 年第 4 期。

② 于伟、韩丽颖："中美高校学生社团文化建设若干问题比较研究"，《外国教育研究》，2002 年第 10 期。

一个学生社团。哈佛大学的学生社团大致分为五大类：一是信仰型社团，如共和党员俱乐部（Republican Club）、巴勒斯坦团结委员会（Palestine Solidarity Committee）；二是专业学术型社团，如化学俱乐部（Chemistry Club）；三是艺术类学生社团，如 Harvard-Radcliffe 管弦乐队、魔术协会（Magic Society）；四是服务型学生社团，如红十字之友（American Red Cross，Harvard Friend sof）；五是地域性社团，这类社团数量最多，例如，以中国留学生为主体建立的社团除了六个泛亚洲协会外还有中国学生联合会（Chinese Students Association）、香港社（Hong Kong Society）、台湾文化社（Taiwanese Cultural Society）等。

3. 作用影响

西方高校的学生权益组织的主要职能是服务。如爱丁堡大学学联的自我简介概括得比较明了："本学联有责任提供本组织的服务和娱乐，本学生代表理事会关心学生的福利和为学生做代表，本社团理事会关心于做学生社团的代表和为它们服务，本财务委员会则对学联的全面的财务负有责任。"牛津大学学联的宪章陈述得更简洁："学联为每位学生提供服务、福利、支持和代表。"如学生在校园里遭受了不公平对待，除了其他的申诉渠道外，向学联或学生会的学生代表理事会反映情况，要求该理事会与有关方面联系以正确处理，也是一条正当的途径。尤其是在学生遭受教师或校方的种族歧视、性别歧视或能力歧视，甚至暴力威胁时，学生权益组织在代表学生与校方交涉中往往是举足轻重的力量。事实上，学生权益组织和大学的根本利益是一致的，双方在多数时候是在一条轨道上。因此，学生权益组织成了大学的一个很好的补充，起了单纯的大学难以起到的作用。

而高校众多的学生社团组织的最大作用就是培养人。培养出的政界、商界、军界、科技界、艺术界精英人物绝大多数是社团活动的活跃分子，如尼克松、肯尼迪、克林顿、布什等都曾是学生社团的风云人物，活跃的学生社团活动造就了一批又一批杰出人才。

第二节　现代西方高校学生组织的权力来源与基础

在西方许多大学中，学生作为学校的管理者参与学校管理早已成为一种制度。在德国，柏林自由大学允许学生以一定比例参加大学的一切管理。在法国，新大学法提倡“参与”，包括学生在内大学成员的各层次都选出代表参加大学的管理机构。在英国，学生的参与管理表现为一般的学生自治会代表成为理事会的正式成员。

一、现代西方高校学生组织的权力来源概述

（一）历史根源

学生参与学校管理最早可追溯到中世纪。中世纪的欧洲，两所最古老的大学博洛尼亚大学和巴黎大学是当时欧洲大学教育的两驾马车，欧洲其他大学的建立无不与之有关。以民法和宗教法专业享誉欧洲的博洛尼亚大学和以神学及哲学闻名于世的巴黎大学，有着两种截然不同的内部管理模式。博洛尼亚大学是学生管理校务，教师服从校章的学生大学的鼻祖；而巴黎大学则是等级分明，由教师掌管校务，学生服从管理的教师大学的榜样。作为近代意义大学的先驱，它们对欧洲及世界各地大学的创立和发展产生了深刻的影响。后来的学生参与学校管理，或多或少是博洛尼亚大学管理模式影响的结果。然而，当时的意大利博洛尼亚大学作为一个学生团体，其管理早已超出了学生参与的范畴，而是完全意义上由学生管理学校。在那里，学生对生

活和规则有至高无上的权力。他们不仅选举校长，聘请教授，对大学的财政和学术事务进行普遍的监督，而且对教授的薪金也有决定权。甚至当教授上课迟到或讲课过于拖拉时，他们还向教授追索罚金。博洛尼亚大学是西方高校学生组织权力来源的历史根源。

（二）思想基础

自由主义一向为西方所崇尚，而被称为自由主义始祖的洛克的思想对人们的影响更为深远。尤其是他提出的有限政府论，长期影响着人们对政府、国家等由人组成的联合体的认识。洛克认为："人们联合成为国家和置身于政府之下的重大的和主要的目的，是保护他们的财产；在这方面，自然状态有着许多缺陷。"[①] 也就是说，公众组成政府的目的是，"出于各人为了更好地保护自己，他的自由和财产的动机。"[②] 因此，政府所应遵循的最根本的原则就是为人民谋福利。"如果君主使用专断权利，未经取得人民的同意并与人民的共同利益相抵触，人民就可以解散政府。"[③] 所以，依此推之，政府的权力应该是有限的，政府的权力被限定在明确的法律条文之中，而法律是人民制定的，政府只是通过契约从人民那里得到权力而已。公众组成政府，只是因为政府能维护公众的利益，如果政府违背了为人民的和平、安全和公众福利服务的目的，人民就有权解散政府。洛克的有限政府论在人们的思想意识中深深地打上了一个服务与权利的烙印，即政府服务于受政府管理的公众，否则，公众有权解散管理他们的政府。这一思想不仅影响了一些国家的治国理念，同样也规范着教育中的治校理念。正如著名教育家沃尔夫在《大学的理想》中说的：既然所有政府的合法权利都来自被统治者的同意，那么所有与学生有重要关系的决

---

① 洛克：《政府论》，北京，商务印书馆，1997年版，第77页。

② 洛克：《政府论》，北京，商务印书馆，1997年版，第80页。

③ 洛克：《政府论》，北京，商务印书馆，1997年版，第131页。

策都应该征求学生的意见。由此看来，洛克的有限政府论不仅是西方国家治国理念的基础，也同样成为近代西方高校学生组织参与学校管理的思想基础。

(三) 权力基础

高等教育不是义务教育。这一前提界定了学生和学校的关系并不限于寻求知识与提供知识的关系。学生向学校缴纳的学费即教育支出为学生和学校建立了另一种关系，事实上，对教育支出的理解存在两种意见：一种认为教育支出是消费支出，因为教育本身只消耗人力、物力和财力，却不直接生产任何物质财富；另一种观点认为教育支出是生产投资，因为教育支出可以提高劳动力素质和智能，以后能够创造出更多的价值。但不论从哪种观点出发，关于学生权力的推理总会回到一点，消费观把教育视为学生通过货币向学校购买商品，因而学生是教育的消费者，学生也即成为提供教育的学校的顾客。顾客、消费者的权利已深入人心，学生在与教育有关的课程确定、教师任命等方面的管理中要求一定的发言权，当然也是合理的。投资论的基点在于投资与回报。投资是投向那些能够使投资者获利的客体上，回报也是以客体能够增值为前提。也就是说，学生付学费接受教育，是为获得知识，提高自身素质，为将来更大的回报打基础。获得的知识越丰富越有用，将来的回报也就越大。这就使教育质量与将来回报建立了直接联系，即投资——教育质量——回报。

二、三种基本模式

从西方高校学生权力发展史来看，学生在不同时期都拥有一定权力。那么学生是如何行使这些权力的呢？学界一般认为，主要有以下几种行使管理权力的模式。[①]

（一）立法模式

立法是学生取得合法性权力的最主要方式，许多国家在高等教育法规中对学生权力做出了规定。如法国 1968 年 10 月 10 日颁布的《高等教育方向法》规定，大学各级机构都要有包括学生在内的各类人员参加。1986 年 10 月 29 日的《德瓦凯高等教育法案》第 4 条规定，每个公共高等教育机构的行政管理委员会由 60 人组成，学生占 15％；第 5 条规定，科学委员会中第三阶段学生占 10％；第 27 条规定，大学生参与所在机构的管理，他们享有信息和言论自由。美国有些州的法律要求公立高中和大学生代表担任州教育董事会成员。匈牙利共和国高等教育法案第 53 条规定，高等院校理事会成员中，学生代表最多可达到 1/3；第 60 条规定，学生自治组织可以推选学生参加院校理事会、分校理事会及其他领导机构的工作。有法律作保障，学生可以通过发表言论、参加学校组织、游行示威等方式行使自己权力，当自己正当权益受到侵害时还可诉诸法律。

（二）参与模式

如在美国，学校评议会以教授为主，但学生代表在增加。英国的校务委员会（理事会）成员达数百人，也有学生代表参加。法国的校务委员会（学院称理事会）学生代表可占到 20％—25％，科学委员会的 7.5％—12％是研究生代表，学习和生活委员会中的教学科研人员及学生代表占 75％—85％，三个委员会中的学生代表还可直接参加校长选举。德国高校中最高权力机构是大小评议会，学生可参加小评议会，决定学校重大问题。在校以下的专业范围会议中，学生代表占

① 郑文："西方发达国家高校学生管理权力探讨"，《中国高教研究》，2004 年第 9 期。

20%。有的国家或学校将学生评教结果作为教师升职、奖惩、课程质量的重要依据，这样学生不但参与了学校教学管理，在某种程度上也参与了学校人事管理，尤其是在美国和加拿大，学生对教学效果的评定在美国和加拿大高等院校中都有记录，并受到学生、教学人员和行政人员的广泛赞同。

（三）组织模式

西方发达国家大学生大多成立各类学生组织以维护自己的权益，行使自己的管理权力，这些学生组织种类繁多，其作用和影响多种多样，我们这里讨论的是由学生为主体组成的授权参与学校管理或代表学生能对学校管理产生影响的学生组织。最早的学生组织要算中世纪大学的“同乡会”。这种同乡会（学生行会）就是中世纪“学生大学”的管理者。各国一般都有全国性的学生组织。学生联合会在1968年五月风暴中起了领导作用。1996年，法国学生全国独立联盟要求教育部长弗朗索瓦·贝鲁实现他改革法国大学的诺言。英国的全国学生联合会成立于1922年，在向高等院校争取学生权益中表现非常活跃，1968年10月，该组织与副校长和校长委员会达成协议，要求有更多学生参与英格兰、威尔士和北爱尔兰大学的决策。美国有大学联谊会和大学女生联谊会。加拿大、澳大利亚等国都有类似的全国性学生组织。此外，学生会担负了很大部分的学生事务工作。

第三节　西方高校学生组织的结构及其运行

20世纪以后，大学生活中的学术和非学术的活动逐渐融合起来。大学把学生自治团体引入到学校日常事务的管理中来，这一过程和自主学习的理念协调并进，学生开始通过合作和选择来安排学习。

一、学联和社团结构

（一）美国模式

美国高校管理工作者对校园活动的观念是，既然大学已不再充当代理父母的角色，通过颁布大量限制大学生校园生活的规章来实行严格管理的做法已不合时宜，给学生更多的自由和机会，让学生自己管理才是合理的做法。

美国大学中有一种称为“荣誉制度”的学生自律自治的特殊方式。“荣誉制度”开始是指在一些学院中实行的无人监考制度，后来逐渐演变为学生自我管理作业和大学生活。学生自治团体的管理功能逐渐加强，在学校事务中的话语权也扩大了。以美国伊利诺伊大学的学生社团为例，学生社团是以增进相互间的理解和交流为宗旨的。伊立妮社团分两部分，最早的建筑是在1941年落成的，南部增建的在1963年完工。它既提供活动设施等硬件，又组织各种活动，占地30万平方英尺，耗资832.5万美元。伊立妮社团主要目的是为大学生提供一个交流的中心，主要设施有：休息室、食品坊、餐厅、计算机房、银行服务设施、康乐场所，有74间普通房和两个套房的旅馆、阅览室以及艺术展览厅等，每天接待16410位顾客。伊立妮社团组织了150多次社会和文化活动；伊立妮社团的董事会共有23位成员，其中15名学生，该董事会由大学董事会管理，具有双重职能，一是组织各种活动；二是就校园的规划建设向董事长提出政策制订建议。学生董事会已经影响了两项重要的改修方案：（1）学生活动楼群的建造，其中包括学生组织的办公与集会场所；（2）为室外的活动厅加筑围栏，修建较受欢迎的夜间娱乐场所“庭院酒吧”。伊立妮学生社团从财政上说是自力更生的，其经济来源包括建筑收入、娱乐收费、借贷利息和租金。[①]

美国大学的非学术社团中，最能使学生兴奋的是那些学生自发搞起来的社团。厄内斯特·博耶认为："自发的活动给校园带来了活力。我们可以说，非正式的学生组织过于繁多了。不管怎么说学生是成年人。他们更多地加入那些灵活和敏感的，如同一位学生所说的，'与事业相关的那些组织'中去，这是可以理解的。"他又指出："美国大学生们的活动状况如同大学生经验的其他方面一样，是混杂的。一方面，正规的学生生活机构——学生会、集会制度之类——似乎并未很好地发挥作用。只有一小部分的学生参与，而且这些人往往看起来是由他们自己的特殊兴趣所驱使。另一方面，许多非正式的、不太有组织的活动却正在蓬勃开展。"[②]

(二) 英国模式

在英国，只要在法律允许的范围内，任何大学的学生都有权组织学生社团，若要获得经费支持，社团的章程必须经过学生代表委员会的批准。学生社团为英国大学生参加院校生活和负责处理各种事务提供了良好的机会。

OUSU（Oxford University Student Union）是英国牛津大学的学生社团，成立于 1975 年，每个牛津大学的学生自动成为其会员，主要为学生谋取利益和代表牛津大学参与本地和国家的社会活动。OUSU 日常管理由 4 名全职人员和 1 名兼职的学生代表负责：可以为学生解决住宿问题；组织各项娱乐活动；代表学院惩罚不守纪律的学生。OUSU 拥有自己的出版物，每周发行牛津大学学报；印制学生生活指南、新生入学指南、研究生指南和留学生指南等等。OUSU 理事

---

① 马超："西方大学学生自治的嬗变及启示"，《比较教育研究》，2006 年第 8 期。

② 厄内斯特·博耶：《大学：美国大学生的就读经验》，北京：北京师范大学出版社，1993 年版，第 171 页。

会是社团的最高决策组织，由一定数量的牛津大学学生代表组成，主要任务是制定政策和组织活动。每位理事会成员都是管理人员，负责处理社团的日常事务和活动的开展。OUSU 理事会成立了许多委员会，以开展维护妇女、行为古怪者、留学生、残障人员、成年学生和有色人种学生权利的各项活动，各项活动都有自己的代言人参与理事会的投票。OUSU 制定了许多章程和制度，各项活动必须在规章制度允许的范围内开展。OUSU 对学生提供咨询服务和经营一些商业活动为社团筹措经费。学生社团为了学生而存在，所有的活动需要学生的参与，所以学生管理社团的一切事务。①

(三) 德国模式

理性主义对德国大学产生了深远的影响，在以理性主义为基础的大学校园环境中，教育教学的措施和实践都旨在培养学生的智力。理性主义认为教育的精髓在于发展智力，学术团体的任务是要让学生秉承团体的学术理念，获得自身的发展。

20 世纪 60 年代，德国官方的大学生社团有德国大学生联合会和社会主义德国大学生同盟，他们要求改革科研、教学和决策过程，对德国高等教育民主化进程起到了一定的推动作用。1967 年以后，大多数德国非官方大学生社团都提出要求，主张所有决策机构中，学生代表的席位应占 1/3，助教占 1/3，教授等高级教学人员代表占 1/3。

德国大学生参加系一级的学生委员会，对学习条例、考试条例、课程设置等学业组织问题展开讨论，大部分高校注册生是学生委员会的当然成员，只需缴纳一点会费。由各学生委员会选举产生的全国大学生联合会可以表达学生的利益。学生们一般认为它有如

---

① 羽离子："英国大学学联的组织结构和活动实践"，《贵州师范大学学报》，2002 年第 4 期。

下职能：学业咨询和学业指导；参与制定考试条件和确定教学内容；协助解决住房和促进交流等；参与学校内的政策制定。从整体上看，只有一小部分大学生参与这类组织兴办的活动，学生对系一级活动的兴趣远远大于对校一级或全国性活动的兴趣，因此，这类组织选举时的投票率尚不足1/3。高校中参与人数最多的是体育和文化活动，约有一半学生热衷于体育、音乐，宗教活动也吸引了部分学生。对于有影响的政治组织举办的活动，绝大多数学生反应冷漠，积极分子不足1/10，很多学生更乐于非正式团体举办的适合他们个人口味的活动。①

二、学联和社团运行

（一）人事组织机制（以竞选为基础）

西方高校学生组织的人事组织机制的核心就是选举。学生们每年都有机会去竞争学生组织的干部席位。对学联或学生会等全校学生权益性组织，大学一般在学期初时征集对学生组织各职务候选人的提名，提名表并不通过班级分发，而是放在图书馆、餐厅等校内公共场所，由学生自取。各校的提名期从一星期到三星期不等。提名结束后，就是长达一至两星期的竞选期。一些主要职位的竞选较激烈，大学花园的栏杆上、树干上、路灯柱上等到处挂着竞选者的肖像、竞选口号、演说辞等。竞选者是否能得到一些学生的支持与其组成的竞选小组、施政纲领、竞选策略、宣传是否有效等等有关。重要的候选人还难免要接受学生的严厉质询或与竞争对手同台辩论。会场上常常是掌声、嘘声混杂，十分热闹。最后，全校学生

① 顾明远主编：《世界教育大系·高等教育卷》，长春：吉林教育出版社，2001年版，第346页。

进行无记名投票，在候选人中选出任职者。为保证公平，候选人对媒体和学生公众演说的时间、候选人竞选广告的份数等等都必须完全相同，且为此设有专门的监察部门。

对具体的学生社团，竞选规模虽然没有那么大，仅限于社团成员之间，但程序的完整和严谨却分毫不差。

（二）物质保障机制（以社会化运作为基础）

西方高校的学生组织，虽然其经费部分是由学校拨款，但绝大部分来自于学生组织的自我盈利，无论学联、学生会这样的全校组织还是单个的具体社团。

像学联、学生会这样的学生组织一般都有自己的产业，如咖啡吧、迪厅、小餐馆之类。作为学联或学生会的负责人，最大程度地使这些营业部门盈利也是他们工作的重要内容之一，更是衡量他们工作能力的一把标尺。

对社团来说，学校允许他们在校园内组织一些以盈利为目的的服务项目，所得收入全部免税作为社团活动的经费，如商店、餐厅、书店、理发店等，这些服务项目的工作人员基本上是社团招聘的会员，只有少数的项目负责人是学校相关管理人员。此外，学生社团还可以通过举办音乐会、报告会、组织旅游项目等创收。这些学生组织的经费管理十分规范，以哈佛大学为例，它的大学生社团管理规则规定，社团的任何收入不能为社团组织中个人所得，特殊情况下，社团支付会员必要的劳务费用或其他形式的报酬时均应当由院长办公室认可。社团要对自己的财务负责，要保管好社团财务记录。哈佛大学校长办公室为社团负责财务的学生干部提供培训和财务工作指导。学生社团每年必须要向校长办公室提供一份详细的财务报告，并接受一次财务稽核。每个社团的指导教师要参加由学生工作办公室（Student Activities Office）主办的一年一度的社团财务管理培训班。学生社团向校友和校外单位寻求赞助必须事先征得校长办公室同意。

（三）绩效认证机制（以完善的社会认证体系为基础）

西方高校的学生组织，得到了社会比较全面的认可。书面成绩和学生在学校中参与各级各类学生组织的表现是评价学生的两大尺度。同时，社会各阶层各团体也十分重视与高校学生团体的交流，很多基金会直接为这些学生组织提供物质支持。这些为西方高校的学生组织的快速发展奠定了强有力的基础。

参考文献

1. 朱迪斯·M·本内特、C·沃伦·霍利斯特：《欧洲中世纪史》（第十版），上海：上海社会科学院出版社，2007 年版。

2. 约翰·范德格拉夫：《学术权力——七国高等教育管理体制比较》，杭州：浙江教育出版社，2001 年版。

3. 伯顿·R·克拉克：《高等教育系统——学术组织的跨国研究》，杭州：浙江教育出版社，1994 年版。

4. S·E·佛罗斯特：《西方教育的历史和哲学基础》，北京：华夏出版社，1987 年版。

5. 雅克·勒戈夫：《中世纪的知识分子》，北京：商务印书馆，1996 年版。

6. 亨利·皮朗：《中世纪欧洲经济社会史》，上海：上海人民出版社，2001 年版。

7. J·C·富勒：《西洋世界军事史》，广西：广西师范大学出版社，2004 年版。

8. 赫伯特·巴特菲尔德：《近代科学的起源》，北京：华夏出版社，1988 年版。

9. 汤普逊：《中世纪晚期欧洲经济社会史》，北京：商务印书馆，1992 年版。

10. 查尔斯·霍默·哈斯金斯：《大学的兴起》，上海：上海世纪出版集团，2007 年版。

11. 徐辉、郑继伟：《英国教育史》，长春：吉林人民出版社，1993 年版。

12. 弗·鲍尔森：《德国教育史》，北京：人民教育出版社，1986 年版。

13. 贺国庆：《德国和美国大学发达史》，北京：人民教育出版社，1998 年版。

14. （澳）W·F·康内尔：《20 世纪世界教育史》，北京：人民教育出版社，1990

年版。

15. 洛克：《政府论》，北京：商务印书馆，1997年版。

16. 顾明远主编：《世界教育大系·高等教育卷》，长春：吉林教育出版社，2001年版。

第四章

我国高校学生组织的现状与运行特征

在考察了我国古代和近代以及国外学生组织的情况以后，下面我们进入我国现代高校学生组织的探讨。由于历史、文化、政治等方面的原因，我国现当代学生组织的情况与前面所述的学生组织呈现出很多不同之处，在这一章中，我们选取目前高校学生组织的一个截面，从学生组织的法律基础、一般设置、主要类型和主要功能目标等几个方面，对我国高校学生组织的现状及特征进行梳理。

第一节 我国高校学生组织的法律基础

在进一步探讨我国高校学生组织的现状和运行特征之前，必须先了解其存在的法律基础。在任何一个法治国家，社会团体的存在都必须有其合法性的基础。我国高校学生组织是依照相关法律规定而设立并受到各级各类法律保护的一类组织。从法律意义上讲，我国高校学生组织原则上属于社会团体，从实际操作上看，它的运行又与政府以及高校相关职能部门的管辖有着密不可分的关系。《中华人民共和国宪法》中规定的公民基本权利是学生组织存在的根本法律依据。除此之外，各级各类的法律法规或条例政策都为学生组织的设立和运行提供了法律保障和操作规范。它们共同构成了学生组织生存和发展的法律基础。

一、全国性法律及行政法规的一般规定

由国家最高权力机关全国人民代表大会制定的《中华人民共和国宪法》是国家的根本大法，具有最高的法律效力，是我国一切立法的依据和基础。我国宪法中所规定的除我国的法律的基本原则和制度外，还包括我国公民所享有的基本权利和必须履行的基本义务。其中，《宪法》第三十五条规定："中华人民共和国公民有言论、出版、集会、结社、游行、示威的自由。"此条规定将依法结社作为我国公民的一项基本权利在根本大法中加以明确。

基于《宪法》的规定，《中华人民共和国教育法》第四十二条规定："受教育者享有下列权利：（一）参加教育教学计划安排的各种活

动，使用教育教学设施、设备、图书资料；（二）按照国家有关规定获得奖学金、贷学金、助学金；（三）在学业成绩和品行上获得公正评价，完成规定的学业后获得相应的学业证书、学位证书；（四）对学校给予的处分不服向有关部门提出申诉，对学校、教师侵犯其人身权、财产权等合法权益，提出申诉或者依法提起诉讼；（五）法律、法规规定的其他权利。”此条规定虽未明确学生自由结社的权利，但其中的第五款即“法律、法规规定的其他权利”给出了很大的法律依据寻求空间。在此兜底条款所给出的空间下，依据《中华人民共和国高等教育法》第五十七条的规定：我国的在校大学生“可以在校内组织学生团体。学生团体在法律、法规规定的范围内活动，服从学校的领导和管理”。

通过一系列的法律溯源，可以看出，在我国学生依法成立学生团体或组织，并对其进行自我管理及开展活动是法律所赋予的一项基本权利，也是受到法律保护的。学生组织的存在具有坚实的法律基础。

另外，我国的各项行政法规也在法律原则性规定的基础上就学生组织的成立和管理作出了较为详细的规定。

1998 年颁布的《社会团体登记管理条例》规定社会团体都必须依法登记，但是第三条规定了三种不需要登记的情况：（一）参加中国人民政治协商会议的人民团体；（二）由国务院机构编制管理机关核定，并经国务院批准免于登记的团体；（三）机关、团体、企事业单位内部经本单位批准成立、在本单位内部活动的团体。包括中国共产主义青年团、中华全国青年联合会等在内的 8 个团体属于第一种情况。这里我们找到了高校团组织、学生会组织和班级、社团组织的法律身份。高校团组织是中国共青团的基层组织；而高校学生会属于中华全国学生联合会的团体会员，后者又是中华全国青年联合会的团体会员；而班级和学生社团基本符合第三种情况。

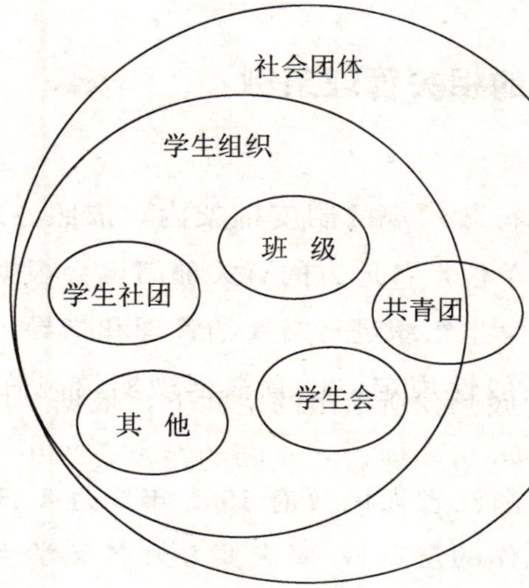

图1　学生组织与社会团体关系示意图

教育部2005年2月4日发布的《普通高等学校学生管理规定》第四十四条明确规定："学生可以在校内组织、参加学生团体。学生成立团体，应当按学校有关规定提出书面申请，报学校批准。学生团体应当在宪法、法律、法规和学校管理制度范围内活动，接受学校的领导和管理。"第四十五条则指出："学校应提倡并支持学生及学生团体开展有益于身心健康的学术、科技、艺术、文娱、体育等活动。"2005年1月18日共青团中央和教育部联合印发了《关于加强和改进大学生社团工作的意见》。《意见》对我国高校大学生社团的工作提出了充分认识加强和改进大学生社团工作的重要性；明确加强和改进大学生社团工作的总体要求和主要任务；积极支持大学生社团开展健康有益的活动；切实加强对大学生社团的领导和管理；不断健全大学生社团发展的工作机制等五条意见。

可见，在法律规定的基本原则下通过行政法规的具体化和操作化的规范，我国的学生组织在其设立、管理、运行等方面都具备相当的法律和政策基础。

二、各级地方的相关管理条例

在全国性法律和行政法规的制度框架内，依照各地的实际情况，以基本的行政区划为单位，各地方的有关部门也会根据管理需要制定相关的管理条例等对学生组织进行必要的管理和指导。这些管理条例包含具有普适性的一般性规定，也有根据现实情况临时制定的一些要求。

中共浙江省委、浙江省人民政府 1995 年 3 月 1 日发布《关于加强和改进学校德育工作的意见》，要求要办好各类学生社团，开展丰富多彩、积极向上的学术、科技、体育、艺术和娱乐活动，定期举办艺术节、体育节、科技节等，形成健康高雅、生动活泼，各具特色的校园文化氛围。

上海市教委 2007 年 11 月 12 日印发《上海市教育委员会关于实施上海大学生创新活动计划的通知》，要求学校营造创新文化氛围，搭建项目学生交流平台，利用项目学生俱乐部等形式，定期开展相关活动。

共青团北京市委员会、中共北京市委教育工作委员会、北京市教育委员会等 2005 年 4 月 26 日印发《关于开展首都高校优秀学生社团评选暨首都大学生社团文化季活动的通知》，就组织开展高校优秀学生社团评选等活动进行了工作布置。

总体而言，在国家法律法规的基本规范内全国各级地方都有针对性地就高校学生组织的管理规范和活动开展作出了一些规定，同时也利用一些行政资源为所属辖区内的高校学生组织提供开展活动和自我展示的机会和平台。在法律上，保障学生组织的正常存在和有序运作；在政策上也给予高校学生组织一定的鼓励和扶持。

三、我国各类学生组织的基本格局

从法律属性来看，目前我国高校的学生组织应当归属于社会团体。但是，从前面对于法律政策的介绍不难看出，在我国高校中各类学生组织的设置和管理与政府行政以及相关职能部门的管辖有着密不可分的关系。

要想了解目前我国各级各类学生组织的一般设置，首先必须弄清楚目前我国主要社会团体的基本格局。社会团体是当代中国政治生活的重要组成部分。中国目前的社会团体都带有准官方性质。《社会团体登记管理条例》规定，成立社会团体必须提交业务主管部门的批准文件。业务主管部门是指县级以上各级人民政府有关部门及其授权的组织。社会团体实际上附属于业务主管部门。中国有全国性社会团体近 2000 个，其中使用行政编制或事业编制，由国家财政拨款的社会团体约 200 个。[①] 在这近 200 个团体中，包括 33 个免于在民政部门注册登记而具有法律地位的特殊团体，包括国务院批准免于登记的 25 个特殊的社会团体以及参加政治协商会议的 8 个人民团体。[②] 这 8 个团体的政治地位特殊，社会影响广泛，其主要任务、机构编制和领导职数由中央机构编制管理部门直接确定，它们虽然是非政府性的组织，但在很大程度上行使着部分政府职能。

刚刚提到的 8 个参加政治协商会议的社会团体中，共青团由于其工作对象中有相当一部分与高校的工作对象相一致，所以，在全国高

---

① 中国网："中国国情专题库——社会团体"，http：//www.china.com.cn/aboutchina/zhuanti/shtt/2008－04/15/content_14953209.htm，2008 年 2 月 4 日。

② 包括中华全国总工会、中国共产主义青年团、中华全国妇女联合会、中国科学技术协会、中华全国归侨联合会、中华全国台湾同胞联合会、中华全国青年联合会、中华全国工商业联合会等 8 个，由民政部门备案并由国家拨付行政事业费用。

校中的共青团组织一方面行使着对高校学生组织在行政上的管理职能，另一方面，其自身运作中除高校专职团干部外，广大学生团干部也形成了一个特殊的学生组织。

同共青团的性质相似，中华全国学生联合会（全国学联）也是依照法律成立的社会团体。与共青团有所不同的是，全国学联是中国高等学校学生会、研究生会和中等学校学生会的联合组织，其团体成员皆是学校中的学生自治组织，故其政治性和政府职能部门的属性相对于共青团要弱。在实际的操作中，由于全国学联的团体成员与共青团的部分职能对象高度重合，全国学联的许多活动都是在共青团的直接领导下开展和完成的。

依照全国学联的章程，省、自治区、直辖市学生联合会是中华全国学生联合会在该省、自治区、直辖市的会员团体的地方联合组织。省、自治区、直辖市以下地区学联组织的设置，由省、自治区、直辖市根据具体情况决定。目前，全国各省级行政区都设有省级学生联合会并设有常设机构，履行团体会员的职能。

全国学联的章程明确指出学生会、研究生会是学生自己的群众组织。凡在学的中国学生，不分民族、性别、宗教信仰均可为学生会、研究生会会员。学生会、研究生会在党组织的领导和团组织的指导帮助下，依照法律、学校规章制度和各自的章程，独立自主地开展工作。我国各高校均会根据以上章程的规定设立学生会和研究生会，并参照全国学联和地方学联的章程，制定自己的团体章程。当然，高校的学生会、研究生会都是在高校党组织的领导和团组织的指导下开展工作和活动的。

在各高校中，高校的学生会都会根据自身活动和工作开展的需要，在校内以院系或者其他形式的单位，如学生宿舍楼等设立基层的学生组织。这些组织都可算作是学生联合会的组织框架内最为末端的基层单位。

以上介绍的是在现行的政治体制框架内最为正统的高校学生组织

的基本设置。事实上，从广义上来讲，二人成对，三人成队，任何一个由多名学生组成的团队都能被冠以学生组织的名称。由此而言，在全国各高校以各种目标和形式存在的学生组织大致有团委、学生会、研究生会、学生社团、学生俱乐部、学生联盟等，它们虽然叫法不同，但实质上都是由志趣相同、愿意受组织规章制约并参与组织各项活动的学生组成的学生组织。从广义的定义出发，最为常见和普遍的是学生社团。通常这些学生社团都会在各自的高校内接受学生会、研究生会的管理，各高校的学生会、研究生会的一项重要职能便是管理并保障这些学生社团在校内的活动。这在某种程度上也将学生社团纳入了学生联合会的组织框架内。从前文的法律介绍中也可以看到各级各类职能部门对于学生社团的工作指导和意见。

随着我国政治经济体制的不断改革和发展，其影响渗透至社会生活的方方面面，包括对高校学生组织的影响。在这种影响下，我国高校学生组织的形式和性质也在悄悄发生变化。学生组织从以一所高校为单位到几所高校学生的共同联合为单位；从单纯学生自主的形式到社会企业或团体与学生联合的形式；从国内大学生为成员到吸纳外国学生参与；从中国学生参与到引入外国学生社团等等一系列的变化都在不断挑战现有高校学生组织一般设置的底线。更为深刻的变化来自对传统学生组织内涵和外延的突破，尤其随着现代民主制度下 NGO（non-government organization 非政府组织）、NPO（non-profit organization 非营利组织）等社会组织形式的引入，高校内学生组织的部分特性也开始与这些性质的组织接轨和靠拢，在这个层面上，学生组织的定性已经超越了高校的范畴，进入了更为广阔的社会化视野。

第二节　我国学生组织现状

根据前文所述，我们可以归纳出我国高校学生组织常见的一些类型：班级组织、共青团组织、学生会组织以及学生社团。这些学生组织虽然都植根于高校这块土壤，但却在不同方面呈现出不同的特点。班级组织是高校中最基本的组织类型之一，其出现时间早，应用范围广，是我国各级各类教育的常见组织形式，也是学生组织中重要的组织类型；高校共青团组织既是重要的基层团组织，也是高校中一支不可替代的建设、管理力量，在学生组织中处于核心地位；学生会组织历史悠久，地位重要，是与学生组织各要素最为贴近的学生组织类型；社团作为新兴的学生组织类型，表现出顽强的生命力，有着广阔的发展空间。以下我们分别展开论述。

一、学生组织的结构基础及组织特性

高校学生组织的定义规定了它必须依托于高校这个基本的组织载体存在。高校的组织结构很大程度上影响了高校学生组织的发生发展，因此，探讨高校的组织结构对于理解高校学生组织的结构及运行将有十分重要的意义。

任何高校组织都不是一个平面，而是一个复杂的立体的教学科研系统。对于学生来说，学校——院系——班级三级体系是最基本的自然划分，从入学就确定，而且一般不以自己的意志为转移。这也成为学生组织赖以生存的主要结构。

这其中，院系是一个非常重要的环节。据统计，在教育部所属的71所普通高校中，学校下属学院和学系并存的共有43所，占部属高校的60.56%；学校下仅有学院的有23所，占部属学校的32.2%；仅武汉大学一所学校实行“学校——学部——学院”结构，占1.4%；学校下仅有学系的有4所，这些全部为单科性高校，占5.6%。[①] 在比较大的综合性大学，一些学院的规模已经相当庞大，几

① 胡建雄：《学科组织创新》，杭州：浙江大学出版社，2001年版，第62—63页。

乎赶上了一个独立的高等专科学校的建制。学院作为学校内部相对独立的行政层级，对于自己管辖范围内的学生有着相对独立的管理权限，其不同的学科专业背景、文化传统和价值导向，往往在很大程度上影响着整个学院内成员的行为特质。以院系为单位开展的各类活动，更加强了院系内部成员跨年级跨专业的交流，促成了风格迥异、别具特色的院系文化。各类其他校级学生组织如团委、学生会也都设置与院系对应的二级组织，学生们可以在其中参与管理部分事务。同班级相比，院系规模更大、成员更多、活动内容更丰富，为学生组织的发展提供了广阔而肥沃的土壤。

（一）学术性与科层性共同作用的大学组织结构

对于大学组织结构的著述很多，但一般都同意，大学既具有古典组织理论所称的“科层制”特点，又是现代教育组织理论所称的“松散结合系统”，为双重结构系统。[①]

科层制最早由马克思·韦伯提出，按照韦伯的观点，虽然科层制有很多特征，但最主要的一个特征是等级化，而等级化就是对各层次地位权力的分配，不同层次的人拥有不同的职权。“高校管理的权力结构，在纵向上分为若干层次，横向上每个层级又分为若干职能部门，形成纵横交错的‘矩阵式’权力体系，这就是所谓的‘科层制’或‘官僚制’。”[②] 虽然大学不是完全的科层制组织，但无疑具有科层制权力规定的共性。如对学校的人员进行劳动分工、对每个成员的权力与职责进行明确限定、按照权力的等级结构来组织各种官位和职务，从而形成金字塔式的阶梯命令链。[③] 有学者认为，科层制早已融

① 郑文：“大学组织结构——权力的视角”，《高教探索》，2006年第3期。

② 薛天祥主编：《高等教育管理学》，上海：华东师范大学出版社，1997年版，第321页。

③ 郑文：“大学组织结构——权力的视角”，《高教探索》，2006年第3期。

入大学组织之中，科层管理在现代大学的管理中发挥着不可替代的作用，科层性已成为大学组织的特性之一。[①]

学术性是大学的本质属性，这是由大学的根本目的和任务决定的。大学的价值在于创造新知识和新思想，培养创造性人才，服务社会。大学的三大职能——人才培养、科学研究和社会服务都要以高深学问为基础。大学内的基本活动是学术性工作，而学术活动是根据学科来进行和组合的，由此形成分裂的专业，相对松散的组织结构，并不太严格的学院或学部、系或讲座层次。[②] 学术性是大学区别于其他社会组织的标志性特征。

大学的科层性和学术性反映了大学组织活动中两种不同的价值取向。学术性决定学术是大学组织的标志和生命，学术性的最高目标就是追求真理，秉承学术自由的治学传统，以学术自由为基本价值取向；而科层性要求大学有清晰的目标，并将总目标层层分解到各下属子单位或部门，通过理性化的运作使大学尽可能稳定、高效、可靠地达到这一目标，所以科层性以工作高效化为基本价值取向。

有学者认为，目前的中国大学实行“党委领导下的校长负责制”，中国大学的学术管理事务被置于学校党委领导之下，形成了“双轨结构”的学术管理体制，主要沿袭的是科层制的精神。[③] 新中国成立后，经过几次院系调整重组，大学内部组织结构，纵向上形成校——院——系、校——系——所等的划分，横向上有各种学科、研究所、研究中心等名目，总体上形成了纵横交错的矩阵结构，共同完成大学的学术目标。但从根本上来说，仍然体现着科层制的内在精神。

---

① 陈想平：“论大学组织的知识性与科层性”，《高教探索》，2006 年第 2 期。

② ［美］伯顿·克拉克：《高等教育系统》，杭州：杭州大学出版社，1994 年版。

③ 欧阳文、陈梦稀：“中国大学扁平网状式组织结构与学术管理”，《长江理工大学学报》，2005 年第 9 期。

（二）我国高校学生组织的组织特性

植根于高校的高校学生组织在自身的组织特性上也体现着前面所叙述的两种组织结构。一般的学生组织都存在着科层制结构，而同时，每个组织按自身的具体诉求的不同，又体现出较为松散的联合结构。不同的是，学生组织的松散结构源自学生组织的自治性，而非学术性。而且，高校学生组织的成员都是学生，而非专职的教职员工，其组织特性不如高校明显，常常以一种较为隐性的形式出现。据此，我们归纳出高校学生组织的如下组织特性：

1. 非官方性

学生组织在法律上属于社会团体，这就决定了它们的非官方性。这一方面使学生组织受到的约束较少，另一方面也限制了其对各种资源的调用。体现在组织特性上，组织权力不具备强制性，组织权威及制度约束较弱，组织文化较温和，成员之间的层级意识不明显。

2. 自主性

基于其非官方性和自治性，学生组织从管理到活动都有很大程度的自主性。学生组织从组织形式到运行模式都有很大程度上的自主权力，可以在符合法律法规和学校规定的前提下灵活安排。

3. 不稳定性

由于内部和外部的约束都比较少，学生组织比起其他正式组织在组织结构、制度、活动、成员等方面都相对不够稳定，比较松散。

4. 成员的同质性

从根本上说，高校学生组织的成员全部为青年学生，成员的成分比较单一，组织沟通的基础好，比较容易形成默契，达成共识，但也容易集体盲目，以偏概全。

二、班级——高校学生组织的最基本单位

我们所说的学生组织，一般包含着两方面含义：第一，其构成主体须是学生；第二，组织的目标、任务、功能等等必须体现学生的意志。而学生之所以称为学生，在于其根本任务是学习。在高校里，学生的最基本组织形态，是为了教学和管理的方便而设立的自然班级。从其直接功能来讲，班级的设立首先是为了服务教学，即使是作为方便校方管理、维持正常秩序的管理单元，其根本目的依然是保证教学的顺利进行。从这个角度来讲，班级并不能算是一个严格意义上的学生组织，而更偏向于教学或行政系统并且是这个系统内最基本的单元和触角；但是从另一方面来说，班级的设立也规定了其成员能够频繁接触到的人群范围，提供了基本的社交范围，形成了各具特色的班级文化和价值观念，这些为其他学生组织的建立提供了必不可少的基础，同时，班级成员在内部日常管理中具有很大的自主性，学生们通过班委会来实现一定程度上的自我管理。从这两个意义上说，班级无论从形态上还是功能上，都可以算作最基本的学生组织。

班级并非发源于中国，而是近代以来才传入中国的新事物。“班级”传入我国以后，与我国现实情况迅速融合，并且不断发展演进，形成有中国特色的“班级”制度。

（一）大学“班级”与“班级授课制度”

“班级”的概念来源于欧洲的“班级授课制”，是一个与“个别教学”相对应的概念。最早的班级可以追溯到公元1世纪上半叶的古罗马，当时的教育学家昆体良（Marcus Fabius Quintilianus，约35—约

95 年）称赞并论证了这种教学形式的优越性，而且尝试实行了分班教学这一教学模式。[①] 在教会控制的中世纪，这种制度并没有被保留，“个别教学”成为这个时期的主流。16 世纪，在欧洲的一些学校里，开始了把学生编班上课的尝试，出现了“班级授课制”的萌芽。“法国的居耶纳中学、德国的斯特拉斯堡文科中学是最早设班级的学校。最早使用 class 一词的是文艺复兴时期的著名教育家埃拉斯莫斯。”[②] 这就为“班级授课制”的理论成熟奠定了实践基础。“班级授课制”最早是由捷克教育学家扬·阿姆斯·夸美纽斯（J. A. Comenius, 1592—1670）在《大教学论》中正式提出来的，他从自然现象中得到启发，提出用一个教师（太阳）来教一个班级（动植物），用统一的教科书、统一的方法教授，并有明确的目标和具体实施过程。[③] 由于这种制度比起“个别教学”具有很强的优势，因此一出现就被广泛接受，班级授课制逐渐成为学校普遍采用的教学组织形式。

关于“班级授课制”在我国的起源，一般认为，中国采用班级教学制，始于 1862 年（清同治元年）的京师同文馆，至 1902 年（光绪二十八年）颁布《钦定学堂章程》以后，逐渐成为全国学校的基本形式。也有学者认为，“班级授课制”并非起源于欧洲，早在 14 世纪末，中国明代初期的国子监就已经有了班级教学制。尽管可能没有欧洲 16 世纪的“班级”制度完善，[④] 但不管怎样，“班级”的雏形——“集体授课制”在我国古代很早就已经出现。早在汉代，开始有集体教学形式，在宋、元、明、清高层次的官学中也都有这种教学形式存

---

① 商春锦：“班级授课制的历史、现状与对策”，《福建教育学院学报》，2003 年第 7 期。

② 刘云芳：“谈班级授课制的发展与改进”，《山西教育学院学报》，2002 年第 1 期。

③ 张文强：“‘班级’在中国高等教育领域的演化和发展”，《湖南科技大学学报（社会科学版）》，第 10 卷第 5 期，2007 年 9 月。

④ 冉苒：“对新版《辞海》‘班级授课制’词目的质疑”，《西南师范大学学报（人文社会科学版）》第 29 卷第 5 期，2003 年 9 月。

在，民间的私学——书院也有类似“集体授课制”的“会讲”形式。[①]比较公认的是，1862年的京师同文馆实行“分班教学”标志着我国开始实行“班级授课制”，这一时期的班级设置很不规范，人数较多的馆设置班级，而像德文馆这样人数少的就不设置班级，而且班级的设置标准也很不统一，有的是按照序列分为“一班”、“二班”，而有的是按照专业划分，比如“弧三角班”、“代数班”等等，还有的是按照学生等级划分，分为“头班”、“二班”、“三班”。[②] 这些班级也就成为我国最早的“班级”。自“京师同文馆”以后，各个学校，主要是各种洋务学堂，也都采用西方教学体制，实行“班级授课”。在“癸卯学制”颁发以后，“班级授课制”遂在全国大中小学校推行。1902年建立的京师大学堂是我国第一所比较完备的现代高等学府，“班级授课制”在学校内的发展也已经比较完备。[③] 目前，“班级授课制”是我国最普遍采用的教学方式。

从“班级授课制”的产生发展，我们可以看出“班级”的不断普及和发展。在最开始的时候，班级的概念还很单薄，夸美纽斯最初意义上的“班级”总结起来很简单：“‘班级’就是提高教学效率的产物，是教师和很多学生同时进行互动的集合体。”[④] 之后，“班级”的内涵不断地发展变化，早已不是夸美纽斯所说的教师与学生简单的集合，也不是简单的聚集起来上课的形式，而是已经发展成为一个学生

---

① 张文强：“‘班级’在中国高等教育领域的演化和发展”，《湖南科技大学学报（社会科学版）》第10卷第5期，2007年9月。

② 陈向阳：“京师同文馆组织结构探析”，《华东师范大学学报（教育科学版）》，第23卷第2期，2005年6月。

③ 张文强：“‘班级’在中国高等教育领域的演化和发展”，《湖南科技大学学报（社会科学版）》，第10卷第5期，2007年9月。

④ 扬·阿姆斯·夸美纽斯：《大教学论》，北京：人民教育出版社，1984年版。

的固定归属，并且对学生的各个方面都产生巨大影响的“微型社会”。[①] 因为班级与社会一样，同样存在着错综复杂的各种关系：学习的竞争关系、师生关系、同学关系、“干部”与“平民”关系等等。社会学家塔尔科特·帕森斯（Talcott Parsons，1902 年—1979 年）认为班级是一个社会体系，而日本著名教育社会学家片冈德雄在他的《班级社会学》中将班级定义为“个人成长和学习的集体”。有的学者从系统学的角度提出班级是“文化共同体”，也有学者认为班级是一个集教学、教育和个性发展于一身的有机统一体，是德、智、体、美、劳五者和谐统一的教育组织和教育系统。还有的学者指出：“班级”是一个“教”与“学”相配合的“教育—学习”系统。[②]

我们认为，一般来说，班级的概念可以分为广义和狭义两个层次，狭义的“班级”即如夸美纽斯所说，是一个教师与很多学生同时进行教学的互动的集体，它是“班级授课制”的直接产物和必然依托；广义的班级可以理解为由固定人员组成，延续一段时间，以教学为中心，成员彼此发生广泛交往的微型社会群体。而大学的班级与中小学的班级相比，增加了更多的管理、自治成分。

（二）大学“班级”与“学分制”

我们首先要明确，这里探讨的“班级”，包含着前文提到了狭义与广义两方面含义，在探讨组织形态上，我们必须从“狭义的班级”（教学班、行政班）入手；在探讨运行机制和功能上，我们则需要从两方面衡量。

20 世纪八、九十年代，伴随着高等教育改革“管理重心下移”

---

① 江光荣：《班级社会生态环境研究》，武汉：华中师范大学出版社，2002 年 8 月，第 125 页。

② 张文强：“‘班级’在中国高等教育领域的演化和发展”，《湖南科技大学学报（社会科学版）》，第 10 卷第 5 期，2007 年 9 月。

的浪潮，院系一级教学管理机构作用凸显，在大学院系之下，按照入学年份设置各个年级，每个年级一般按照专业再分成若干班级。每个班级人数在30—50人左右，班级设有一名班主任或导师，是班级的最高负责人；在学生中通过选举或任命再成立班委会，设置班长一名，班委若干，班委会负责协助辅导员工作并独立地开展活动。这个时候的班级，与中小学的班级最大的区别在于：学生的自主权力大大增强；学生相处时间增加（由于大多数学生为住宿生）；学生的交往形式更加复杂。可以说，这个时期的班级已经愈发接近于社会共同体，比起夸美纽斯最初提出的班级概念，已经有了巨大的发展，班级的广义含义的比重大为增强。

20世纪90年代，我国政府把高等教育大众化作为我国教育发展的近期目标，教育部在1998年12月24日提出的《面向21世纪教育振兴行动计划》指出，到2010年，高等教育入学率要接近15%。1999年6月《中共中央国务院关于深化教育改革全面推进素质教育的决定》更明确地提出："通过各种形式积极发展高等教育，到2010年，我国同龄人口高等教育入学率从9%提高到15%。"根据美国学者马丁·特罗（Martin Trow）提出的高等教育大众化理论，入学率15%是一个国家高等教育大众化的下线标准。[①]

1999年，为适应高等教育大众化发展的要求，中央政府做出扩大招生的决定。接下来的几年，我国各类高等教育机构连续扩大规模，到2006年，计划招生人数超过400万。2010年实现高等教育毛入学率15%的目标在2002年就已经实现，提前了8年之多。中国高等教育已经从精英化教育过渡到了大众化教育阶段。教育目标的转变客观上要求高校的教学管理模式发生转变，人数的增多也为班级设置提出了新的要求。这时候，在中国高等教育舞台上几起几落的"学分

---

① 李艳、陈家来："中国高等教育大众化进程研究"，《牡丹江大学学报》，第16卷第5期，2007年5月。

制”再次进入人们的视野。

“学分制”起源于选课制，是一种以学分为计量单位衡量学生学业完成状况的教学管理制度，与它相对的是“学年制”制度。根据实施的彻底程度，还可以分为“完全学分制”和“弹性学分制”两种，前者不规定修学年限，只强调毕业所需的最低学分，学生有很大的选择空间，可以根据自己的能力与兴趣安排学习计划，还可以随时改变专业，学生年级根据学分而确定；后者则是与学年制相结合，在课程设置上设置必修课程和选修课程，学生必须在完成必修课程的基础上达到所要求的学分方能毕业，而学生不能够任意改变专业，年级依据入学年份确定，班级在入学时由学校按照专业设置分配。我国目前广泛采用的是后者，至 20 世纪末，全国 1/3 以上的高校实行了学分制。①

学分制对于传统的班级产生了极大的冲击。与学分制同时实行的选课制度取消了同一班级成员共同上课的限制，直接削弱了班级成员之间的交流。而目前由学生自由安排自己学期的课程，直接导致（1）同班同学一同上课情形大为减少，即使是必修课程，也可能在不同学年修学；（2）同一门课程（尤其是选修课程）往往有不同专业、年级的同学共同修学。学分制的实行进一步削弱了班级狭义方面的概念，出现了与固定的班级组织相比内涵更加单一、按照课程划分的“课程班级”，分流了原有班级的教学单位的职能。

学分制的施行对于班级的发展有利有弊。一方面，它的施行打破了原有班级在时间和空间上对于班级成员共同学习的强制，直接削弱了班级成员之间非主动性的交流；另一方面，它将班级的教学组织功能从原有的功能中剥离出去，有利于凸显班级的管理职能，实现自治属性。

① 杨燕、陈舒怀：“大众化高等教育背景下的学分制改革”，《江苏高教》2003 年第 5 期。

(三)大学"班级"与"通识教育"

前文已经提到，班级与教学是紧密相联的，班级制度的变化也同教育观念的发展紧密相联。纵观我国100多年来的高等教育，其育人理念可以说经历了一个从"通才"到"专才"再到"通才"的回归过程。这个回归当然不是简单的复原，而是在充分总结了前人经验教训的基础上进行的教育改革，所谓"通识教育"。在通识教育的大背景下，班级的功能内涵也在发生着深刻变化。

晚清时期，在洋务运动的推动下，中国出现了以京师大学堂为代表的新式学校，成为我国现代大学的雏形。"当时孙家照在《议复开京师大学堂折》中写道：'今中国创立京师大学堂，自应以中学为主，西学为辅；中学为体，西学为用'。从京师大学堂的学术来源、管理方式以及学习内容，旧式教育的影响依然很重，但西学已经成为教学的主要内容。"[①] 这个时期的专业分科并不明显。京师大学堂的前身京师同文馆一共设有英法俄德四个语言馆和天文、化学、算学、格致、医学馆，加上后来设置的东文馆，一共只能算作10个专业，[②] 与现代大学的专业学科划分不可同日而语。

辛亥革命以后，中国的高等教育进入了初步发展的阶段，这一时期出现了文理分科，而且出现了大学、独立学院、专科学校三类高等学校的划分。这期间，清华大学、中央大学、交通大学发展较快，是当时我国高等学校的代表，现代高等教育体系初见端倪。虽然抗战期间高等教育受到了较大影响，但是西南联大、解放区的大学都取得了巨大成就，延续了我国高等教育事业的发展。此时学校主要实行的是学分制，而不是年级制，班级制度也已被广泛使用。

建国后，新中国接管和改造了原有的大学，建立了新的社会主义

---

① 严峰：《中国大学文化研究》，复旦大学博士论文，2005年。

② 参见《钦定大清会典》，北京：光绪二十五年石印本，第八卷。

高等教育体系。从 1953 年起，为了适应国家建设的需要，我国开始了大规模的院系调整，这次调整的一大特色就是发展专科教育，成立了一大批专门学院。可以说，这一阶段的主要教育目标，就是培养一大批能够迅速投入到国家建设中的专业人才。

这一局面在改革开放以后逐渐发生转变。随着改革开放的不断深入，时代对于人才的需求也在不断地发生变化，原来那种只有专业知识的大学生已经不能满足现代社会日益发展的需要，时代呼唤着“通才”的到来。“通识教育”就是在这样的背景下应运而生。“通识教育”又名博雅教育，其目的是为了培养具有高尚情操、高深学问和高级思维，能自我激励、自我发展的人才。它注重理智的培养和情感的陶冶，具有三个明显的特征：即知识的基础性和经典性；内容的综合性和广泛性；教育形式的多样性和灵活性。在此提出通识教育并非要排斥专才教育，而在于强调在大学教育的前期阶段要通过通识教育弥补学生无法自由转换专业的不足，促进学生全面和谐发展，提高他们的社会适应性。至于大学培养人才的真正价值取向还要走通专结合、一专多能之路。①

通识教育其实是对传统教育的以教授知识为中心的理念的积极扬弃，也可以说是对中国传统的“以人为本”的教学思想的复归。通识教育对于现在大学班级也产生了很大的影响。首先体现在思想上，它对现代班级提出了更高的要求，班级必须要打破原有的思想框架，从教学职能为主向社会职能为主转变，全面发展学生作为社会人的素质；其次体现在组织建制上，在通识教育的平台上，班级也往往不再按照院系专业设置，而是新生入学后随机分配班级，暂时不归院系管理，在进行一年左右的通识教育之后再回到院系进行管理，这样实际上产生了两个阶段的班级，一类是通识教育班级，另一类则是传统的

---

① 孙刚成：“高等教育大众化进程中的路径探究”，《黑龙江高教研究》，2007 年第 5 期。

院系教学管理的班级。由于学制没有延长，因此每个班级的实际持续时间被压缩，对班级的交流成长造成了一定的障碍。

（四）大学“班级”与时代冲击

在我国各项体制改革逐渐深入到社会生活各个领域的大背景下，大学的班级也面临着来自时代的巨大冲击。这种冲击主要体现在两个方面：体制和成员。

随着义务教育的不断普及，班级对于现代人来说已是再熟悉不过的组织形态。然而高等教育阶段的班级与基础教育阶段的班级有很大不同。随着学分制和通识教育的推广，大学生们有着更多的选择和更大的自由来安排自己的课程，班级成员之间的课程在时间上不再有那么多的重叠。同时，大学班级一般不再设置专有教室，班级对于其成员在活动地域上的限制也被打破。

随着改革开放的推进和市场经济观念的全面深入人心，作为思想最为活跃群体之一的大学生，其思想各方面也在发生着重大变化。首先是对于自由、民主权利的要求增加。大学生们越来越多地关注和强调自己的权力与利益，越来越多地希望能够参与学校管理，实现自己的诉求，体现自己的意志。其次是个人素质的全面发展的需求增加。随着高校的扩招和社会对于人才的要求增高，人才市场的竞争日益激烈，在失去了毕业包分配的护身符之后，大学生的就业压力前所未有地增大。大学生很难仅仅满足于术业专攻，而越来越多地要求各方面素质的全面提高。再次是对于社会的接触、了解的需求增加。以往大学被称为“象牙塔”，而大学生被认为是“不闻窗外事，只读圣贤书”的专业学者，但是现在的大学生已经不再满足于做象牙塔里面的读书郎，他们要求广泛而深刻地接触我们所生活的社会，更深刻地领会我们的时代，校园的围墙挡不住他们融入社会的热情。

在这样的变化下，原有的“班级”已经难以满足大学生的需求，班级只能通过适时适当的调整，才能经受住时代的考验，继续发挥作用。

三、高校共青团组织

中国高校的共青团组织，是一个非常特殊的组织。在展开相关论述之前，我们需要对它的特殊性质进行一些必要的讨论。

首先从名字我们就能看出，它既是高校组织，也是团组织，同其他类型的团组织一样，必须接受上级团组织和同级党组织的双重领导，这是高校的共青团组织在组织机制上最一般的特点。

在工作内容上，高校共青团往往承担着高校内与学生相关的大量工作，是高校中不可缺少的重要管理和建设力量，在所有的学生组织中居于特殊的核心地位。

在成员构成上，高校共青团对于青年学生的覆盖率十分高，基本能够达到95％以上，由于团员基数大，高校团组织一般都会配备专职的团干部，专门负责学校的团工作开展，同时起用大批学生团干部。例如在一些高校，校团委的书记班子基本上由专职团干部构成，有正式的工作编制，但是在校团委的各个部门和广大基层院系的团组织，一般都由广大学生干部负责团工作的开展。

我们同时也应该看到，高校团组织身份的特殊性，不仅仅体现在它同时归属于共青团和高校的双重身份上，更体现在它的构成主体——学生——的管理者与被管理者的双重属性上。这种特殊性使高校的共青团组织有着与生俱来的优势，也有着难以克服的缺陷。高校共青团组织的作用，主要体现在它对于整个校园软硬环境的影响、控制与干预上。由于这本书所关注的是“中国高校的学生组织”，因此，我们在介绍高校共青团组织的时候，将它放在高校的框架内进行思考和考察。

(一)"高校团组织"与"团的高校组织"

在中国青运史上，高校学生从来都是一支不可忽视的力量。在风云激荡的关键历史时期，学生往往都最为鲜明和激烈地站在历史潮头的最前列。作为中国新民主主义革命开端的五·四运动，正是由广大高校爱国学生发起的。而中国社会主义青年团（中国共青团的前身）的创建活动，就开始于1919年五·四运动后的一年。"五·四运动促成了马克思列宁主义与中国工人运动的结合、革命知识分子与工人群众的结合，为中国共产党及其助手青年团的创立作了准备：马列主义在青年中的广泛传播，为建团作了思想上的准备；在斗争中锻炼出一批革命青年，为建团作了组织上的准备；共产主义小组的成立，使建团有了直接的领导。"① 在成立之初，团的工作重心是革命斗争，而且这个重心始终贯彻在新民主主义革命过程中。从那时起，中国的高校学生运动就和共青团的运动紧密地结合在了一起。中国社会主义青年团中央二届二次扩大会议1924年3月22日在上海召开。会议听取了中央局和地方代表的报告，讨论通过了《中央局报告决议案》、《关于团员的训练及纪律决议案》、《青年工人运动与农民运动的决议案》、《学生运动决议案》、《关于国民党工作及态度决议案》和《平民教育运动决议案》等16个决议案。会议要求"尽力多介绍最革命最觉悟的青年农工分子加入本团"和在"学生会中设立团的小组"，并须主持或督促国民党青年部，使之成为"国民党学生运动的中心"。②

解放后，尤其是改革开放以后，团的工作有了新局面。团章规

---

① 郑洸、罗成全："中国共产主义青年团创建（综述）"，共青团中央青运史研究室，《中国社会主义青年团创建问题论文集》，1984年版。

② 中国共青团网："中国社会主义青年团第二次全国代表大会"，http://www.ccyl.org.cn/695/gqt_tuanshi/gqt_ghlc/lcdbdh/200612/t20061211_5629.htm，2008年3月1日。

定："中国共产主义青年团是中国共产党领导的先进青年的群众组织，是广大青年在实践中学习中国特色社会主义和共产主义的学校，是中国共产党的助手和后备军。"这样的定位使得团的工作重心明确地转移到服务社会进步和青年成长成才上面来。在高校里，团的基层组织蓬勃发展，一方面它是广大青年学习和实践马克思主义的学校，另一方面，它肩负着引领校园文化，协助党委开展学生工作的重任。近些年，随着高校扩招和学生入团比例的不断提高，高校学生所占全部团员的比例也不断提高，高校学生团员越来越成为共青团事业的重要力量，在社会实践、志愿者、学生科技创新、对外交流等方面都做出了令人瞩目的成绩。

（二）目前高校的团组织结构

按照团章的规定，高校的共青团组织是团的基层组织，以目前中国高等院校的规模来衡量，一般都成立了团的基层委员会。一些比较大的校团委下又设置各个二级团委、团总支或团支部，再下面一级是按照自然班级组成的各个团支部。[①] 目前各个高校的团组织基本都建立了团委，一般都称为"共青团某某大学委员会"，亦即校团委。

但是在展开讨论前，我们首先需要明确一下"校团委"这个概念的内涵。

团章第二十四条规定："企业、农村、机关、学校、科研院所、街道社区、社会团体、社会中介组织、人民解放军连队、人民武装警察部队中队和其他基层单位，凡是有团员三人以上的，都应当建立团的基层组织。

团的基层组织，根据工作需要和团员人数，经上级团的委员会批准，分别设立团的基层委员会、总支部委员会、支部委员会。

---

① 这里只针对高校学生部分，校办产业或附属医院等暂不考虑。

在基层委员会、总支部下建立支部。如果工作需要，在基层委员会下也可以建立总支部。在一个支部内可以分若干个小组。

支部委员会、总支部委员会由团员大会选举产生，每届任期两年或三年，其中大、中学校学生支部委员会每届任期一年。基层委员会由团员大会或代表大会选举产生，每届任期三年至五年。”

严格来说，“校团委”指的是学校一级的团的“基层委员会”，一般来说只有团员人数在2000人以上的才能够建立委员会，复旦大学团员总数已经超过了2万人，大大超出了建立委员会的人数要求。委员会的委员经过团员大会或代表大会民主选举产生，委员会再进行选举产生常务委员，组成常委会，负责在团员大会、团员代表大会和委员会休会期间处理团的日常事务，校团委的书记班子在常委会中产生。这是“校团委”的第一层也是最基本的意思。但是在实际工作当中，“校团委”一般是指在常委会下面设置的团的工作机构，即“校团委机关”，包括书记班子以及各职能部门，它区别于院系等基层团组织而存在。如果再宽泛一点，“校团委”也用来指称整个学校的共青团组织系统，包括“校团委机关”，也包含各基层团组织，它区别于校机关、校工会等等组织而存在。我们这里所要讨论的，是校团委机关和基层团组织。

1. 校团委机关

高校团组织一般实行三级管理体制——校团委、二级团组织、基层团支部。校团委在三级管理体制中居于最高地位，它有权在校党委和上级团组织的领导下制定全校团工作的发展路线、方针、政策、制度，领导、指挥、协调、调动各基层团的组织开展活动。另外高校共青团还有着一个非常重要的职能，就是协助学校管理学生事务，并且指导学生会、各类社团等其他学生组织工作，与学生接触频繁，关系紧密。

各高校的团委机关设置不尽相同，但是基本会覆盖本校学生生活的方方面面。以复旦大学为例，校团委下设 13 个部门，分别为：秘书处、组织部、研究室、宣传部、调研部、《复旦青年》报社、团校办公室、学生学术科技创新服务中心、学生学术科技创新竞赛中心、实践部、青年志愿者工作部、信息管理中心、复旦大学学生艺术团。这些部门有内部职能部门，如秘书处、组织部、团校办公室等等；有对外宣传和舆论阵地，如宣传部、《复旦青年》报社、信息管理中心、学生艺术团等等；有调研机构，如调研部和研究室；还有专项职能部门，如实践部、青年志愿者工作部、科技创新服务中心等等。每个高校都有自己的学术特点和校园文化，不同的历史传统、地缘风俗也都会影响到相关职能的设置。比如，有的高校可能不会将科创中心作为一个部门独立出来，而由学术部负责相应职责，有的高校的团校办公室是架设在组织部下面，有的青年报社可能直接由宣传部管理等等，不一而足，却恰恰体现了团章中“团的基层组织设置应从实际出发，可以不完全与党组织和行政建制对应。适应街道社区、非公有制经济组织、社会团体、社会中介组织等单位和领域的特点，灵活设置团的组织”[①] 的原则。

2. 高校的基层团组织

在校团委下，还有更加“基层”的团组织，比如院系一级的团委，俗称二级团委或分团委，还有各种团的工作委员会，另外还有直属的团总支、团支部，最后是基层的团支部。这些可以算作是校团委下属的基层团组织。

在二级基层团组织中，院系团委是最主要的部分，涵盖了高校大部分团员青年，也是高校团工作的主力，承担了很多具体任务的落实。在院系的团组织中，一般也根据院系规模、自身特色，设置与校团委机关相同或相仿的部门，也有书记、部长。院系团委的工作既要

① 参见《中国共产主义青年团章程》第二十五条。

向校团委负责，也要对院系负责，基本上与校团委的工作模式相同。基层团支部与班级高度结合，边缘更加模糊，关系更为密切，后文有专门的讨论，这里不再赘述。

基层团组织中，存在着这样一些特别的团组织，它们的成员同时也属于另外的支部，实现了团组织对青年的多重覆盖。例如一些勤工助学团组织、志愿者团组织、文艺体育团队团组织等等，成员本身都是来自各自班级的大学生团员。这些团组织的存在和运作大大丰富了共青团工作的感召力、影响力和战斗力，也为共青团建设做出了非常有益的探索。

四、各级学生会组织

学生会组织是我国最普遍、最常见的学生组织类型之一，它不但在形式上得到了政府和社会的广泛认可和积极支持，更以其贴近学生生活、活泼生动的活动内容赢得了广大学生的支持。高校的学生会组织与中小学的学生会组织相比较，规模更加庞大，结构更加复杂，功能更加丰富，职能更加重要。这与大学的特点和大学生群体自身的特点是一致的——大学就是一个小社会。本节我们就介绍一下高校当中的学生会组织。

(一) 我国学生会的起源

我国现代意义上的学生会诞生于1919年的“五·四”运动。

1919年5月4日，北京13所大学学生3000余人在天安门集合，示威游行，主张拒绝在巴黎和约上签字，要求惩办北洋军阀政府的亲日派，爆发了以学生为主体、得到全国工人大力支持的反帝爱国运动“五·四”运动。5月5日，北京学生总罢课，并通电全国，各地学生纷纷罢课响应。5月9日，上海学生一致罢课后，各校代表集会复旦大学，成立上海学生联合会。学联发表宣言，申明要“联合全国青年学生之能力，唤起国民之爱国心，用切实方法，挽救危亡”。与此同时，京、津、汉、宁、杭等大中城市的学生也先后成立了地方学联。

1919 年 6 月 16 日至 8 月 5 日，来自 21 个省和地区的学生代表 60 余人在上海大东旅社召开了第一次全国学生代表大会。工、商、教育各界也分别派代表到会讲话表示祝贺。会议通过了《中华民国学生联合总会章程》，并选举北京大学段锡朋和复旦大学何葆仁分任总会正副会长，确定“以联络感情、昌明学术、促进社会、辅卫国家为宗旨”，讨论了抵制日货、提倡国货的办法，组织了全国学生拒签和约的斗争，出版了《全国学生联合会日刊》，决定由京、津、沪等 7 处学联各派一人组成全国学联第一届理事会，会址设在上海。这次会议宣告了中华民国学生联合总会的正式成立，推动了全国学生运动的健康发展。

此后，在全国范围内各高等、中等学校纷纷建立了学生会组织，一般称为学生自治会，这些学生组织对当时风起云涌的学生运动起到了积极的推进作用。

1919 年 5 月，北京大学学生会的前身“北京大学学生干事会”在“五・四”的烽火中诞生。“五・四”运动的巨大成就极大地鼓舞了北大学生。随着局势的稳定，学生干事会进一步加快了组织建设的步伐。1919 年 10 月 26 日，由 86 位学生代表（全校每班一位代表）组成的学生会评议部正式宣告成立。11 月 17 日，评议部三读通过《北京大学学生会章程》，宣告北京大学学生会正式成立。①

清华大学于 1919 年 12 月 23 日成立了清华第一个学生会。1919 年 5 月 7 日，五・四运动爆发后的第三天，清华大学学生会的前身——清华学生代表团成立，领导清华学生投入反帝爱国运动。1919 年 11 月 15 日，爆发了举国震惊的“福州惨案”，27 日清华各级学生重选代表，商议起草学生会章程，“以便重组代表团与京中学界共同

① 北京大学学生会编：《青春北大》，北京：中国档案出版社，2005 年版，第 5—6 页。

进行”；12月17日，全体学生大会通过了学生会章程；23日晚，清华全体学生聚集在饭厅，举行了学生会成立大会。[①]

北大与清华两所高校的学生会组织的建立过程，基本上代表了当时我国高校学生会组织的发展状况。在新民主主义革命以及抗日战争期间，我国高校的学生会组织领导广大学生积极投身爱国运动，在我国青运史上写下了光荣的一页。

（二）全国学联

在1949年3月全国学生第十四届代表大会上，“中华民国学生联合会”改名为“中华全国学生联合会”。目前，从全国范围来看，我国几乎所有的学生会组织都隶属于中华全国学生联合会。在全国学联的主页上，我们找到了如下介绍：

中华全国学生联合会（简称全国学联）是中国共产党领导下的中国高等学校学生会、研究生会和中等学校学生会的联合组织。它是中华全国青年联合会的团体会员。它的基本任务是：遵循和贯彻党的教育方针，促进同学德、智、体全面发展，团结和引导同学成为热爱祖国、适应有中国特色社会主义现代化建设事业要求的合格人才；发挥作为党和政府联系同学的桥梁和纽带作用，在维护国家和全国人民整体利益的同时，表达和维护同学的具体利益；倡导和组织自我服务、自我管理、自我教育，开展健康有益、丰富多彩的课外活动和社会服务，努力为同学服务；增进各民族同学的团结，加强与台湾和港澳同学的联系，促进中华民族的团结和伟大祖国的统一；发展同世界各国、各地区学生和学生组织的友谊与合作，支持各国、各地区人民和学生的正义事业。

全国学联实行团体会员制。国民教育体系中国家举办和社会力量

---

① 史轩：“清华第一个学生会”，清华大学网站，http：//www. tsinghua. edu. cn/docsn/xqh/forysc/1022/%C7%E5%BB%AA. txt，2004年12月23日。

举办的全日制普通高等学校和中等学校的学生会、高等学校和科研教育机构的研究生会、国外中国留学生团体，承认全国学联章程的，均可成为全国学联的团体会员。目前，全国学联拥有团体会员 10 万多个，团结和联系着全国 8000 多万大中学生。全国学联按照民主集中制的原则，在中国共产党的领导下和中国共产主义青年团的指导下，依照国家的法律、法规和《中华全国学生联合会章程》，独立自主地开展工作。全国学联的最高权力机构是代表大会。代表大会每五年召开一次，审议和批准全国学联委员会的工作报告，讨论和决定本会的工作方针与任务，选举全国学联委员会，修改本会章程，讨论、决定应当由全国学联代表大会议决的其他重大事项。由全国学联代表大会选举产生的全国学联委员会是代表大会闭会期间的最高权力机构。全国学联委员会选举产生的全国学联主席团作为全国学联委员会闭会期间的常设机构。全国学联秘书处由全国学联主席团聘任，由秘书长、副秘书长组成，是全国学联主席团领导下的日常工作机构，执行全国学联主席团的决议和决定，负责全国学联日常工作，对外代表全国学联。全国学联会员团体分别在所在省、自治区、直辖市组成该省、自治区、直辖市的学生联合会，为全国学联会员团体的地方联合组织。①

从以上的介绍我们基本可以了解，全国学联并不接受自然人为会员，而是团体会员，同时它本身也作为全国青联的团体会员之一。它的基本任务比较完整地概括出了我国学生会的一般宗旨：服务育人、代表维权、自治服务、维护统一、促进交流，这也是我国学生会的一般任务。

（三）高校的各级学生会组织

1. 学生会的一般结构

目前高校的学生会基本上分为校学生会——院系学生会两级体

① 中华全国学生联合会首页，http：//qgxl. cycnet. com/index. htm。

制，或校学生会——院系学生会——班委会三级体制。其中校学生会对外代表大学全体学生开展活动，对内接受校党委的领导和校团委的指导，处理学生相关的事务，一般都设立若干职能部门，负责相应的学生工作；院系学生会接受校学生会的领导，在本院系内相对独立地开展活动，有些高校的学生会与院系团组织结合起来，并称为“团学联”，联合开展活动；在三级学生会体制中，班委会是最基层的学生会组织。各个高校由于自身的特点不同，学生会的组织结构也不尽相同，但大体上仍然比较接近。与校团委的概念相似，校学生会有时也指代“校学生会机关”。

2. 学生会的性质和任务

根据中华全国学生联合会章程第一章第二条的规定，高校学生会基本任务为：第一，遵循和贯彻党的教育方针，促进同学德智体全面发展，团结和引导同学成为热爱祖国，适应有中国特色社会主义现代化建设要求的合格人才。第二，发挥作为党和政府联系同学的桥梁和纽带作用，在维护国家和全国人民整体利益的同时，表达和维护同学的具体利益。第三，倡导和组织自我服务、自我管理、自我教育，开展健康有益、丰富多彩的课外活动和社会服务，努力为同学服务。“中华全国学生联合会作为全国高等学校学生会、研究生会和中等学校学生会的联合组织，她所制定的章程所有会员有义务遵守和执行，作为高校学生会也不例外。”① 各个大学学生会的章程基本都参照全国学联的章程制定。例如《复旦大学学生会章程》明确写道，“复旦大学学生会是中国共产党复旦大学委员会领导下的复旦大学全体具有正式学籍的全日制本科生和专科生的群众团体。”复旦大学学生会的基本任务是：（一）倡导和组织自我服务，自我管理，自我教育；（二）

① 陈锋、吴云：“对高校学生会自治性质的再认识”，《广西青年干部学院学报》，2002年12月第3期。

担当学校各部门联系同学的桥梁和纽带，表达和维护同学的正当权益；（三）开展健康有益、丰富多彩的校园文化活动；（四）参与学校的各项建设。该章程还写道：“复旦大学学生会接受上海市学生联合会的领导和中国共产主义青年团复旦大学委员会的指导，在此基础上独立自主地开展工作。”可见，学生会从性质上说是一个群众自治团体，而并非正式的权力或行政机关，但是它有自我服务、自我管理、自我教育的“三自”功能，有权利相对独立地开展活动，是党和政府联系同学的重要纽带。作为一个群众团体，它接受着三重领导：校党委、校团委、上级学联，其中受到校团委的影响程度最大。

3. 学生会的权力机制

我国高校的学生会都实行民主集中制。与人民代表大会制度相仿，“学生代表大会”是全校学生的最高权力机关。全校学生代表大会定期举行，一般由上届学生委员会组织召开。在全校学生代表大会闭会期间，学生委员会代表其行使权力，是学生代表大会的常设机关。有些高校还设有学生会主席团，由学生委员会选举产生，由主席团主持，再成立若干部门，负责各项工作的具体开展。主席团及其下设各部门构成了学生代表大会的执行机关。从根本上说，学生会的权力来自于广大学生（大学中全体具有正式学籍的全日制本科生和专科生）。权力沿着“学生—代表—委员—常委”，一级一级地向上集中，而功能沿着“学生代表大会—学生委员会—学生会主席团—校学生会”，一级一级地向下落实，保证着广大同学的利益能够得到充分表达，同时能够保证学生会的管理职能能够得到有效实现。

4. 校学生会的机构设置及相关职能

各高校的学生会机构设置具有很大的自主性，因此呈现出较多个性。各类部门基本上可以分为三类，第一类是维持自身运转的职能部门，如秘书处、人力资源部等等；第二类是对内管理及开展活动的部门，如通讯社管理报纸和电视台，信息部掌管网络，社团工作委员会管理社团，学术、文艺、体育三个部门分别负责相应领域的活动或工作开展，公益部负责校园公益活动和校容管理，学生委员会办公室负责校园民主建设等等；第三类是外向型部门，如事业部负责联络、争取校外资源，国际部负责开展对外交流，公关部负责对外宣传形象等。学生会的机构设置与企业的设置比较相似，尤其像事业部、公关部等等，在团委中是很难看到的。企业以消费者为本，以利润为导向；而学生会以学生为本，以学生的根本利益为导向。学生会的设置体现了以学生为本的显著特点，为学生们的切身利益维护和素质拓展提供了有力的组织保障。

5. 院系学生会组织

如前所述，各高校院系学生会有的分开运行，有的与团组织相结合，组成团学联（共青团、学生会联合体），共同开展活动。

院系学生会在校学生会的领导下开展工作，其主体为院系的学生，工作对象则不仅限于本院系同学，往往以院系名义面向学校开展活动，其设置基本上与校学生会相似。

团学联的机构设置基本上参照校团委和校学生会的设置，其成员为本院系学生，以院系名义开展活动。

无论是院系学生会还是团学联，都是重要的基层学生组织，它们起着联结上下两级学生组织的重要作用。而且在院系，学科的特点与学生的需要容易结合，使活动有针对性，也更容易调动本院系学生的积极性，是校园文化建设的一支重要力量。

五、学生社团

学生社团是高等学校“学生自愿组成的群众组织”，[①] 打破年级、系科甚至学校的界限，团结兴趣爱好相近的同学，开展有益于学生身心健康的活动。学生社团形式多样、组织灵活，在高校取得了长足的发展，可以说是最受学生欢迎的学生组织。本节将简单讲述学生社团在中国高校的发展历史和现状。

（一）我国高校学生社团兴起的时代背景与动因

我国高校学生社团有一百多年的历史，现代意义上的社团产生于19世纪末。这一时期的中国社会正处在剧烈的变化和动荡之中。在此阶段，中国社团的发展速度一直较快，经济、科学、艺术各个方面一度出现了现代社团的兴盛局面。第一个严格意义的高校学生社团是1904年京师大学堂抗俄铁血会，当时的青年学生可以通过集会、演讲、办报发传单等方式抗议日本、俄国在我国东北地区发动战争。此后，高校学生社团大批涌现，延续了中国古代学生组织政治性强、经世致用的特点，在民族独立与解放的过程中起到了巨大的作用。早期学生社团兴起的动因，大多来自于外来时局的夹逼与青年学生强烈的救国理想。因此，社团成为学生表达革命理想与诉求的重要阵地，这一段历史也在我国学生社团发展历程中写下浓墨重彩的一笔。

解放后，高校社团的发展随着历次政治运动的发生而起伏。文革时期，由于对结社的忌讳和高校本身工作的停顿，高校社团工作全面中断。改革开放后，社会稳定，高校社团遵循现代社团规律，蓬勃发展，成为校园文化建设不可或缺的一部分。高校学生社团在改革开放

① 《辞海》中“学生社团”词条，上海辞书出版社，1999版缩印本，第1361页。

之后迅速发展，主要有以下几个原因：

1. 改革开放以后，党和国家非常重视高校的建设和人才的培养，尤其是在“科教兴国”的政策提出后，高校在资金、设备等方面得到了巨大的支持，在办学方针、管理制度等方面得到了很大的自主权。这些改善为高校社团的发展奠定了坚实的物质基础和理论条件。

2. 当代大学生充分认识到，仅仅学好专业知识远远不能满足现代社会对于人才的需要，必须得到全方位的历练和多维度的修养。学生社团迎合了这种普遍的、迫切的需求而受到青睐。学生社团的成员拥有共同的兴趣，这样的群体在知识的学习方面极易形成相互影响和自觉进步。而且，由于社团成员互相平等，每个成员的创造性能够得到最大的发挥，社团也成为每一个想发展自己综合素质的学生向往之地。

3. 随着高教体制改革的不断深入，传统的班级建制出现了失稳，尤其是学分制实行后产生的班级概念淡化使许多活动不适合依托班级建制开展。因此，校园文化的许多领域从班级中退出，学生社团在其中承担的比重相应增加。社团活动因其聚集方式的灵活性，使经常性的活动成为可能。许多学生在社团工作过程中找到了归属感，在与其他同学的交流过程中获得认同感，在集体的相互促进中增强了责任感和荣誉感。

（二）我国高校学生社团的现状

1. 社团组织模式

我国高校学生社团在其发展过程中，主要形成了两种组织社团活动的模式——挂靠相关院系和依兴趣建立社团。

以复旦大学为例，2007 年度调研数据表明，复旦大学本科生社团与学科、院系联系密切。邯郸校区的 109 个学生社团中，有 49 个社团一直或曾经得到学校院系、各级单位的帮助，占所有社团的

44.95％。其中，有63.37％的社团经常得到相关院系的很大帮助，包括活动资金、活动场地、学术支持等全方位支持。此外，复旦大学鼓励有专长的老师担任社团专业指导老师，要求所有青年教师在晋升副教授之前都要有两年学生工作的经历，这为社团寻找指导老师提供了便利和支持，也使大部门社团与院系的关系更为紧密。

另一方面，高校中还存在着一批社团，它们依兴趣而建，凭借着自己广泛的群众基础以及各种精彩活动，在缺乏对口院系力量的帮助下，同样赢得了很多同学的喜欢。复旦大学的哈利波特迷协会就是其中一例。该社团成立于2005年11月4日，在短短两年时间内，就迅速发展成为有着187名正式会员，每个学期举办超过20次精彩活动的精品社团。

2. 社团分类

国内的社团分类一般按照性质划分，把社团分成研究性、娱乐性、公益性等不同种类。如北京大学将社团分为学术类、实践类和文体类；济南大学将社团分为理论专业学习类、科技创新类、兴趣爱好类和志愿服务类；复旦大学在社团管理制度改革之前将社团分为学术、文艺、体育、实践四大类，改革之后更是细化为十七类。这种分类的优势在于能很好认识社团组织分布的现状，便于学校层面对社团进行整体规划和有效的资源配置。

社团类型趋于多元化。在高等教育体制改革和素质教育的大背景下，高校学生社团呈现出良好的发展态势。从学生社团的数量、人数和类别变化来看，高校学生社团的发展速度在不断加快，形成了百花齐放、百家争鸣的繁荣局面。据共青团中央统计，我国高校目前拥有大学生社团三万多个，平均每个高校有20个以上的社团，加入到社团或者参与社团活动的学生人数占在校学生人数的85％以上，社团类别包括理论研究型、社会实践型、学术科技型、兴趣爱好型、志愿服务型等多种类、多学科的团体。

3. 高校学生社团的作用

学生社团是高校思想政治教育的重要载体。党团活动、政治学习是高校学生思想政治教育的传统载体。但随着时代的发展，传统载体已越来越满足不了高校思想政治教育的需要。学生社团作为学校与学生之间的媒介能起到很好的双向服务功能。社团活动对大学生的价值观、集体主义、社会主义等观念的渗透教育，加之其本身就在学校领导下开展活动，使一些社团成为思想政治教育的载体——通过社团了解大学生思想政治状况，准确把握大学生思想动态，把思想政治教育渗透融合到社团活动中去，寓教于乐，使教育更有针对性和实效性。如复旦大学四星级社团邓小平理论研究会把思想政治教育与兴趣相结合，其双周学习沙龙已经和有关级别的党委团委取得联系，以理论学习促思想发展。

学生社团是大学精神的承载者和践行者。独立、自治、开放、自由、科学、追求真理、兼容并包等等精神是一所大学之为大学的普适的、基本的特质。只有在这样的大学氛围中，大学生才能使自己在学术、思想、能力等各方面自由而全面地发展。大学生社团天生具有的自治性、开放性等特性决定了其大学精神天然承载者和践行者的地位。大学生在科研活动中探求真理，培养严谨的科学精神；在社会实践中了解社会、关注民生，培养其社会责任感；在文娱类活动中学会民主协作的团队精神。随着时代的进步，学生社团这一功能性地位将更加明显和突出。

学生社团是与第一课堂并行互补的素质教育育人平台。随着社会人才需求的发展，实践能力、社会交往能力、团队精神等等这些在课堂上学不到的东西在个人的社会生存中的作用越来越重要，达到与专业知识并重甚至超过专业知识的程度。在此形势下，有必要检讨那种认为社团仅是教学补充的传统教育理念，重视社团在高校学生素质教育中的重要功能，真正实现与第一课堂的并重并达到二者的有机互补，应该是当前高等教育改革的一大着力点。

学生社团是大学生自我教育、自我管理、自我服务的重要阵地。学生社团作为学生自发组织的群众性组织，社团内部平等、民主、自由的良好氛围使大学生很容易互相协作、相互学习、共同进步。另一方面，社团冲破了院系专业等为区划的校园管理框架，社团成员有着共同的兴趣和共同的语言，还有着良好的稳定性和维护自身的管理意识。这对于高校同学间和睦相处、校园稳定、节省学校管理资源均有重要意义。

学生社团是大学生接受现代公民教育的重要平台。中共十七大报告提出要全面建设小康社会，要求建立现代公民教育体系，要提高公民素质来促进社会的全面发展。根据郑州大学公民教育研究中心主任王东虓教授的概括，现代公民教育的目标应为“培养具有平等意识、权利意识、责任意识、参与意识、竞争意识、道德意识和法律意识，具有高度的主体性和创造性精神，具有团队精神和祖国民族意识的好公民”。中国高等教育已逐步进入大众化教育阶段，这就意味着大学将必然也必须承担起锻造中国新公民这一历史重任。学生社团以其特性随之成为大学公民教育的重要平台。学生社团在开展活动中，应渗透公民意识、法治意识、社会责任等的教育，培养合格大学生的同时也确保培养合格的国家公民。

4. 社团管理体制

目前，社团的管理体制主要有三种模式：一是由团委下属部门直接管理；二是社团联合会管理；三是学生会下属部门管理。社团管理的规范化为社团进一步发展提供了更大保障。复旦大学的社团管理体制改革后，细化为十七类的社团按照各自本身的特点分别挂到学生会的各个部门下面，由各个分管部门对其进行集中管理、引导和扶持，使得社团与学生会的融合更为紧密。这样的融合使各部门能够为社团提供更为专业的帮助及资源上的支持，同时有利于学生会和社团之间积极拓宽发展思路，做到优势互补，资源共享。

此外，大部分社团都有自己独立的章程或管理办法。尽管有的章程内容尚不完善，但已经具备了内部管理和开展活动的总体框架和依据。复旦大学90%以上的社团有自己的指导老师，这对社团活动的层次提升起到了非常重要的作用。许多社团明确规定了社团负责人的选举办法和有关职能部门的职责。

5. 社团的活动

学生社团最初发展多以兴趣爱好为基础，但随着社会发展和现实的需要，学生社团逐步改变过去那种重理论而轻实践、重兴趣而轻实际、重人文而轻科研、重校园而轻社会的缺陷，在注重培养大学生人文素养的同时，更加关注大学生自身实践能力、综合素质的提高。所以在其活动内容上更加务实，更加符合现实需要。

现代社会分工日趋明确，要求大学生必须在综合素质提高的同时具有一技之长。适应这种需求，学生社团在设立时及开展活动中，更加突出其专业性和目的性，如法律类社团开展普法宣传、模拟法庭活动，市场营销协会开展的市场调查研究等等。此基础上，许多社团都开辟了各个社团独具特色的常规性的、品牌性的活动。

社团组织形式逐渐呈现出自发性和灵活性，活动方式呈现开放性。社团活动形式灵活，包括理论研讨、科技创新、志愿服务、社会实践等等，这种自愿参与、形式灵活的特点适应了大学生多元化、个性化的需求，从而具有较强吸引力。社团因面向全校招员，打破了院系和专业的界限，使不同知识结构的学生融为一体，形成一个开放的、兼容并包的团体组织，非常有利于大学生互相交流学习、共同进步。

6. 社团活动的资金支持

高校社团的非营利性是我国一直倡导的基本原则。几乎所有的高校社团都是非营利组织，而且这种非营利性是一种彻底的非营利性，社团曾经不向学生收取任何费用。但是随着学生需求的逐步旺盛，高校对社团的经费支持难以满足社团的需求，社团维持日常基本开支和运作的经费变得捉襟见肘，收取会费等形式逐步兴起。按理说，根据提供的服务获得相应的报偿应当是合情合理的。但是，对于深受传统管理体制束缚的高校社团来说，要想真正迈出这步非常困难。高校内的很多社团并不是根据自身的成本收取相应的费用，而是按照各校园社团的平均收取值来收取。非营利性社团应当是按成本结算的社团，这样不仅能更好地解决社团的基本生存问题，而且会促使社团更加考虑成本问题，更关键的是有利于进一步明确社团自身行为，更好为所需者服务。

随着大学的社会化程度变高，高校内的商业行为普遍化，渐渐出现了一些营利性社团。在市场化的潮流中，中国大学生越来越关心探索和尝试自己与市场的关系。社团的功利性是目前国内社团发展的一个趋势，集中表现在盈利性社团的出现上。盈利性社团一般以小型社团为主，有的社团几乎没有任何社员，只有几个组织者。他们的目标非常明确，就是为了获得更多的收益，往往没有丰富校园文化的志向。因为以营利为目的，所以其任务比较单一，组织者的积极性和工作效率比一般社团高。

7. 高校社团存在的主要问题

高校学生社团整体主要存在发展参差不齐、活动层次有待提高的问题。一些优秀社团由于历史久、规模大、活动普适、资源支持力度大等原因，自身建设完善，发展空间很大。而相当一部分社团尚处于管理有待规范、活动低水平重复的状态。大部分社团在活动的整体规划及实际操作上缺乏专业的指导。在缺少社会经验、对于实际问题发现的敏感性及研究能力较低的情况下，很多社团活动的开展可能只是闭门造车，缺少必要的深度和广度。

高校学生社团自身发展主要面临的是资源限制和传承不足的问题。高校学生社团普遍存在着硬件设施有限，活动经费、活动场地不足的情况。虽然不少学生社团正在尝试利用社会资源开展活动，但很多社团自筹经费的能力不强，经费不足仍是影响社团发展的主要因素之一。经费缺失使得社团活动的数量受到限制，质量得不到保证。社团的成员大多数是大一新生和部分大二学生，很少有大三大四高年级学生或者研究生。这样的分布现状造成了社团成员专业素质低、干部工作经验不足等情况。许多社团比较忽视社团新老成员的衔接和传统的承袭，以至于经常出现社团前几年活动轰轰烈烈、几年后却销声匿迹的情况。

高校学生社团管理体制上的问题主要表现在监督不足、干预过多和社团内部管理模式不完善上。某些高校社团管理组织对于社团的各项活动缺乏必要的监督，使得社团举办了一些不适合校园的活动。而另一些高校社团管理组织对于社团的管理太过琐碎，压制了社团发展的主观能动性。社团负责人的换届一般都是少数社团干部任命下一届干部的选择接班人方式，缺乏必要的民主。

六、其他类型的学生组织

前面我们介绍了几种常见的高校学生组织类型，除此之外，在高校中还有一些比较特殊的学生组织或类学生组织类型。

(一) 校园媒体

校园媒体在我国高校中有很悠久的历史，从最初的报纸、刊物，到现在包含报刊、杂志、网络、视频、音频等多种形式的复杂媒体。从事校园媒体的大学生们借助媒体发出自己声音的同时，也成为一道独特的风景线。对于这一类学生组织，后文有详细介绍，这里不再赘述。

（二）BBS管理团队

随着互联网的普及，网络的力量越来越被人们重视。《教育部共青团中央关于进一步加强高等学校校园网络管理工作的意见》提出：对于高校校园网络建设，应该按照“积极发展、加强管理、趋利避害、为我所用”的方针，主动占领网络新阵地，牢牢把握网络思想政治教育主动权。随着信息化校园的逐步形成，国内高校纷纷在校园网上开通BBS服务，使其成为学生进行思想交流、信息沟通的重要场所。

清华大学曾在2003年5月和12月对本校学生做过两次调查，发现“校园网络成为社会突发事件过程中大学生获取相关信息的主要途径”，“大学生随着年级的升高逐渐对校园网络形成依赖”，“大学生主要在校园网上进行聊天活动，在三年级以上学生中，57%的学生表示更喜欢在校园BBS上进行聊天活动”。[①] 可见，高校BBS已经成为校园文化不可或缺的重要组成部分，成为大学生们了解信息、沟通感情的重要场所。

BBS的管理者如站长、总管、版主等等中有很多在校学生，这些人构成了一个特殊的学生组织。他们本身就是BBS的热爱者，在参与日常讨论的同时也行使着管理BBS的权力，对于由广大学生网民构成的BBS来说，他们也体现着学生组织的自治特性，因此，我们也把BBS算作学生组织。

以复旦大学“日月光华”BBS为例，《复旦大学日月光华电子公告牌管理规则》规定：“本站管理实行由复旦大学领导，有关职能部门监督、协调，本站使用者自主管理的方式。”“本站的日常管理机构

---

① 张瑜、洪波等：“‘校园网络亚传播圈’现象实证研究”，《青年研究》，2005年第1期。

为站务委员会。由站务委员会对本管理规则做出具体解释并制定执行办法，进行日常管理工作。”“复旦大学委托本站站务委员会依据本管理规则和具体执行办法，全权负责本站的日常运行和管理工作。复旦大学委派有关职能部门对站务委员会的工作进行监督、指导。”由此可见，“站务委员会”是BBS的直接管理机构，它在学校的领导下管理BBS。在组织结构上，它分为两级：“本站站务委员会与讨论区版面版主构成本站的两级管理机构。”而且，站务委员会的成员被限制在了校内人员范围内：“站务委员会成员必须由本校全日制学生和本校正式在编教职工担任。”

除了日常的站务管理，BBS的管理者们也会组织一些线下的交流活动，比如，一年一度的站庆就是BBS网友的一大节日，至今已经举办了十二届；个别版面举行的“版聚”活动、文体活动就更加数不胜数。BBS在塑造健康文明的网络文化，正确引导大学生方面发挥着重要作用。

第三节　双重目标指向影响下的学生组织运行

在了解了我国高校学生组织的设立和运行的法律基础及其基本的组织现状后，本节将就当前我国高校学生组织运行中影响其运行状态和方式的两个重要目标指向进行描述和分析。基于我国高校学生组织的制度设计和组织框架体系，学生组织的运行必须承载思想政治工作的功能以实现意识形态供给和形成的目标，同时，学生组织作为一个组织也必须通过组织运行的创新谋求生存和发展的目标。

一、思想政治与德育工作：意识形态供给和形式

我国高校学生组织从设立之初就在法律上天然地带有一定的政治性。这一特性也从某种程度上决定了学生组织在功能上的定位。作为一种形式的社会团体，高校学生组织必须在法律规定的范围内开展各项活动，同时也必须遵守其所在学校设定的各项规章制度。这些法律规定或是规章制度，除去具体操作层面的内容，都会不约而同地将高校学生组织的运行目标指向思想政治与德育工作的要求。

大学生是一个特殊的群体，他们有着不同于普通年轻人所特有的群体气质。他们受过且正在接受正统的良好教育，对事物的分析和判断更趋向于理性和思辨；他们勇于且善于接触新鲜事物，也容易接触新的观念和思潮，同时又处于思想意识观念的形成期，所以自身的价值取向也容易发生变化。基于这样的特质，任何一个社会的管理者都希望，通过大学教育，对大学生进行有意识的思想政治和德育引导，也就是通过大学教育实现主流意识形态的供给，或曰社会主流价值观的培养和稳定。德国教育学者卡尔·雅斯贝尔斯在其著作《大学之理念》的第一部分中就提及“精神生活”，他写到：“精神、个人的义务和反应性的理性，使我们意识到了生活中的成就与潜能有着更加广阔的背景。恰是这种背景赋予科学以意义和活力。这种背景解释了为什么生活中到处都存在着若隐若现的秘密，也说明，在科学中举足轻重的不是操作性的推理和实在可见的成果，而是另外一种更微妙的因素：这种因素在技巧和人格之中比在具体的结果之中彰显得更加清楚。”①

回顾中国的教育思想史，从孔孟到朱熹，从蔡元培到陶行知，从

① ［德］卡尔·雅斯贝尔斯著，邱立波译：《大学之理念》，上海人民出版社，2007年版，第54页。

毛泽东到江泽民，[1] 教育的思想总是与那个时代的社会思想和意识形态的认识有着不可分割的关系。今天，在中国，无论何种性质或形式的高校都将思想政治和德育工作作为自身办学的重要使命之一。大学的最终目的，固然是对真理的探求，对于整个人类文明的传承与发展，而整个人类文明的发展有赖于每一个历史阶段的推动。每一个历史阶段的发展，不可能脱离个体作用的发挥。学生在大学接受教育，并非单纯的受动者，而是具有主体性的个体，这也正是教育发展、双方互动的体现。大学的意义不仅仅在于个人知识的启发和培养，还在于整个人格能力的养成。有学者将大学的德育教育归纳为：牢记时代使命、加强自我调适、珍惜生命、学会与人交往、融合科学与人文、追求崇高理想、弘扬爱国主义、坚持集体主义导向、遵循公民道德要求、树立法律意识、立志成才、健全完美人格。[2] 在实际的操作中，在完成思想政治教育和德育工作、实现主流意识形态供给的过程中，学生组织成为承载这一功能的一个重要平台。

《中华全国学生联合会章程》第一条就明确了全国学联是在中国共产党领导下的群众组织这一基本政治属性。章程的第二条设定了遵循和贯彻党的教育方针，促进同学德、智、体全面发展，团结和引导同学成为热爱祖国，适应中国特色社会主义现代化建设事业要求的合格人才；发挥作为党和政府联系同学的桥梁和纽带作用，在维护国家和全国人民整体利益的同时，表达和维护同学的具体利益；倡导和组织自我服务、自我管理、自我教育，开展健康有益、丰富多彩的课外活动和社会服务，努力为同学服务；增进各民族同学的团结；加强与台湾省和港澳同学的联系，促进中华民族的团结和伟大祖国的统一；发展同各国、各地区学生和学生组织的友谊与合作，支持各国、各地区人民和学生的正义事业等五项基本任务。在这五项基本任务中，不

---

① 参见王玉生著：《中国教育思想研究》，中国社会科学出版社，2006年版各章节。

② 参见邱伟光、张云主编：《大学德育》，复旦大学出版社，2003年版各章节。

难看出这个组织在其创建之初所设定的目标和定位。事实上，我国高校的各类学生组织都坚决贯彻这一目标，积极开展活动。

从目前来看，在我国各高校中，学生组织主要还是在以党的领导和团的指导为主轴的组织框架内设立不同形式的学生自治团体，包括学生会、学生社团等。这样的主体框架保证了各级各类学生组织在根本目标上的一致性和统一性，使整个社会的主流意识形态和价值观念能够通过学生组织以各种活动的形式提供给广大的学生。相较于其他形式的思想政治与德育工作，学生组织有其本身特定的相对活跃性和创新性，这使得该项工作能依托这个平台更好地实现引导和教育的目标。

尤其需要加以说明的是，相对于共青团和学生会等较为严谨的学生组织，以学生社团为代表的学生自治性较高的学生组织也在通过其自身较具特色的运行方式实现着意识形态供给的目标。

一般地，大多数学者都认为，在大学中，学生享有有限的自治权。学生有建立和参加学生自治团体，也就是学生组织的权利。“学生自治不是自由行动，乃是共同治理；不是打消规则，乃是大家立法守法；不是放任，不是和学校宣布独立，乃是练习自治的道理。”[①] 陶行知先生的这段话很好地阐述了学生组织的定位，即它是给学生提供自我锻炼的一个场所，是为了实现大学育人目的而设的一个辅助的形式。

任何一个群体，之所以以一种组织的形式聚集在一起，是因为其成员有着共同的群体目标而形成内在的聚合力。学生组织也不例外，任何一个学生组织，无论其规模如何，都有其共同的目标诉求，尤其是学生社团。这种共同的目标诉求来自彼此共同的兴趣爱好、一技所长；心愿梦想、理想追求或疑虑困惑，凡此种种都能成为一个学生社

① 陶行知：“学生自治问题之研究”，《陶行知教育文选》，教育科学出版社，1981 年版，第 9 页。

团创建的原因。基于这些原因，每个学生社团都会用自己的方式来实现共同的目标诉求。

在每个社团中，个体的诉求不尽相同。比如，一群喜爱旅游的学生聚在一起，有的人是为了找到志同道合的人一起出游；有的人是为了了解和学习更多关于旅游的知识；有的人是为了让更多不怎么对旅游感兴趣的人加入自己的行列等等。但无论个体的差异有多大，对同一件事物的关注会成为他们组成一个团体的动力，这个团体的群体目标就是，彼此分享他们对这一共同关注的事物的感受，在分享中满足自己的诉求，同时也满足别人的诉求。很多学生社团在发展过程中，往往会从开始极为单纯的“自娱自乐”式的社团慢慢随着成员自身的不断成熟和自我认识以及组织不断的扩大和发展，转变成为“娱己娱人”的社团。这样的转变也印证了陶行知先生所说的在潜移默化中教育自己、教育他人。正因为此，在同一个学生社团中的学生往往会表现出相似的思想观念和价值取向。这种思想观念和价值取向的同化来自于学生社团内部自治的过程。通过社团内成员彼此共同的努力，在一个良性发展的学生社团中，他们的自治可以让他们养成几种主要习惯：对于公共幸福，可以养成主动的兴味；对于公共事业，可以养成担负的能力；对于公共是非，可以养成明了的判断。[①]

学生之于学生社团，好比蜜蜂之于蜂巢，每个人都在自觉地为着同一个群体目标扮演好自己的角色。这种内发的群体动力所能发挥的作用有时会超出人的想象。正因为此，可以说任何国家的高等教育工作者都绝不会轻视学生组织的力量，而且也充分地认识到了只要加以正确的引导，学生在正确的大方向上可以走出无数精彩的路。或许从单个学生组织来看，其群体目标往往没有什么宏图大志或深谋远虑，有些甚至如同儿戏一般，但是共同目标的驱使能让学生在大学里通过

---

① 陶行知：“学生自治问题之研究”，《陶行知教育文选》，教育科学出版社，1981年版，第11页。

自己的努力完成一个自我教育的过程，这也是大学教育不可或缺的一部分。而且有时，说“我想和更多的人成为朋友”要远比说“我的愿望是世界和平”来得更为实际。这种较高程度自治的学生组织在一个有着良性发展空间和适当引导和支持的环境下蓬勃发展的同时，也为思想政治和德育工作的深入开展实现了更为有效的突破，为我国高校实现意识形态供给这一重要使命的完成提供了一个有利的平台。

从另一方面来讲，学生组织也提供了一个自由且有克制的意见表达机会。如前所述，大学生群体具有的思辨和质疑精神使这个群体容易在某些问题上急于表达，而任何一个社会的管理者都不愿意无序的意见表达打乱正常的社会秩序。“当理性的过程受到挫折时，就会有非理性的过程取而代之的危险。”[①] 在高校通过学生组织进行主流意识形态教育的同时，也通过学生组织的有序表达了解学生的思想和情感。这样的互动为实现我国大学为社会主义建设培养栋梁之材的目标提供了良性发展的空间。与学校希望通过学生组织了解学生的意见和诉求一样，学生也愿意通过学生组织来寻求意见的有效表达。作为社会性的动物，人与生俱来对群体的依赖远大于对自身的依赖。尤其在面临另一个群体的时候，人往往愿意求助于与自己有着相同诉求的群体的力量，这也是学生愿意加入学生组织的一个原因之一。所以学生组织也会在必要时成为这一群体意见表达的一个代表机构。学生组织是实现学校与学生双向沟通的桥梁，欲取之，必先予之。高校希望学生接受认可其进行的思想政治与德育教育，必须也让学生有表达自己意见和思想的有效途径，只有良性的沟通和互动才能达到思想政治和德育教育的真正目的。

---

① ［美］约翰·S·布鲁贝克著，王承绪等选译：《高等教育哲学》，浙江教育出版社，2001年版，第43页。

二、日常事务工作

如果说实现社会意识形态的供给和主流价值观念的树立是我国高校学生组织的设立和运行最根本的任务和目标的话，那么其实现的前提首先得依赖于学生组织稳定的生存和良性的发展。毋庸置疑的是：我国高校的学生组织要取得生存和发展的空间首先必须具备意识形态供给的功能，无论这一功能的体现是显性的，如思想理论类社团，或是隐性的，如文娱类社团，都在思想政治和德育教育上有着共同的目标指向。在这一指向的基础上，高校学生组织要实现自身的生存和发展这一目标，还必须依靠正常的运行和不断的创新。

学生组织的正常运行是其生存和发展的保障，这点并不难理解。无论是对内的管理还是对外的活动，学生组织都要按照一定的运行轨迹使其能够独立地生存和发展。

然而，面对学生组织外部环境的快速变化，一个学生组织要想谋得真正的生存和发展仅仅靠按部就班的循环运行显然是存在被淘汰的风险的。无论是学生组织中的学生个体还是学生组织自身都在经受来自多元化的挑战，这种挑战对当今高校的学生组织运行带来的不仅是实际操作层面的改革，更多的是对高校学生组织内涵的突破。这些改革或突破都必须依赖于创新，即管理的创新、活动的创新。“要以改革创新精神推进共青团工作和建设。共青团要主动适应我国经济社会的深刻变革和当代青年在思想观念、行为方式、群体分布等方面呈现的新特点，在工作思路、工作方式、自身建设上不断创新，在强化基层基础、稳步推进团内民主等方面积极探索，不断扩大团的工作的覆盖面和影响力。”①

---

① 参见《中共中央政治局常委李长春代表党中央致中国共产主义青年团第十六次全体代表大会的祝词》，2008 年 6 月 10 日于北京人民大会堂。

（一）组织管理的创新

任何一个组织都需要有效的内部管理，学生组织也一样。内部管理是学生组织日常事务最为基础的一部分，也是学生组织能够正常开展活动的前提。

在我国，高校学生组织的内部管理除依靠固有的行政力之外，也依靠组织自身的道德力。一个较为成熟的学生组织通常会有自己的内部章程或成员守则，也会依照本组织的活动需要建立一系列的操作程序和规范，这些章程或规范都能起到内部管理的作用，以保证组织的正常运作和发展。

当然，诚如陶行知先生所说的，学生的自治乃是练习自治的道理，学生组织的自我管理本身也是学生组织的一项活动之一。这一活动也是大学教育中的一个环节，那就是培养一个成熟的社会人。一个社会人必须学会如何在一个组织中自处，也必须懂得如何通过与他人的约定与合作实现团队的共同发展。治人或受治于人，都是一门深奥精妙的学问。而这个学问很难从课堂中习得，学生组织恰恰提供了这么一个训练场。

基于以上对学生组织内部管理的认识，在当今的新形势下，对学生组织的管理更趋向于现代化和人性化。在共青团中央第十六次全国代表大会上，陆昊书记在大会报告中提到：加强团干部队伍建设、积极发展团内民主、完善青年组织体系。① 这三点对未来工作的展望都关乎共青团这个学生组织在组织管理上的进一步创新要求。事实上，目前我国各高校学生组织都在或多或少、或快或慢地进行着管理的创新，从体制到方法无不在寻求符合时代发展要求的管理模式。如通过

① 参见《高举中国特色社会主义伟大旗帜 团结带领广大青年为夺取全面建设小康社会新胜利而奋斗——在中国共产主义青年团第十六次全国代表大会上的报告》，2008 年 6 月 10 日于北京人民大会堂。

网络实现学生社团的申报和审批，建立质询制度和财务制度，实现高校学生会工作的公开透明，推进社团改革打破传统学生社团分类，建立网络档案，实现学生组织的有效监督等，都在加强学生组织的管理方面发挥了一定的作用。

更值得注意的是，有些管理的创新还来自学生组织的内部。如前所述，学生组织的自治力是其生存发展的重要动力来源。正因为此，当外部环境给予学生组织越来越多的调整压力时，组织内部的能动性会被激发出来，以使学生组织主动地寻求管理上的突破来调整自身的状态和适应性，这样才能在大浪淘沙中实现生存和发展。管理上的创新，眼光不仅着眼于当下，更关乎未来，在可预期的范围内通过对管理的创新保证学生组织的生命力是摆在每一个学生组织面前的重要课题。

(二) 组织活动的创新

学生组织的活动力和创造力不容置疑，在共同目标的驱动下学生们会通过各种他们想得到、办得到的方式开展各种形式的活动。

大学生历来都是整个社会中思想和行动最为活跃的一个群体。今天，在我国，大学生组织的各种活动不胜枚举。几十人的一次讨论，数百人的国际论坛；举办传统简单的校园表演，组织声势浩大的全国巡演；走访安静的水乡古镇，攀登险峻的高原雪山；探讨一部分人的讨论议题，热议全社会的焦点话题。无论是简单的或是复杂的，学生组织似乎都能办到。目前，我国高校学生组织在活动中主要表现出以下几个特征：

1. 越来越强的创造性。活动已经不仅仅停留在传统的一些形式，有些也会打破常规模式，如具有行为艺术特点的汉服演奏。

2. 越来越强的执行力。过去学生组织开展的活动往往规模较小，形式比较单一。但是现在有些学生组织已经可以运作全球性的活动，借助便捷的网络和发达的通讯，顺利举办一次国际论坛已经不是政府或企业集团的专利。

3. 越来越强的独立性。这种独立性表现为相对于学校的独立，和相对于社会的高度融合。现代的大学生懂得如何利用身边可以利用的资源，也知道如何挖掘可能有利的资源，来为自己的组织寻求活动的资本。运作成功的学生组织甚至已经可以独立地募集社会资金来开展自己的活动。

活动是学生组织赖以生存的根本，没有活动的学生组织形同虚设，没有任何存在的价值。只有通过不断进行的、形式多样的活动，这个学生组织才能得以实现最初的目标诉求。随着经济的发展和技术的革新，大学生在接受这些变化的同时也在学习如何将其变为自己可用的、能实现自身发展需求的资源。从活动的创意到活动的执行，高校的学生组织开始越来越多地尝试更多的可能，有些来自于向社会化靠拢的学习和借鉴，而有些则来自于大学生们自身无穷的创造力和想象力。在这个“没有做不到只有想不到”的当下，依托经济发展和技术进步，学生组织的学生活动以越来越多样化的形式展现在世人面前，有些甚至让整个社会都叹为观止。在汶川大地震发生后，谁能想到一个复旦大学的毕业生通过在校园 BBS 上发贴号召能够在制药厂、航空公司以及灾区医院间建立联系和沟通协调，实现航空公司每日提供运输仓位将药物运送到灾区的援助活动。[①] 事实上，在学生组织的运作下的确办到了。高校的学生组织不仅活跃在它们所处的校园，它们已经将自己的触角伸向了更为广阔的社会空间，通过活动的创新，高校的学生组织也越来越成为能够推动社会运行的一支力量。这一点将在本书的第七章中进行论述。

必须指出的是，无论是意识形态供给和形成还是学生组织生存和发展，这两个目的的指向都在高校学生组织的运行中起到了十分重要的作用，而且这两个目标也互为依赖。只有实现主流意识形态的有效

---

① 相关报道见《新民晚报》2008 年 5 月 16 日 A10 版。

供给和形成，学生组织的生存和发展才能是良性的和符合时代对学生组织和学生的要求的。只有通过学生组织在管理和活动上的创新，实现有效引导和掌控，充分发挥学生组织自身的优势，学生组织在思想政治和德育工作中的作用和功能才能更加淋漓地发挥。

参考文献

1. 袁兆春：《高等教育法学》，山东：山东人民出版社，2004 年版。

2. 戴中祥、郑全新：《高等教育法规概论》，湖北：湖北人民出版社，2006 年版。

3. 顾志跃：《转型中的教育评价》，上海：上海科技教育出版社，2005 年版。

4. 吴松：《大学正义》，北京：人民出版社，2006 年版。

5. 韩延明：《改革视野中的大学教育》，山东：中国海洋大学出版社，2006 年版。

6. [美] 约翰·S·布鲁贝克：《高等教育哲学》，第三版，王承绪等选译，浙江：浙江教育出版社，2001 年版。

7. [德] 卡尔·雅斯贝尔斯：《大学之理念》，第一版，邱立波译，上海：上海人民出版社，2007 年版。

8. 王玉生：《中国教育思想研究》，北京：中国社会科学出版社，2006 年版。

9. 邱伟光、张云：《大学德育》，上海：复旦大学出版社，2003 年版。

10. 《陶行知教育文选》，北京：教育科学出版社，1981 年版。

11. 中共中央政治局常委李长春代表党中央致中国共产主义青年团第十六次全体代表大会的祝词，2008 年 6 月 10 日于北京人民大会堂。

12. 高举中国特色社会主义伟大旗帜 团结带领广大青年为夺取全面建设小康社会新胜利而奋斗——在中国共产主义青年团第十六次全国代表大会上的报告，2008 年 6 月 10 日于北京人民大会堂。

13. 王策王：《教育论集》，北京：人民教育出版社，2002 年版。

14. 王卫东、冉杰、胡萧：《当代语境中的思想政治教育》，北京：湖南人民出版社，2004 年版。

15. 丁力："2007 年复旦大学本科生社团管理体制发展报告"，《复旦社团》2007 年第 10 期。

16. 王肃元、马虎银："素质教育与高校学生社团建设"，《陕西师范大学学报》2003 年第 5 期。

17. 何荣波："发展大学生社团的意义及对策"，《中国高教研究》2001 年第 8 期。

18. 张卫华："当前高校学生社团存在的主要问题以及对策研究"，《南昌教育学院学报》2007 年第 2 期。

19. 张桂生："浅析高校大学生社团活动与学风建设"，《教育理论与实践》2007 年第 2 期。

20. 陈想平："论大学组织的知识性与科层性"，《高教探索》，2006 年第 2 期。

21. ［美］伯顿·克拉克：《高等教育系统》，杭州：杭州大学出版社，1994 年版。

22. 欧阳文、陈梦稀："中国大学扁平网状式组织结构与学术管理"，《长江理工大学学报》，2005 年第 9 期。

23. 胡建雄："学科组织创新"，杭州：浙江大学出版社，2001 年版，第 62—63 页。

24. 郑文：《大学组织结构——权力的视角》，《高教探索》，2006 年第 3 期。

25. 薛天祥主编：《高等教育管理学》，上海：华东师范大学出版社，1997 年版，第 321 页。

26. 商春锦："班级授课制的历史、现状与对策"，《福建教育学院学报》，2003 年第 7 期。

27. 刘云芳："谈班级授课制的发展与改进"，《山西教育学院学报》，2002 年第 1 期。

28. 冉苒："对新版《辞海》'班级授课制'词目的质疑"，《西南师范大学学报（人文社会科学版）》，2003，29（5）.

29. 陈向阳："京师同文馆组织结构探析"，《华东师范大学学报（教育科学版）》，2005，23（2）

30. 夸美纽斯：《大教学论》，北京：人民教育出版社，1984 年版。

31. 江光荣：《班级社会生态环境研究》，武汉：华中师范大学出版社，2002 年第 8 版，第 125 页。

32. 张文强："'班级'在中国高等教育领域的演化和发展"，《湖南科技大学学报（社会科学版）》2007 年第 10 期。

33. 李艳、陈家来："中国高等教育大众化进程研究"，《牡丹江大学学报》，2007. 16（5）

34. 杨燕、陈舒怀："大众化高等教育背景下的学分制改革"，《江苏高教》，2003 年第 5 期。

35. 孙刚成："高等教育大众化进程中的路径探究"，《黑龙江高教研究》，2007 年第 5 期。

36. 郑洸、罗成全："中国共产主义青年团创建（综述）"，共青团中央青运史研究室，《中国社会主义青年团创建问题论文集》，1984 年版。

37. 张瑜、洪波等："'校园网络亚传播圈'现象实证研究"，《青年研究》，2005 年第 1 期。

第五章

制度的设计与安排：高校学生组织的发展路径

高校改革是这两年广受政府、民众和知识分子关注的话题。大学自身的建设，除了在人才、科学研究、社会服务、学科建设等方面建立创新机制以外，还需要通过反思，创造并发扬更为合理、积极的办学理念和校园环境。当前校园中，学生组织如雨后春笋般迅速发展成长起来，已经成为一股不可忽视的力量，同时也是一个影响着和谐校园建设的重要因素。随着数量的增加以及大学生自我意识的觉醒，学生组织开始不断寻求自身的发展。

高校学生组织的发展归根结底就是要去探讨学生组织在高校这个大环境中所处的地位，或者说学生能在高校管理权中获得多大的自由空间。本章中，我们将从制度构建层面对高校学生组织的发展动力、发展路径和发展方向进行进一步的探讨，以此抛砖引玉，希望能给大家以点滴启发。同时我们认为，高校学生组织的构成十分复杂，大致可以分成学校选择型和学生选择型，虽然都是学生组织，但是两者在建立方式上大相径庭，因此也造成了在发展路径上迥异的形态。

第一节　“学生自治”的制度动力再认识

高等教育必须以学生为本，学生在高等教育中的地位和作用日益凸显。从这样的前提出发，我们无论从感性层面还是理性层面都能确认如下结论：即大学内的学生组织发展必然基于大学生自身，成为有利于大学生成长、发展的土壤。这也使大学的学生组织成为大学优化管理、实现内涵发展的根本所在。所以在寻求组织发展路径何在时，我们有必要回到学生组织的根本属性：自发自治。在引论第二节中我们提到，高校中存在三种权力：学术权力、行政权力、学生权力；三种权力相互交织、相互牵制。在这样的高校大环境，我们认为学生自治是高校改革中的一个重要环节，高校将给予学生以及学生组织更多的自由发展空间。但是与此同时，学生自治也是一种有限度的自治，它是在三种权力的博弈后建立起来的，它受多方因素限制，但在一定范围内自由。

一、“学生自治”的属性及其辩证关系

学生不是教育中被动的接受者，他们是教育的主体，他们有着自主意识和愿望表达的需求，从这个意义上来说，学生自治的问题有着更广的覆盖面。学生自治更深的含义则是：学生的自我约束、自我管理、自我发展。学生自治要使学生组织成为一股建设性力量。

“自发自治”的基础就是校园民主。大学校园民主始终是我国高校治理过程的题中之义。这样的校园民主从理论及实践看具有两重含义：其一，管理意义。科恩认为，民主的实质是社会成员参与社会的

管理，它就是自治。因而，在高校特定的环境中，学生作为学校内部群体之一，只有成立学生自治组织，民主参与大学自治事务，自主管理有关事项，才能更加有效地开展学校各项工作。其二，这种校园民主构成学校实现跨越式发展的资源及动力。自发自治的学生组织如果能够充分激发学生参与的热情和积极性，形成集思广益、群策群力的状态，势必能够成为推动学校各方面工作逐步改进、优化的关键力量。这也是校园民主的真正价值。如果校园民主下的自发自治只是流于形式、流于民主的过程，那么这种自发自治就是空谈、就是不负责任的意气用事。

从权力的性质来看，学生自治权是学生群体的一项公权，由学生自治组织来行使。它的本质属性是学生群体内的合法自主的权利与权力。这种权利与权力从法学角度来说，受到两方面因素的影响，是一种有边界的自治权力。这两种影响因素一是“权限法定”，二是“权益拟制”；或者说是权力的“法定权”，权益的“拟制权”。高校学生自治权作为法定权，是指学生自治权的设置、内容、范围是由法律规定的，如果超出权限，属于无效或违法。高校学生自治权的原则由宪法规定，其权利义务由相关法律法规规定，而且高校学生自治权的行使也是按法律规定的程序实施的。高校学生自治权作为拟制权，是指学生自治的权利义务是处于一种拟制性的状态，即须通过报批、备案等法定程序；如违反法定程序，则属于无效或违法。比如，高校学生自治机构的成立、章程的制定都是一种权益上的拟制权，一般先由学生自治组织通过，再由学校学生管理部门或校务会议批准，才能生效。此外，“从展现在学生与教授、或与行政官僚之权力关系的实际运作情形亦即实然面来看，学生并不可能完全自治，而必然受到某种程度的约制。事实上，纵然从教育的理念或伦理，或从法律规章的约束来看，无法赋予学生绝对的自由权利，必受某种约束的限制……总的来说，学生自治只是一个相对的概念。其自主性的程度要看各种并存主导之教育理念矛盾与妥协的程度，也视教授、行政官僚与学生三者之间既存的权力实际分配情形和整个历史背景而定。"[①] 同理可证，学生组织的自治是在学校管理机构的组织、引导下，进行的自我规划、自我调节、自我教育和自我完善。

二、依托学生组织实现学生自治的现实途径

学生自治主要依托于高校学生组织实现，而高校学生组织是近代社会历史发展，尤其是高等教育发展的产物。近代工业和商品经济对世界各国的影响和冲击，在社会飞速发展的同时，对每个社会成员的生产和生活能力的要求越来越高。尤其是对青年一代，作为社会新兴生产力的代表，对他们的培养和教育，仅仅靠原先的"师徒相沿"、"父子私授"和零星的"家庭式"教育方式，已经不能满足社会化大生产的需要，于是近代学校出现了。近代学校的出现，促成了学生组织的萌芽。学生在新兴的学校生活中集中接受教育和锻炼，逐渐集群抱团，形成群体，这些群体就是现代学生组织的前身。

学生组织是学生的主体意识觉醒和主观能动性发挥的产物。近代以来，随着越来越多的学生进入早期的新型学校，其接受系统的知识教育和参与广泛的社会交往的机会大大增多。学生主体意识逐渐觉醒，自身的需要和欲求也不拘泥于原来的仅仅学习知识而已。于是越来越多的学生集合起来形成群体，借助组织力量的发挥，为自己争取更多的利益。纵观历史，西方高校学生自治先后经历了三个不同的历史时期：

一是学生组织体现"自治"权力的巅峰时期。学生组织最初出现在波隆那法学院，体现的是学生自发的和特定教师之间产生的"合伙"关系。波隆那法学院规模空前，12—13 世纪任何时期都在 1000

---

① 贺德芬：《大学中学生自治的涵义和实践》，（台湾）师大书苑有限公司，1994 年版，第 259—283 页。

到10000人左右。其组织形式，经历了学生同乡会到学生公会的发展。在这一时期，由于学生是学校唯一的经济来源，所以学校的一切权力都掌握在学生手中，学生组织“同乡会”成为“治校”的管理者，学生掌握“生杀予夺”大权，全面负责主管校务、选聘教授、规定学费、决定授课时数等。学生对教师的粗暴程度比教师对他们的态度还要厉害。欧洲中世纪后期的大学是学生管理权力史上一个特殊的兴盛时期，同时也出现了学生“自治”的极端，这种“自治”没有也不可能沿袭下来。

二是学生组织“自治”权力的削弱时期。当大学迁入永久校址，由市政提供经费，教授不再依赖学生支付的费用时，学生自治权力实际上大大衰减。中世纪以后，欧洲出现了其他的学生组织类型，如12世纪出现的“巴黎大学”模式，这是一个由博士和学生（神学、法学、医学、文学四个最早的学科）组成的单一的组织，服从一个首脑和一个共同的由教授主导的管理机构。自17世纪末到20世纪上半叶，西方大学学生管理权力进入了斗争发展时期。高等学校的管理权力逐渐落入教会、政府、教授、校外人士的手中，以学生组织为代表的学生管理权力被严重削弱。

三是学生组织为了获得自治权力与校方管理机构进行的争夺时期。从20世纪50年代至今，西方发达国家高校学生管理权力之争由高涨进入平稳发展阶段，学生组织获得了部分学校管理权力。一方面，50年代至70年代，各国高等教育得到了空前发展，这个时期的学生权力因六七十年代的学潮而达到了高峰。学生较前一个时期来说，从校方的行政人员和教师手中夺取了部分权力，迫使学校分权。学生组织参与了部分的学校决策，在学校管理活动中发挥一定的作用。但是另一方面，学校的管理权仍大部分掌握在学校管理部门手中，学生组织的自治权力是部分的、有限的。

而在我国，高等学校学生自治存在的历史可追溯到我国古代大学的雏形——书院，由于当时经费、师资不足，有过学生参与并实施管理的历史，但在后来的官学中却未曾出现。新中国成立后，中国在计划经济体制下推进现代化。也正是在这样的社会环境下，高校内的学生组织按照“自发自治”的校园民主方式建立并逐步成长。

改革开放之后，随着市场经济发展，当代大学生的自我意识明显提高，独立自主观念显著增强。通过什么样的途径参与学校的管理，通过什么样的方式来表达个人的意愿，通过什么样的渠道来维护学生的合法权益是学生所关心和期待的，无形之中促进了学生自治的发展。

纵观西方学生自治的进程，其核心内容一直是学生有多少自我决断、自我管理的权利，也就是说学生组织能够在学校的管理权力中发挥多大的作用。学生自治与学校管理之间往往存在冲突与协作的双重关系。而我国的高等学校则强调并期待和谐、有建设性的学生组织发展的局面。高等学校对学生的管理权力是各国法律赋予学校的基本权力，也是学校章程规约的重要权力。如我国就是通过《教育法》、《高等教育法》、《普通高等学校学生管理条例》等相关法律法规条款赋予高等学校学生管理权的。而高校学生自治权的来源则并不是那么明显与明确，它既不像教授们的学术权力那样来自知识，也不像学校行政权力那样来自法律、学校组织体制或大学评议会，其来源更为复杂与隐晦。

实质上，高校学生管理权与高校学生自治权是相互依存、互为边界、缺一不可的。没有纯粹的学生管理权，也没有纯粹的学生自治权。就我国而言，学生的自治权从一定程度上来说是高校管理权力的让与所得；高校学生自治权就只能在此范围内发生效力，而不能越权。另一方面，如果没有高校学生自治权，高校学生管理权就成了“专权”，不能有效实现管理目标。虽然在学术领域和实际操作领域对于学生自治权和学校管理权没有十分明确的划分，但是归根结底，高校是培养学生成长成才的摇篮，高等教育的受众是学生，高校管理要以学生为本。而实现这个“本”的前提是掌握学生的诉求，方法是使高等教育的方向符合学生的发展愿景。从这个意义上来说，让代表学生利益的学生组织在所涉及的范围内积极参与学校管理与学校改革的进程是大势所趋，而且学生自治权会在学校管理权中占据重要地位。

第二节　高校管理模式与学生组织

过去，政府是一种全能性的政府，我国的高等教育经费大多依靠国家，因此国家对高等学校所有事件都进行全面的管理。再加上自 20 世纪 50 年代院系调整后，我国高校教育教学模式承袭了苏联模式，学校普遍存在"管理育人"的价值趋向，高校的管理途径是单向的，权力自上而下，缺乏自下而上的反馈。在这种环境下，高校学生组织很难有良好的发展环境。

改革开放以后，特别是我国加入 WTO 之后，教育产业正在发生着巨大的变化。为适应这种变化，国家对教育全权管理的情况必然也会发生深刻的变化，国家对教育的"放权"势在必行。这一改变，将高校学生组织推到了高校管理的前沿，它们将会有更多的自主权以及管理学校事务的权力。根据我国特殊的国情以及现实背景，高校中的学生团体可归纳为两类：学校选择型组织和学生选择型组织，这两种组织在人员构成、管理方法以及与学校的关系等方面都有着截然不同的特征，本节中我们会予以简单的介绍。

一、政府行为选择

从建国之后直至 1978 年执政党推行改革开放的现代化战略，我国一直处于计划经济的发展模式。这是规定我国社会各方面发展特性的根本性因素。正是在这样的历史背景下，作为学生组织发展的生态环境的大学，客观上引导着学生组织向“政府行为模式”方向变迁。所谓“政府行为模式”的含义就是学校通过行政资源配置、人力资源组合以及思想政治教育等方式，影响学校内各级、各类学生组织围绕有助于学校管理学生的方向发展。这种行为模式的根本结果就是学生组织尽管仍然具有自发自治的根本特点，但是它们又具备了学校行政的部分管理职能。甚至在某些情况下这种管理职能远远强于学生组织的自治特性。当然，我们这里认为，轻易地评价这种政府行为模式并不可取，也不符合历史唯物的立场。但必须看到，学生组织具备政府行为模式存在诸多的弊端，导致目前许多类型、许多层次的学生组织存在重管制、轻活力；重组织、轻动员；重命令、轻认同的不足。

中国高校的学生组织一般包括团组织、学生会、社团、群众团体等。一直以来高校对于学生组织都实行学生组织直接归党委或通过团委归党委管理的模式。同时，在操作层面又呈现出院校两级科层制管理结构。高校党组织系统在学校党委下设党委办公室、宣传部、组织部、学工部等部门；院（系）一级设有分党委或党总支；学生党支部设在年级或班级。校党委学工部通过辅导员，以班级为单位具体负责大学生事务。学校的团组织一般与党组织相对应，校团委一级设有团委办公室、宣传部、组织部、监督部等；院系一级设分团或团总支，班级设团支部。高校的学生会一般分为两个层次，第一层是校级学生会，第二层是院（系）级学生会，校级对院（系）级具有领导职能，两者的设置相互对照。

改革开放以后，我国经济、社会发生重大变革。当今学生思想活动的独立性、选择性、多边性和差异性日益增强，校园情况日趋复杂，呈现出多层次、多结构、全方位的立体交叉之势。于是，在传统“堵”、“压”的学生管理模式失灵的情况下，以学生自身为主体的学生组织的作用越来越受到各方的重视与肯定。高校学生组织是高校学生工作链条上的重要一环，也是最活跃的一环，学生组织来自学生，服务学生；在大学生综合素质的提高、大学生思想教育的深入、专业知识的巩固、学风建设的加强和校园文化建设等方面，正发挥着越来越重要的作用。

二、高校学生组织现行模式

高校学生组织类型多样，结构复杂，但大致可以分为两种类型，即学生选择型和学校选择型。这两种组织在人员构成、管理方法、运行机制、以及和学校的关系等方面都有着截然不同的特征。根据学校管理者的要求成立的组织，例如团支部、班级等可归为学校选择型学生组织。而学生选择型组织指的是根据学生自身的需求自我成立的组织，例如高校内十分常见的文体娱乐团体或志愿者服务型团体。其中又分为正式的学生会以及“社团”组织和未经批准自发建立的非正式学生群众集体。

对于不同类型的高校学生组织，目前高校在管理时采取三大主要模式。

（1）管制模式。对于学生团组织、班级组织等多数学校选择型学生组织，高校一般进行严格管理，设有专门部门和专门教师负责，学校管理部门或老师对组织负责人的产生、活动计划的制订和活动的开展往往有最后的决定权。这种管制的方式保证了组织的有序性发展，有效避免了可能出现的偏差。但是，它束缚了组织的创造力，限制了组织的灵活程度。多年来，学生组织的活动形式正走向模式化、固定化，有些活动已不适应时代发展的需求，活动内容也缺乏延伸和创新，不能充分发挥学生正式组织的优势。

（2）指导模式。对于学生会和部分学生社团，高校指导它们在各自的章程下独立开展工作，给提供发展空间。组织可自行决定活动内容和发展方向，充分体现自我管理、自我教育和自我服务，保证了学生组织的生机和活力。这种模式给予了学生干部较大发挥能力的空间，很多学生干部工作积极性高，承担了大量学生活动的组织、策划和落实工作。但这也容易带来了一个日益凸显的问题：大学校园中学生应该以学业为主，但是这些学生干部花了大量的时间和精力在活动的组织上，他们的学业自然不同程度地受到影响。在工作和学习的双重压力之下，最终很容易导致他们疲于应付，使活动逐渐流于形式，形式也逐渐模式化、固定化，出现虎头蛇尾的情况。

（3）放任模式。对于有些学生组织特别是非正式组织，学校对它们往往采取放任自由的方式，不加任何的约束和规定，使它们处于学校管理的边缘地带。它们的成立、会员招纳和管理、工作和活动的开展等，完全由组织自己决定。从好的方面来说，这给了组织中的学生骨干巨大的锻炼能力和提升综合素质的机会；但与此同时，放任式的发展导致学生组织服务意识不强，往往存在因人而兴、因人而废的现象。

学校选择型团体曾经在学校里占了主导的地位，控制着绝大多数的资源。然而新时期的学校治理结构日益松散，学生们有了更多的机会从学生会、班委之外的学生组织中获取资源。在这样的背景下，学校选择型组织如何通过扩大学生的自主自治空间，吸引更多学生积极参与，保持原有的团结同学的组织功能并有所创新；学生选择型组织如何加大规范化程度，在学校中争取自己的利益以及合法的地位以及如何使两者共同促进高校和谐发展；这些都是亟待我们思考的问题。虽然“学生组织”是非常宽泛的概念，包括了各种生态的高校组织，但是在学校办学理念、治理结构不断推陈出新的今天，研究学生组织的管理与发展，都是十分有意义的课题。

第三节 学生组织的制度安排

制度是一种规范性的条律，是“要求成员共同遵守的按一定程序办事的规程”，[①] 缺少完善的制度，学生组织的自治性只会变成随意

① 夏征农：《辞海》，上海：上海辞书出版社，1989年版，第1210页。

性。邓小平同志在其建设有中国特色社会主义理论中指出："组织制度、工作制度方面的问题更重要；制度问题更带有根本性、全面性、稳定性和长期性，制度最根本，制度是决定性因素。"[①] 邓小平同志的这一思想对高校学生管理工作具有重要的指导意义。为了给予学生组织以充分的自主权力，虽然许多限制学生发挥的"行政化"制度和规章已被废除，但"只破不立"是远远不够的。高校必须加强学生组织制度建设，创新制度设计，解决制度供给不足的问题，切实将学生组织打造成一个优质的成才平台。

在制度设计时，我们也应该注意到，高校学生组织的自治是在学校分权之下的自治，是有限度的自治，学生组织内部还存在不同层次与类型，我们要有针对性地来进行安排，回应当下大学生的实际诉求，方寸之间的把握充分体现了管理的艺术。

一、组织系统化：学生组织的层次及意义

社会的变迁使大学文化也发生了一些新的变化，高校校园文化由此出现多层次、多格局发展的新特点。在意识到大学不仅是培养少数精英的机构，还承担着分配职业阶梯和社会角色的作用之后，大学为越来越多的人所关注。中国科学院院士、原复旦大学校长杨福家在谈到对当前教育最大感受时曾说："最深刻的感受是学校要以学生为中心，这已经是当今的潮流。"学生的中心地位如何体现，学生的根本利益、具体利益谁来维护，最直接、最有效的表现形式理所当然就是学生组织。

目前高校学生组织的类型主要可以分为四种，即基层团组织、班级组织、学生会组织和社团组织。基层团组织具有一定的政治属性，是中国特定社会环境中必不可少的学生组织；班级组织是学生进入大

---

① 《邓小平文选》第二卷，北京：人民出版社，1994年版，第1333页。

学后根据专业和年级，由学校统一安排形成；学生会是在各院校团委的领导下，以自我服务、自我管理、自我教育为目的的学生群众性自治组织；社团是学生根据自身的兴趣爱好，自发形成的群体，在学生组织中自治程度最高、覆盖面最广、活动内容也最为丰富。可以说，这四大组织形态基本覆盖了大学生政治、学习、生活、能力提升等方面的需求。

（一）基层团组织

基层团组织是我国特定的政治和社会环境在高校中的集中体现。涉及到学生的团组织一般在院系一级设分团或团总支，班级设团支部；团组织最主要的意义在对大学生进行世界观、人生观、价值观以及政治素养方面的教育，使其价值体系符合社会主流文化。其通过定期开展活动以及成员之间的相互作用来发挥其潜移默化的教育功能，促进大学生的心理品质、道德素养、文明行为的养成。

（二）班级组织

班级组织的产生来源于 1632 年捷克教育家夸美纽斯在《大教学论》中对“班级授课制”的论证，19 世纪后便在欧美各国广泛推行。我国采用班级授课制始于 1862 年的京师同文馆，1902 年《钦定学堂章程》颁布后，逐渐成为全国学校的教学组织形式。新中国成立后，仍然沿用这一体制。数十年的实践证明，将学生固定分班教学给学校管理、教师授课、学生学习都带来极大益处。

从发生学的角度来说，团组织是以班级的存在为依据的，班级具有时间上和逻辑上的先在性。而在日常运作中，两者的主体构成和权力行使是紧密结合的。在班团组织中另外有一股不可忽视的力量就是辅导员。辅导员是学校意志的直接体现者，校党委在开展具体工作时往往通过辅导员，以班级为单位具体展开，因此班级辅导员在过去的很长一段时间里都是以“政治辅导员”的身份出现，并且对班团组织核心人员的确定、活动的开展等都有着较强的发言权。

然而，随着新世纪的来临，中国高等教育步入了一个加速发展的新时期，一些旧的体制已不适应其发展需求，许多新的思想、新的观念和改革方针如雨后春笋、层出不穷，班团组织也面临着新的挑战。在高校，“班级”作为学生的基层组织，已不再是教学管理的唯一方式，其管理方式越来越成为争论的焦点之一。学分制和选课制改变了过去那种以教师、教材、课堂为中心的传统教学模式，而把学习的主动权交还给学生，在充分调动学生的学习积极性，发展学生个体的智能、兴趣和特长的同时，使固定班级“动态化”，同班级的同学可以选修不同的课程，学习不同的科目，在不同的教室上课。所以我们看到，当前，人为分成一个固定班级的大学生在相互接触时间最长的共同学习过程中并不一定是作为“班级”一员存在的。在这些过程中，“班级”的界限被淡化了；由此也势必造成了以“班级”为主要阵地的党团组织在结构上的松动。

我们也应该清醒地认识到班级作为一种社会组织得以建立，是基于其成员即学生自身的奠基性学习的必要。虽然学分制松动了班级这一群体的凝聚力，但是以“班级”为单位的学生仍有其共性的存在，仍维系着业缘（专业相同）和地缘（寝室相近）上的联系。因此，班团组织仍未失守最基层的教育堡垒。班团组织是一种学生在校期间群体生活的基本环境，它对其成员的社会性发展有重要影响。[①] 从这一方面讲，只要有“围墙式大学”存在，大学班团组织就仍有存在的必要，对当前高校班级管理进行讨论就仍有其积极的意义。

（三）学生会

学生会是在各校党委领导下、校团委指导下，以自我服务、自我

---

① 吴康宁：《教育社会学》，北京：人民教育出版社，1998年版，第32页。

管理、自我教育为目的的学生群众性自治组织。这是由学生会自身的性质决定的。1995 年 7 月 22 日，中华全国学生联合会第二十二次代表大会通过的《中华全国学生联合会章程》第一章第二条明确规定："高校学生会基本任务：第一，遵循和贯彻党的教育方针，促进同学德智体全面发展，团结和引导同学成为热爱祖国，适应有中国特色社会主义现代化建设要求的合格人才。第二，发挥作为党和政府联系同学的桥梁和纽带作用，在维护国家和全国人民整体利益的同时，表达和维护同学的具体利益。第三，倡导和组织自我服务、自我管理、自我教育，开展健康有益、丰富多彩的课外活动和社会服务，努力为同学服务。"① 可见，学生会是具有目的性的学生自我管理组织，是学生利益的代言人与维护者。然而，在实际操作中，学生会组织却体现出了双重属性。它一方面诚如上文所述，代表了学生的权益；另一方面，从其结构属性看，学生会受校团委指导，有些时候也分担了学校行政部门管理学生的职能。对于这种双重性，有越来越多的学生提出了质疑，也对新时期高校学生会发展提出了更高要求，如重新准确地划定学生会的性质、改革学生会、加强学生会建设，使其能代表广大同学利益，表达同学的心声等。

（四）社团组织

20 世纪 80 年代中期以来，随着我国教育体制改革的发展，大学生中出现了以学生社团活动为标志的"校园文化热"。学生社团组织是由部分学生以共同兴趣为基础，自愿申请参加，按照一定的形式组织起来，并经过必要的申报审批手续形成的部分学生的群众组织。

现在人们基本上已经达成了共识：自主的学生社团对于培养学生能力、建设高校校园文化、形成民主的校园治理氛围，有着不可小觑

---

① 《中华全国学生联合会章程》，1995 年。

的作用。学生社团是高校学生组织中的生力军，是构建完善的高校学生组织体系的重要组成部分。在这样的背景下，高校的学生社团蓬勃发展，在高校加强素质教育，促进大学生健康成才等方面发挥着重要作用。

首先，学生社团是加强校园文化建设的一个重要阵地。当代大学生越来越迫切地要求德才兼备、全面发展。由于学生社团组织的活动贴近学生生活，形式丰富多样，易于被学生认可和接受，在推动校园文化的健康发展方面收到良好的效果。尤其是一些服务型、实践型的社团，活动的开展还有利于增强学生的实践能力，让学生在服务、奉献中成长。

其次，学生社团是学生干部成长的一个重要基地。社团完全由学生自己策划成立、自我运作、自谋发展，在此过程中，学生社团干部得到了全方位的锻炼，在同学中享有较高的威信，并具备了较强的组织能力和工作能力。实践证明，许多社团的负责人经过一段时间的锻炼，大都成为院、系学生会、团总支的骨干力量。

更为重要的是，社团组织作为一种独特的场所和基地，其成员爱好、兴趣比较接近，是在相互认同的基础上，自发自愿地结成的。他们希望在社团的天地里施展才干、锻炼能力，学习知识、愉悦身心。而社团正是为了实现其成员的目标而开展活动，从政治到文化，从社会到人生，从理论到实践，其内容可谓无所不包，大学生在社团活动中主动认识社会、了解社会，及时修改自己的需要与愿望，使自己的思想行为跟上时代步伐，更清楚自身发展的定位，使他们进入社会前，经历了一次很好的“实战”。

二、组织自主化与制度选择

学生组织作为高等教育系统中的一个子系统，是高校教育管理系统中的基本单位，学生组织是大学生参与社会化实践活动的社会局部之一。要实现高校学生组织真正的自主，首先需要从制度上予以倾斜和保障。只有制度才是良方，是本体，唯有制度才能从根本上解决问题。具体说来主要应考虑以下几个原则：

第一，针对性。制度的创建要针对现实的需要，学生组织有多种类型、不同定位、多样的组成方式、迥异的发展目标，只有具体问题具体分析，设计出来的制度才能满足工作的发展需求。我们不能因为制度而去创设新的制度，更不能因为个人来修改制度，也不需要故意设计一些与主流意识不同的制度来彰显“创新”，要关注的是它的针对性。

第二，导向性。高校具有引导大学生社会化、培养其成才的责任，对于处于人格健全期的青少年来说，在给予他们渴望的自由和能力提升空间的同时，根据社会主流意识，为其发展指明方向也必不可少。因此制度的创新仍需适当地考虑学校对学生成才的引领作用，不能盲目放权。

第三，公平性。在给不同类型学生组织配置资源时，力求做到公正性和合理性。虽然资源总是稀缺的，也许我们不能保证结果的公平，但我们一定要在进入程序上做到公平正义，不可在制度设计中有歧视性条款。此外，公平性还应体现在建立公平公正的评估机制，通过统一的标准来奖励先进、激励后进。

第四，约束性。“绝对的权力导致绝对的腐败”，我们在制度上保障学生组织的自主权力的同时要有相应的条款制约其权力，要维护其他学校管理部门的权威和控制力，不能让学生滥用手中的权力，特别是不能让我们的学生养成官僚习气，要突出服务意识。

由此可见，虽然学生组织权力的来源相同，但是由于所处地位不同，其两大分类——学校选择型学生组织和学生选择型学生组织在获得权利的途径以及制度选择上走出了不同的路径。

(一) 学校选择型学生组织的自主化进程

对于学校选择型的学生组织（班团组织）来说，学校希望通过赋权于此类组织达到间接管理学生的目的，因此这些学生组织往往表现出准政府性质，承担着管理、监督学生的职能，同时也是学校领导层和学生个体沟通的桥梁。学校选择型学生组织其权利的来源自然是水到渠成，但是在这样一种“准政府”的学生组织中如何体现学生组织最根本的“自主性”？综合国内外实践经验，我们可以从以下几方面入手：

第一，改变管理模式。高校要减少在学校选择型学生组织选举过程中的指派或过多的介入，由学生自己选举、评价学生会干部，并增强学生工作的相对独立性。建立学生干部定期与学校领导进行交流的机制，以达到学校与学生组织之间信息互通以及必要时学校对学生组织的监督与指导。学生干部代表全体学生利益，他们要定期与学校领导商谈在学校管理中出现的问题，提前找出学生管理中存在的障碍和问题，将问题消灭在萌芽阶段，避免矛盾激化。

第二，改变管理观念。现代高等教育的发展提出“以人为本”的管理思想，强调在学校教育过程中尊重学生的意愿。新的学校管理理念认为学校是学生管理的当然主体，但不是唯一主体，在学生管理中，不仅要发挥学校的作用，而且要发挥学生自我管理的主体作用，从这个意义上说，学生也是学生管理的主体。传统的学生管理机制正是忽视了学生既是学校管理的客体，也是学生管理主体这个事实。有关研究表明，现代高校的管理中增强学生自我管理意识是提高学校的管理效能的有效举措。此外，学生在管理和政策制定上获得的权能，有助于在学校和学生之间建立一种良好的公共关系。因此，理顺学校选择型学生组织中学生参与学校管理的机制，也应该是我国高校管理的一个发展方向。建立完善、全面的校园民主体制，培养学生民主监督的意识、能力，形成校方宽厚、学生积极的良性互动模式。

要从根本上赋予学校选择型组织一定的自主权，就要在组织职能定位、人员选择、日常事务管理等方面给予它们较大的空间。有了自主权，这类组织才能够做好学校和学生之间的“桥梁”工作，否则，就只能成为单方面对学校负责的机构，难以实现其原本的职能。

（二）学生选择型学生组织的自主化进程

学生选择型组织大多是由兴趣爱好相同、态度观点相似、利益一致等原因而结成的学生组织。对于学校管理部门来说，这些学生组织事实上的确增加了管理负担，但是如果以“学生本位”来考虑，这些学生组织最能反映基层的真实情况，如果将它们也纳入到学校管理体系中是十分有益的。于是，如何在学生自主自治与学校适度管理之间找到平衡点就成为了问题的关键。下面以社团为例加以解释说明。做出这样的选择主要有两个原因：首先，社团发展是未来学生组织的重要组成部分，无论是目前尚未正式登记注册的群众自发团体或是带有半政府性质的学生会组织，在高校管理结构调整后，都将以社团或类社团的形式出现。因此，将社团作为典型进行讨论是具有借鉴意义的。其次，社团在中国尚处于起步阶段，同时由于我国的实际国情，也不能照搬硬套外国成熟的社团模式。因此探讨怎样摸索中国本土特色的社团发展之路，对适应新时期高校学生个性发展需求有积极作用。

从社团的发展路径来看，虽然不同的社团之间有着较大差异，但学生社团都无一例外地包含着一定社会资本的存量。这里引入了“社会资本”的概念。一般认为，社会资本指的是一切有利于增进一个社会或群体共同收益并促成集体行动的社会规范和社会网络关系。根据一般的论述，社会资本被认为是一种资源，即存在于社会结构关系中的资源，它体现为(1）个人关系；（2）成员身份；（3）社会网络；（4）信任关系。其中核心要素或基础要素就是信任关系。之所以把这些要素称作“社会资本”：一是因为它们存在于社会关系之中；二是因为它们可以带来增值，是无形资产。个人关系可以让我们打通关节；成员身份可以让我们享用组织提供的内部资源；社会网络可以让我们找到归属感，并利用网络节点汇集而成的各种资源；信任关系可以让我们形成合作，使交易顺利达成。总之，它们能够创造价值，可以使各种资源要素得到增值。

对于学生个体来说，参与一个社团，认识更多朋友，构建自己的人际关系网络，就多了一种获取社会资源的途径。这可能表现在社员之间信息的流通、情感支持、信任等等。但是学生社团的作用并不仅限于此。从学校的层面看，学生社团的存在意味着学生与学生之间的联系并不再仅限于班级的党团组织和学生会这些因学校管理需要而设定的学生组织。当学生以更为丰富多样的形式产生更为紧密的联系时，社会关系网络密度就更高了，学校也因此能够获得更多调动学生资源的可能性，这就意味着学校拥有了更大的动员能力。所以学生社团的社会资本更是一种公共产品。也只有当这种与资源调动相关联的社会关系网络在学校的层面形成的时候，作为个体的学生才有可能从中获益。从很大程度上说，这种公共产品的提供者是学校，以及代表学校权力的一系列组织机构。学校对学生结社的各项政策，对于学生社团的制度导向，会直接影响这种社会关系网络的形成以及它的规模和效用。

学校对于社团领导的绝对权威曾经是不容置疑的。现在意义上的学生社团概念 20 世纪就在校园中出现，比如学校合唱团、剧社。但是因为那时候的社团多被校方“吸收”进学校大的管理体系中，以党团为组织原则的学校治理结构并不因为社团的出现而有所改变。而从 20 世纪末大学扩招运动始，高校的环境和学生情况都发生了显著的变化。扩招的结果是，校园内学生的异质性大大增强，学生的需求越来越多元化，原有的为数不多的官方社团不能满足不同学生的不同层次的需求。另一方面，出于丰富校园文化、培养学生综合素质的考虑，学校也在不断调整着官方组织机构和学生社团之间的关系，通过修订学校的社团制度来达到权力的制衡。

一般的研究者都倾向于认为：当学校的社团制度更倾向于学生开展社团自治的时候，则更有利于社团的发展。做出这个假设是基于以下两方面推论：第一，大学里的学生异质性高，需求多元化。官办学生组织很难同时满足所有学生的不同需求。学校给予学生更多自治的空间，就会激发学生自己成立、管理、革新社团的积极性。这样有利于创建出更多符合学生需求的社团，社团的参与人数就会增加，由社团形成的社会网络规模就会变大，整合调动资源的途径就会变多，也就是说，学生社团的社会资本更多。第二，在原先由学校控制和管理的社团中的社员，不用考虑这类事务性的问题，因为学校已经安排好了资金（直接下发，没有申报审批制度）和人事（指导老师和社团领袖大多为学校安排）。但是在一个学生自治的社团中，社员不得不通过频繁的交流和争论来明确权责划分（因为没有先在的规定），不得不通过更多人的齐心协作去争取得到更多社会资源。在这一过程中，社员之间的联系不再仅仅局限于兴趣和理想，从而使人际关系变得立体、丰富且稳固起来。这显然是增强了人们通过网络调动资源的可能性。

然而，现实的情况是高校的社团制度仍然是人们关注的焦点，是强化对大学生社团的控制，还是给学生社团更多的自治空间，这两者的平衡点在哪里？于是我们又回过头从社团制度构成的四大因素来分析。

首先，降低申报社团的准入门槛，或对学生结社的事实采取宽容而非限制的态度，确实能鼓励学生根据自己的兴趣和需求成立社团。社团活动的覆盖面更加广。

其次，社团的人事安排更多由学生自主也对社团的发展有利。一个自选社团领袖的社团，组织层的成员都是在平时的活动中脱颖而出，或经过民主选举产生，各部门的负责人也是在各项活动的筹备工作中产生的，社员之间就会在多个层面有着更为广泛和稳固的联系。

这将在实际的社团运行工作中形成共识和团结，促进社团的向心力。

再次，更为宽松的资金使用制度也将大大增强其自主性。社团的资金来源大约有两方面，一是学校提供，二是校园外企业的赞助。更为宽松的资金使用制度意味着学生对于自己社团的资金有了更大的控制权。各高校的资金使用制度大约都经历了这样几个阶段：最初，学校给每个社团的资金是固定的，全额多寡不由学生决定。后来改为按照社团活动情况评级，再按照评级情况下发资金，学生可控制的程度有所提高，因为他们可以通过努力开展好社团活动来争取更多的资金。但这也存在弊端：由于评级总是根据过去一年的社团活动情况开展的，活动开展出色的社团就有更多的资金，从而也更可能在下一年开展更好的活动，在下一轮的评级中也就自然而然更具备优势。而在某一年活动并不太出色的社团则有可能因此陷入恶性循环；高校社团通常一年换一届人，这就意味着每一届新的社团人都要承担上一届社团人的工作成绩所带来的后果，因此学生对于自己社团能够获得资金的控制程度仍旧不高。如果改成项目资金申报审批和社团活动基本经费相结合的制度就较为合理。这一方面给所有社团带来了公平竞争的机会，充分激发了学生积极参与自主管理的激情与热情，提升了社团活动的质量；同时下拨的基本活动经费也保证了所有社团，特别是刚刚起步的社团的基本生存，使得社团得以长期呈现“百家齐放”的态势。另外，从校园外企业的赞助这方面看，学校制度的松紧也会产生很大影响。如果学校严格限制学生社团在校外获取赞助费，那学生对于这方面的资金就没有控制权；如果学校在此方面予以适度放宽，允许社团在安全的范围[①]内可以自行获得校外赞助，那么学生的自费控制权就更强，更多的资金支持是开展社团活动的保障。

最后，学校的社团监督管理制度对于学生社团社会资本的影响是

① 只要赞助方不是宗教团体，或有政治意图，或带有纯粹的商业盈利目的，社团就可以使用资金。

不能一概而论的。从这个因素来看，并不能说学校的社团监督管理制度越开明，社团的社会资本就越多。学校的监督在某种情况下确实会限制社团活动的开展，但是在大多数情况下，象征着学校监督权力的年检制度也是敦促社团开展活动的动力。学校确保社团能够公平竞争，对于活动出色的社团进行嘉奖，并及时撤销那些占用了资源却没有合理利用的社团，对于高校社团组织的发展是有百利而无一害的。这种规章严明的监督与管理和学生组织的自主自治并不矛盾。因为教育机构本身就担负着培养和塑造学生价值的职能，良好的教育环境应当是引导学生通过社团活动训练自己各方面的能力，而不是一味地放任自流，没有明确的价值标准。

综上所述，无论是学校选择型学生组织还是学生选择型学生组织，其自主化的实现都需要学校对其加以指导、监督。但是这一指导主要通过制度设计来予以实现，而不是通过对其内部直接干预实现。也就是说，在学生组织自主自治的进程中，学校应该给予学生组织更大的发展空间，并通过确实有效、有针对性的政策制度为学生组织的发展创造优良环境。

三、组织理性化：组织骨干成员形成机制和组织绩效评估

任何一种组织没有骨干与核心都是不行的，作为学生自治载体的学生组织亦是如此。学生干部是学生组织的骨干与核心，特别是在学校慢慢退出学生组织内部管理之后，学生干部更是学生自我管理、自我服务、自我教育的实施者，在学生的教育和管理中，扮演着重要的角色。因此，在进行高校学生组织发展的讨论时，也要从制度上对学生干部的选拔与绩效评估有所涉及。

这里不妨引入管理学的概念，从根本上看，不论是学校选择型学生组织还是学生选择型学生组织，其骨干成员的形成以及他们的绩效

评估其实是组织的人力资源管理问题。根据人力资源管理的四大机制（即牵引机制、激励机制、约束机制、竞争淘汰机制），结合学生组织的特点及其存在的特殊性，我们同样可以提出学生组织建设的四大机制：引导机制、激励机制、约束机制、竞争机制。四大机制相互协调，从不同的角度来整合和激活学生的人力资源。

第一，牵引机制是通过明确组织对成员的期望和要求，使其能够正确地选择自身的行为，最终将成员的努力和贡献纳入到帮助组织完成其目标的轨道中来。牵引机制的关键在于向成员清晰地表达组织和工作对成员和绩效的希望。由此推论，适用于高校学生组织的引导机制可以由如下几部分构成：

（1）明确的制度。通过成文的条例让每位成员都能清楚知道自己的职责，特别是作为组织的骨干应该具备合作条件。在明确制度之后，关键就在于如何在实际操作中推行制度的问题，此过程中“公平公正”是核心，而“公平公正”需由“民主”的推选和选举制度得以保障。

（2）组织文化。只要有人聚集的地方就有文化。组织的文化往往隐藏于每个成员的行为和组织制度化系统的背后，并借助具体的行为来体现。通过组织文化的塑造和维系，能够建立类似于组织“道德”的标准。

（3）培训体系。维持优良的学生骨干队伍，光通过选拔优秀人才这一前期控制方式是远远不够的，还有赖于组织对于骨干的培训和开发体系。通过定期的培训，不仅能提高骨干成员的业务技能，更能进一步强化其对于组织文化和制度的把握，加强向心力及凝聚力。

第二，激励机制。根据现在组织行为学理论，激励的本身是员工去做某件事情的意愿，这种意愿以满足员工的个人需要为条件。因此激励的核心在于对员工的内在需求把握与满足。学生组织运行的激励从其来源分可分为原动力、后发力和系统外推动力。学生组织的原动力多来源于大学生自我成长的需要而产生的激励力量；后发力是指学生组织内部各主体相互促进和竞争而体现出来的激发力；系统外推动力主要指学校对学生组织的指导、规范等行为在学生组织内部体现出来的力量。上述动力机制又可分为外部动力（或外部激励）和内部动力（或内部激励）。在新的运行体制下，由于学生组织的自治性质的回归，学生干部的自我激励机制将被激发。同时结合外部激励，着眼于充分利用外部资源获得自身发展的机会。激励的方法可以有：

（1）分权与授权机制。与企业的人力资源管理不同，在学生组织中没有办法明显的薪资分配来达到自己的效果，因此，组织给予骨干成员工作的自主性和工作的权限成为重要的激励方式。所谓分权与授权是指根据组织中每一个部门和每一个职位的工作职责与内容，同时充分考虑骨干成员的成熟度、组织制度规定等因素，合理地分配每个骨干成员以不同的权限。

（2）生涯发展途径。现代人力资源管理倡导建立多元化的职业生涯通道，为骨干成员提供不仅是在组织内部发展提升的空间，而且可以打通各类学生组织之间的通道，让组织的骨干成员有机会进入其他的学生组织任职（一般指向上流动），也将对提高其工作热情和积极性有很好的助益。

（3）定期嘉奖。嘉奖是对于骨干成员工作的肯定，多年实践证明，这是有效的激励方式之一。在新时期，传统的“一概而论”的嘉奖方式已经不适合当下学生的心理，为了更好地提升激励的效果，必须做到“差别待遇”。对工作成绩突出的给予表彰，并使其在生涯发展中占有一定的优势（如向上流动的机会、额外培训的机会、适当的物质奖励等）；对于工作中表现不认真的也要予以公开。

第三，约束机制。所谓约束机制，其本质是控制成员行为，使成员的行为符合组织的发展需求的一种行为机制，它使得员工的行为始终在预定的轨道上运行。从人本主义思想的角度讲，每个人都有自我实现的需要，但组织不可能满足每个人的需求，必须让个人需求服从组织的需要。因而，我们应该用组织制度中对于职务的要求作为约束骨干成员的主要手段。约束指的往往只是最低标准，组织内骨干成员由于担任某一职务而自然产生的一定权利义务就是约束的尺度。可以参照制度中对于职位的诠释去评价任职者的行为是否符合组织的期望，是否能够支撑组织的战略目标，获得较高的绩效水平。

第四，竞争机制。组织不仅要有正向的引导机制和激励机制，不断地激励、推动成员提升自己的能力和业绩，而且也应该有反向的竞争机制，让每一位成员都找到自己合适的岗位，从而实现对组织人力资源的激活，防止人力资本的沉淀或缩水。在学生组织内可以通过竞争上岗、业绩评价、末位淘汰来评价学生干部，以竞争促进整个学生组织的发展。

竞争上岗，就是要拓宽选拔人才的范围，不拘一格任用人才。从学生组织内部讲，可以通过竞争、工作业绩、述职等手段来调节成员的工作积极性、主动性。通过项目管理、活动招标等方式录用人员，让人才脱颖而出。

业绩评价就是定期对个人工作业绩进行评价。这里，建立合理、全面的考评标准是前提。评价一般分为三个层次：成员的自评、成员间的互评、教师与同学的评价，三者缺一不可，是有机的统一体。其中，成员的自我评价侧重于学生自我反思。反省工作的过程有助于干部的成长；成员间的互评以及教师和学生的评价，具有反馈的作用，是对学生骨干成员工作效果、为人处事等方面较为客观的评价，“以人为镜”、查找不足。

末位淘汰中的“淘汰”并非指将不适应岗位的成员淘汰出组织之外。学生组织是学生自发参与的，锻炼同学、提高其综合素质是学生组织的出发点和归宿。采取任何措施都应该以不损伤学生的积极性、自尊心为前提。因此，末位淘汰可以采取如变化岗位、留职等温和手段。

参考文献

1. 杨飞群，林德交：“浅议高校学生组织制度化管理与文化建设”，《浙江教学学院学报》2006年1月第1期。

2. 周湘林：《高校学生自治权的法理内涵》，华中科技大学人文社会科学青年项目“教育法律责任研究”的研究成果，2007年5月。

3. 徐元红：“论社会转型期高校学生自治的拓展”，《教育探索》2006年9月（总第183期）。

4. 陈锋、吴云：“对高校学生会自治性质的再认识”，《广西青年干部政治学院学报》2002年6月第12卷第3期。

5. 刘红霞：“高校共青团组织与学生社团建设”，《校园之声学习月刊》2007年第6期总第292期。

6. 周爱平、曾得生：“高校学生社团组织的现状与前景”，《景德镇高专学报》2004年3月第19卷第1期。

7. 周宁玉、石伟林、欧群慧：“对高校学生会组织及学生干部管理的思考”，《湖南财经专科学校学报》，2007年12月第23期总110期。

8. 张新华：“高校学生工作组织结构模式的改进与创新”，《吉林工程技术师范学院学报》，2007年11月第23卷11期。

9. 金胜：“高校学生组织与管理研究”，《北京教育（高教版）》，2005年7月第8期。

10. 高景岚：“高校学生社团组织的研究”，《机械职业发展》，2004年第2期。

11. 邓续周：“高校学生事务组织结构的改进与创新”，《思想理论教育》，2007年3月。

12. 孙德芳：“高校学生组织的功能及管理”，《职业与教育》，2007年10月第30期总第562期。

13. 荀国旗：“高校学生组织的几点思考”，《西华师范大学学报（哲学社会科学版）》，2005年第5期。

14. 王守刚、封雪、畅军亮：“高校学生组织自治运行模式及机制研究”，《煤炭高等教育》，2006年9月第54卷第9期。

15. 张炎、张晓昱：“论高校班级管理组织形式的发展趋势”，《南京工程学院学报（社会科学版）》，2004年6月第4卷第2期。

16. 轩欣：“潜论高校学生社团与大学生自治”，《领导与科学》。

17. 张力池：“试论高校学生会组织、学生社团组织的差异及对其成员的影响”，《学校党建与思想教育》，2005 年 6 月。

18. 白羽："试论高校学生组织体制的改革"，《杭州应用工程技术学院学报》，2000 年 12 月第 12 卷第 4 期。

19. 赵蕾："新时期高校学生社团组织建设初探"，《思想政治教育研究》，2007 年第 2 期总第 84 期。

20. 杨永富、赵平月："学生中自发群体的心理分析及教育"，《杭州职业教育》，2003 年第 7 期。

第六章

制度兑现：本土化的尝试

随着时代发展和社会进步，学生组织的内涵也在不断充实和扩展，学生组织在自我管理、自我实现的基础上更增添了“育人”的功能与责任。这种变化给新时期的学生组织带来了新的挑战和机遇。在本章中，我们选取了班团组织、社团组织和学生媒体这三类学生组织具体展开论述，它们从不同侧面反映了学生组织的时代性、发展瓶颈和发展路向。

第一节　环境分析、能效评估与学生组织内涵的重新界定

一、内发动力和学生组织的可持续发展

早在半个世纪以前，美国行政学家赫伯特·西蒙通过对开放系统下的组织研究，发表了深具影响的组织研究著作，西蒙大胆宣称：个别组织作为社会学研究单位的重要性能够与个别生物体对于生物学研究的重要性相提并论。今天，当我们研究学生组织对于高校系统、大学生群体的意义时，我们不得不思考大师们的某些判断与理论。

随着大学校园加速社会化的趋势以及服务社区功能的强化，学生组织正在被推向一个日益开放的系统中。在这样一个开放的、不确定性不断增加的系统中，学生组织并没有因为外界变量数目超过了我们的理解能力而销声匿迹，相反，各种丰富多样的学生组织类别正各尽其能地满足着我们各类学生的需求。由此可见，学生组织正秉持着某种不变的内核以及通过对适应环境的调整，持续、蓬勃地发展着。本节将着重讨论学生组织对于学生而言的存在价值以及其未来持续发展的内在、外在因素。

（一）学生组织对于学生而言恒定不变的存在价值

美国学者马斯洛的需求层次理论对于当代人了解自身意义重大。譬如，在分析人类对组织的需求时，我们就能发现我们对组织的依赖是多层次的，既有物质的也有精神的：寻求安全感和归属性，作为人类的特质，体现了人类对组织的不同层次的需求。当然我们需要组织

并不仅仅是因为我们需要安全和归属，但这构成了我们某些基本的和高级的需求，正因为有这些需求的存在，才导致了我们通过变革以期使组织在开放的系统中能够适应环境，进而生存下来。学生组织对于学生而言，显然也符合这样的规律。

1. 社会化生存和社会交往的需求

（1）现代社会体系下的大学，对于学生而言，是学术、生活和个人全面发展的综合体。学生在大学环境中，往往需要学习和掌握其步入社会所必备的一些常识和技能；这其中，社会交往因素是大学这一综合体中不可回避的教授与学习内容。掌握必要的社会生存和交往技能（包括与教师、与其他不同类型、不同社会背景的学生），不仅给予学生以成长资源，为将来踏入社会作充分的准备，同时，也是影响学生社会生存能力、社会发展能力形成的关键要素。

大学中大量学生组织的存在，就为学生进行简单的社会交往提供了平台与契机。如果把学生组织看作大学校园中，乃至社会中的一个开放系统，那么它就可以成为学生进行对外交往的依托和路径，而在这一系统中的学生个人又会由于所在组织受到外界环境（校园文化、社区环境、社会风气等）的影响而产生适应性与改变。因此，在某种意义上，一所大学学生组织的整体发展水平也能折射出大学的底蕴和发展水平。

（2）学生组织之所以成形，还在于组织化的形态能够给予学生以稳定、安全的发展环境。一个学生组织持续运作，必然包括了组织中每个学生所拥有的某些共同利益、兴趣或目标对个体的激发与推动，为实现组织也就是不同个体共同凝聚起来的利益目标，组织化的形态显然是一种必备的保障。

同时，组织化的运作不仅能够积聚不同学生的智慧和热情，也为他们提供了制度化的、安定的、促进学生发展的氛围。这就是社会交往空间对于个体的重要意义，也是学生组织存在的最大意义。

2. 处理学生事务的有效途径

（1）目前，我国高校需要处理大量的学生事务，其中大部分都被各级学生组织所吸纳。因为就现有的人力、物力看，庞大的学生事务难以完全依靠学校机关予以承担，所以通过学生组织以依靠学生群体自身的实力予以解决就成为必然选择。同时，由学生组织解决自身群体的问题，可以对症下药，有的放矢，在提高处理学生事务效率的同时，也减少了其他群体同学生沟通的社会交往成本。

（2）及时反馈学生意见，推动校园建设的有效途径。学生组织在一定程度上也担负着“利益表达”职能，推动校园建设，以更好地符合学生的需要。

学生组织的“利益表达”表现在两个方面。首先，就不同类型的学生组织的存在而言，本身就是多样化的利益的体现。例如，在大学校园中存在着各种丰富多样的学生社团，这些社团的组成诉诸于一群有着某种共同爱好或追求的青年学生，允许他们以社团的形式开展活动，就是对他们利益的一种认可，就有必要通过相关制度的建设和完善去维护他们的利益；其次，在大学校园中，也存在着很多肩负校园民主建设，活跃校园文化的学生组织，高校中的学生会在很大程度上就是这样的学生组织。在实践中，大学生通过定期召开学生代表大会，以学生代表提交提案的形式，来达到“利益表达”的目的。这一形式，目前在高校运作较为成熟。

（3）多元化的校园并不是没有凝聚力的校园，学生组织对校园凝聚力建设的贡献也是不容忽视的。通过融汇来自不同社会阶层、不同成长背景下的学生，学生组织可以成为各类学生群体之间的沟通桥梁，使协商与对话模式成为和谐校园文化的组成部分。

（二）环境因素变化与学生组织可持续发展

在着重分析中国社会学生组织未来发展的同时，我们首先要注意到的一点是，我们的学生组织正史无前例地从一个相对封闭的系统转向一个开放的系统。在这一过程中，环境的因素正极大地挑战着我们传统社会中学生组织的原有体系与发展模式。如何才能把握学生组织转型的动力与方向，这不仅仅需要我们在理论上讨论，借鉴西方成熟社会学生组织的治理模式，更重要的是需要我们在一个相对宽容、理性的环境中，去实践、探索、总结。

1. 环境因素变化带来的挑战

（1）改革开放以来，中国社会发生急剧的变革，使得任何一个社会中的开放系统不得不对环境变迁作出转型的回应，当然，这也是各级、各类学生组织发展必须面临的问题。但是在作出回应与调整之前，我们必须清楚地认识到我们所面临的转型的环境以及所带来的挑战。

（2）纵观近 30 年以来，我国社会环境因素变化主要包括以下几个方面：

从计划经济向市场经济转型，这是现代化建设对中国大学及其学生群体最根本的影响因素：市场经济大大调动了人们的主观能动性，极力推动着人们通过动用自身的才能与学识，在市场的浪潮中站稳脚跟；

从社会全方位政治化向多元化演进：经历了“文革”全盘政治化的苦果以后，我国社会从 80 年代起出现了多样化的利益诉求，传统模式下的“既红又专”型人才显然很难为现在的学生所认同接受，此外，伴随着我国社会在传统的道德领域也出现了多元化的认识观，这也在很大程度上导致了人们对于自身发展、成功标准有了抛弃传统的全新思考；

对于学生（个人）而言，原有青年学生的革命激情、广幅视野和精英意识开始消解，取而代之的则是注重个体化发展以及对于自身定位的迷茫：新时代的青年学生显然更注重个性化或者个体化的发展，他们不愿被标签化地淹没在社会的大潮中，但同时由于我国社会在转型过程中，缺乏对青年责任感与使命感的强调，使得青年普遍对个人与社会发展缺乏思考，从而出现了所谓的“迷茫”的一代。

（3）以上社会环境的转变，相应地导致了学生组织发展面临一些新的挑战：

原有大量的行政资源和政治资源倾斜的局面逐步消失，正式学生组织的行政权威逐步丧失。这导致建国之后普遍形成的学生组织“政府化”、“单位化”模式失去了最必需的资源；

个体化发展倾向大幅度上升使得大部分学生对于组织纪律和组织动员出现了反感和抵触；

单纯的意识形态灌输难以激发学生的兴趣；

参加学生组织的个人动机强烈，学生对于组织的归属感、使命感、责任感总体不强。

2. 学生组织可持续发展的动力在何处

（1）环境变化必然推动制度变迁：在前文的叙述中我们提到，由于学生组织对于学生而言有某种不可替代的存在价值，因此，要使学生组织可持续地发展下去，必然伴随着组织的变革和创新。同时，要针对新时期的社会特点与环境因素，进一步全面提升学生组织的能效，使得学生在各类组织中能通过充分利用资源满足其自身和服务校园、回归社会的需求。

（2）应对挑战，我们提出以下思考：

牢牢把握住学生组织存在和发展的恒定意义：要从以学生为本的角度，使组织的变革适应新时代青年学生的成长特点，使学生组织在创新中吸引青年，在服务中凝聚青年。纵观世界不同国家的学生组织的发展，我们可以发现，即使在自由化、个体化程度非常高的西方国家，依然能够找到形形色色的学生组织活跃的身影，可见从组织的能效出发，学生组织在青年学生群体中发挥出最大化的功效，将是未来我国高校学生组织转型面临的重要课题。

从巩固、强化学生组织政府化模式向注重培育学生社会共同体模式转变：20 世纪 90 年代以来，公民社会的概念大量引入到我国社会，以非政府组织为代表的社会自治体开始在我国涌现并发挥一定作用。探讨未来学生组织在高校体系中的作用，我们认为可以借鉴非政府组织的社会功效，促进高校内学生层面自发的治理模式。当然在这一转型过程中，如何协调政府化模式与自治模式主导地位转化，既需要政府组织在政策资源上的支持，营造宽松、理性的环境，也需要青年学生自发组织的智慧与能力。

巩固来自学校的行政资源支持，这是学生组织整体体系构建的关键：这类支持包括政策、资力、物力、人力；另一方面也允许学生组织资源支持来源的多样性，引入社会的公益力量，开展多样化的组织活动，达到强化学生组织能效的目的，从而重塑当代青年大学生的精英意识。

从以刚性组织形态为主向柔性组织形态为主变迁：建立一个柔性的组织形态，学生组织要针对自身肩负的能效，分析环境要素、因果理解、技术、目标、组织内相互依赖等存在不确定性的基本决策要素而建立起适应性的组织结构、设计和行为模式。

将大量现有资源向最贴近学生的组织倾斜，并全力推动其转型：在目前我国的高校中，校内的班团组织和社团组织是学生群体中参与最广、认可度相对高的两种学生组织，从这些日常化的组织着手，推动其转型，就需要高校辅以大量资源的支持，而这类日常化、生活化组织的转型恰恰是目前高校学生组织转型的关键所在。

以上这些思考的提出，结合了国内外高校目前学生组织发展模式的经验教训，但更重要的是，我们要在实践中去探索各种方案的可行性，用开放的思想大胆地去尝试新模式下的学生组织运作情况，其结果不论是推动了高校学生组织的发展还是成为试错过程，都能为我们探索出一条学生组织发展的新路积累宝贵的经验。

二、育人理念：学生组织的时代性

之前，我们将学生组织作为高校体系中一个开放的系统，探讨了其所面临的环境与所应具备的能效。在本节中，我们将进一步放大我们的视野，将学生组织看作开放的高校系统下的一个有机组成部分，从高校的定位与功效来重新审定学生组织的重要内涵——育人理念。

（一）育人是学生组织内含的效能

在世界上多数的伟大文明中，很早时候就有了高等教育的机构；在进入公元 11 世纪时，在意大利中部的博洛尼亚最早出现了现代大学的雏形，之后世界各个文明中，现代大学体制广为传播。在这一历史过程中，关于大学理念的演变大致经历了三个阶段：在现代化之初的第一阶段，西方社会对大学理念的主导思想是："大学应该是一个教化的机构，目的是培养有学问的年轻绅士。"（The college emphasized on the ideal of developing the gentleman scholar）；到了工业革命的全盛阶段，德国著名的教育家洪堡提出"精英大学"的思想，即大学应该以教学和研究相结合，来给学生提供一种人本主义的教育；随着市场经济、现代国家体系变得日益复杂，大学理念中慢慢又融入了服务的概念，即大学要培养各行业的专门人才，为各经济部门提供系统训练和智力支持。[①]

经历不同时代的变迁，我们看到大学的核心理念也不断融入着新的内容，但我们也看到，不论大学理念如何改变，都始终没有褪去"育人"本质；也不论育人的内容如何改变，这一功能始终是大学存

① 本段内容选编自丁学良著《什么是世界一流大学》中"何谓世界一流大学？"一文，北京大学出版社，2004 年第 1 版。

在的首要原因；大学是人文的渊薮，大学中的青年学生也必定需要具有全面的素质。这既是大学发展的要求，其实也是青年学生内在的需求。而大学系统中的各个组成部分，当然也承载着育人的职责，学生组织亦不例外。

学生组织的育人功能不仅仅体现在它对于学生个体成长成才的重要意义，同时它对组织本身的持续发展也至为重要。这是因为学生组织的主体是广大学生，如何更好地培育学生成长，是学生组织现实效用的体现。当组织为给定角色的个人提供了规范化的行动领域时，只有个人的需求得到充分的满足和发展，才能反过来创造性地推动组织适应性的变革，这是学生组织长久发展的重要动力。

此外，简单梳理国外大学学生组织的现状，我们可以发现，其中也内含了很多的育人职能。但是关键在于，国外大学的学生组织通过社会化操作的形态，将育人职能隐性地发挥出来，这就如我们常说的“寓教于乐”一样，单纯的说教式的育人方法不仅形式枯燥，无法令人感兴趣，同时也难以达到教育的初衷。

（二）目标界定：培育怎样的青年学生

1949 年建国以来，党和国家高度重视高等教育对青年学生的培养，尤其自改革开放以后，随着我国高校体系的不断完善，我们可以看到高校对青年学生的培养提出了较为清晰的目标，了解和总结我国高校培育青年学生的目标设定，有利于我们更好地把握高校及其学生组织的发展方向，认清高校育人的发展趋势与侧重点。

从目前掌握的资料来看，我国高校对青年学生的培养目标可以初步归纳为以下几点：

（1）注重共产主义教育，培养青年学生具备较高的政治素养；

（2）注重思想道德修养，注重身心全面发展；

（3）注重社会实践能力和社会责任意识培养；

（4）注重提升学术科技创新能力。

以上几点培养目标目前已与高校的教学体系、学生组织的管理方向相结合，然而要如何将以上这些培养目标在实践中有效、切实地落实运用，培养方式与路径显然是目前对于高校和学生组织而言更重要的难题。

(三) 选择与变迁：如何更有效地培育

针对上文所提到的培育目标，显然摆在面前重要的问题是，如何行之有效地进行培育。对此，我们应该认识到，提升育人工作的有效性是目前学生组织发展面临的最关键也是最根本的问题。从某种意义上说，这也是进入新时期以来学生组织发展的瓶颈问题。

就根本而言，提高育人工作有效性的关键正在于对学生群体思想状况的深入把握。老一辈无产阶级革命家在论述青年工作时曾特别强调，青年团必须特别注重青年群体特点。今天的青年学生对于自身定位存在迷茫，但同时，他们的自我认同感非常高，这也是目前的青年群体与建国初期青年群体根本不同之处。在新的时代背景和社会背景下，学生群体的思想状况发生了巨大转变，这就造成了我们以往的学生组织的运作模式或制度设计还存在相当的差距。选择合适的培育路径，并对传统的模式进行变革，就成为目前各级、各类学生组织实施有效培育的当务之急。在此，我们提出以下一些思考：

(1) 从倾向大规模大范围组织发动转变为侧重深度渗透、注重个性需求：学生组织在育人过程中要实施个性化的教育；在学生组织主要活动的第二课堂平台中，模式化、标准化的方式无法满足大多数青年个体的要求，因为在这一空间中，青年学生所寻求的本身就是与自身利益、特点相符合的组织或活动，因此注重个性需求才能与学生的参与初衷相吻合。

(2) 从单纯注重政治动员转变为组织动员与自愿要求相结合：相比过去，权力机构对于社会的调动能力，在社会自身利益多元化之后大大减弱了，高校中同样也面临着这样的现实情况；当代青年个体化存在的意识强烈，使得唯有通过学生组织在竞争中去吸收自发的学生参与。

（3）从意识形态灌输转变为在关注个体发展过程中融入现代道德、法律意识的培养：在我们国家步入一个现代化的法治大国过程中，我们的学生组织使得青年学生在参与其中的过程中，培养起诸多的现代意识，法律意识显然是首当其冲的要素之一，相比过去单纯意识形态的灌输，法律意识的培养对于青年而言有更多实际的推动社会进步的意义存在。

（4）从教导者角色转变为青年学生的伙伴角色：在大量的学生组织中，还存在着大量的学生干部和组织的领导、管理者，在新时期，随着各类学生组织权威性的下降和打破，学生干部们也意识到以高高在上的姿态无助于学生工作的有效性，与学生们共同成长、充分融入到学生组织之中，将为未来学生干部们开展学生工作、增强工作有效性增添砝码。

第二节　以班团组织的发展为视角

如前所述，班级授课制是我国普遍采用的一种教学形式。高校中的班级与团支部在成员上的高度重合，使我们对他们进行综合讨论成为了可能。作为最基层的学生组织样态，班团组织的现实状况为传统类型的学生组织发展提供了宝贵的借鉴。在新时期，班团组织如何发展，不仅仅是针对其自身的问题，更牵涉到当代学生组织的发展路向问题。在这一节中，我们将对基层班团组织进行集中探讨。

一、“班”与“团”的概念厘清

在正式进入讨论之前，我们首先对“班团组织”的概念进行必要的梳理。

“班团”中的“班”即“班级”。但是，正如前文所讨论的，“班级”这一概念包含着多重意义。

从教育学的角度理解，“班级”指的是参与某一课程的学习与教学工作的人，它与“课程”紧密相连。处在这样的班级中的“同学”，是字面意义上的“同学”——共同学习的人。这是对班级最基本也是最狭隘（中性含义）的理解。

从社会学的角度理解，“班级”指的是学生们为了完成学习任务和满足个人发展的需要，自发或被强制地聚集在一起组成的相对稳定和独立的学生共同体。它的外延是该班级的所有成员，包括导师、辅导员和学生等。它强调人与人之间的全面交往，不仅包括为达到共同目的所做的事情，更包括在这个过程中的情感交流。这是我们通常使用的意义。这里的“同学”的概念，也已经超出了“共同学习”的范畴，其实是一同生活、学习、成长，同甘共苦经历了大学生涯的那群人，学习只不过是所有经历中的一部分。这个意义上的“班级”，基本、单纯、自然，很多其他的学生组织都基于或得益于班级。

从组织学的角度理解，“班级”又是学校教学管理系统中最基本的组织单元，是行政、教学机构的延伸和触手。它具有一般组织的特征：有统一的组织目标——服务于教学、管理，有必要的组织结构——有导师、辅导员、班委会，有统一的规章制度——班费制度、评优评奖制度、选举制度等等。比起前一个意义上的“班级”，这里的“班级”是抽象的、严肃的、坚硬的，与之相对应的是院系、专业、学科等机构。

我们这里所选取的，是第二种意义上的“班级”概念，即“学生们为了完成学习任务和满足个人发展的需要，自发或强制地聚集在一起组成的相对稳定和独立的学生共同体”。

我们这里所说的“团”，指的就是高校中的共青团组织。与班级相对应的一级团组织，便是团支部，“班团”放在一起，指的是班级与团支部。

二、“高校班团组织”的比较研究

明确了研究对象的含义，我们需要通过比较，进一步全面、准确、深刻地把握这一概念的特点。针对高校班团组织的定义，可以比较的角度很多：既可以立足于教育体系，将高校的班团组织与中小学的班团组织作比较；也可以立足于整个共青团组织，将高校的班团组织与其他行业单位的团组织作比较；还可以立足于高校的管理系统，将高校的班团组织与高校的其他党政组织、学生组织作比较等等。从可比性的角度考虑，我们这里选取两个比较对象来进行对比，一个是中小学的班团组织，另一个是高校的社团组织，前者与高校班团组织同属“班团组织”，后者与高校班团组织同属“高校”。对比的方面包括：成员特点、组织目标、活动类型、外部环境、制度文化以及团组织的影响力。为了符合语言习惯，在涉及到中小学的时候，如果没有特指，我们用“班级”指代班团组织。

（一）构成成员的特点

在任何组织中，人都是最根本的因素。人的特点在很大程度上决定着组织的特点。

按照《中华人民共和国义务教育法》的规定，“凡年满六周岁的儿童，其父母或者其他法定监护人应当送其入学接受并完成义务教育；条件不具备的地区的儿童，可以推迟到七周岁。”这样算下来高中毕业生应该是19岁左右，因此中小学生基本上还属于未成年人群体。小学生与中学生相比，更加年幼，学生也更加幼稚，无论在思想上还是在身体上，都没有办法对自己的行为完全负责。中学生虽然比小学生成熟了很多，他们更加有独立意识，更加注重个性、追求自我，但是这个阶段的人的世界观、人生观、价值观都尚未定型，更谈不上成熟，这种对独立、个性、自我的要求，有着很重的自发和盲目的特点。

而大学生则有很大不同。首先，从法律上来说，大学生已经是成年人，有完全行为能力，要对自己的行为负责，他的一言一行已经同一个独立的成年人没有本质区别。其次，从个体的成熟方面来说，大学生比中学生群体接触课本知识以外的知识和信息更多，经历着更加复杂和多样的社会关系和活动，在心智上比前两个阶段有了质的飞跃。这个阶段的人，世界观、人生观、价值观经历着巨大的变化并开始逐步定型，他们也要求个性的发展和自我价值的实现，他们对于世界、未来充满好奇和热情，渴望着自己的力量能够改变现实。第三，大学生的压力也比以往大很多，来自家庭、社会以及自身的责任与压力，与大学生的热情成为一对张力。

高校学生社团成员与班级成员同属高校学生，成员特点上的差异虽然不像与中小学班团组织相比那么显著，但仍然存在一些差别。这主要体现在社团成员构成的广泛性上。班级的成员基本锁定为同院系、同专业、同年级的学生，但是社团则没有这些限制。一个社团中往往存有跨院系、跨年级的成员。与同班级相比，社团中学生的交往范围更加开阔。

（二）组织目标

组织目标是统领整个组织的灵魂所在，组织的各项活动都要围绕着这一目标展开。无论是高校还是中小学校、班级还是社团，育人都是题中应有之义，只是各有侧重。

从理论层面来说，中小学的班团组织与基础教育的目标是一致的，即培养有理想、有道德、有文化、有纪律的四有新人，在信仰、道德、知识、规范等方面奠定做人的基础。从现实层面来讲，中小学的班团组织的任务和目标是服务学校的教学管理，维护学校正常的秩序。教学成为当之无愧的首要任务和目标。

而高校的情况则有所不同。当高等教育处于精英教育阶段时，高校或者说大学的功能和任务是为社会提供专业的精英人才，向社会输出先进的技术与思想，研究解决社会与自然的高难问题，而这一切都要以精深的思想理论为基础。班团组织在这一阶段的功能和作用比较单一，因为在象牙塔中，人们所努力的方向和目标都很一致，班团组织基本上能够满足他们的需求。当高等教育处于大众教育时，学校的育人目标悄然发生了变化。当大学入学率不断攀升的时候，期望大学能够像以往一样输出精英是不现实的，社会对于精英的容量是有限的，否则精英也就不成为精英了。大学培养人才的方向正在从“专才”向“通才”转变。通识教育就是在这样的条件下应运而生的。面对这样的转变，这个时期的班团组织的自身目标也随之丰富了很多，除了便于教学管理，更加入了个性发展、人际协调、文化建设等等。班团组织承担的压力也随着承载的功能的丰富而加大。

社团正是在这样的大背景下发展壮大的。社团最初的成立动机，就是为了将志趣相投的学生聚集起来，交流、沟通、发展共同的兴趣爱好或完成共同诉求，育人的功能和目标寓于过程之中，而不是通过直接的教育形式显现出来。社团可以说是“寓教于乐”的典范。

由此我们可以看到，中小学班级侧重于单纯的教学，而大学的学生社团则侧重于兴趣发展，大学的班团组织则兼而有之。

（三）活动内容、形式及组织动员力度

在前两个方面的共同作用下，班团组织的活动内容和形式也发生了质的飞跃。

中小学的班级活动最多的是文体、娱乐活动，比如运动会、联欢会、春游、秋游，另外还会有一些公益活动，比如服务敬老院老人、义务劳动等等。大学的班团和社团有着更多的选择，学校有专门的经费和平台支持学生开展别具一格、特色鲜明的实践活动、志愿者活动、主题团日活动等等，另外还可以参加各种比赛、评选、选举，这些活动周期长、范围广、参与人数多、复杂程度高，无论对于锻炼提高大学生素质还是丰富大学生生活、经历都不是中小学的活动能够望其项背的。人们都说大学就是一个小社会，也从侧面说明了大学生活的丰富多彩。

在这一点上，社团与班级的区别在于，社团的活动类型和内容更加丰富多彩，更加活泼新颖。社团由于本身就是兴趣相同的人聚集在一起，因此可以开展个性鲜明、针对性比较强的活动，而同样的活动在班级中很可能由于感兴趣的人不多而无法实施。但是班级在组织动员上有着明显的优势，班级可以通过行政力量进行协调，而社团的组织动员力度相对较弱，当二者出现冲突的时候，一般都是社团活动为班级活动让路，这也体现了班级在校园中的主导地位。

（四）外部条件和内部环境

从客观条件和环境来说，大学生有着中小学生无法比拟的发展空间和选择机会。可以说，学生们在进入大学之前，从来没有得到过如此大和多的个性发展方面的鼓励。首先，大学生在时间和空间上少了很多限制，随着学分制的普遍实行，他们在时间安排上有了更大的自主性。其次，校内外丰富的活动和充沛的资源为大学生提供了广阔的选择空间。第三，社会、学校和家庭对大学生给予了更多的宽容，并且都期待着并积极提供各种条件让大学生能够有更多更广的机会展示自我。从政府到大学都为学生提供了社会实践、志愿服务、科研创新、素质拓展等多方面的资金和政策支持，在这样的环境和氛围中，大学生的全面发展俨然已经成为全民运动。

在这一运动中，如何把个体优势转化为组织优势是每个学生组织面临的课题，社团在这方面为我们提供了一个比较好的参照。社团的定位本身就包含了个性发展的要求，这既符合社会对大学生的期待，也满足了大学生的精神生活要求，尤其在当前的背景下，社团的发展更是如鱼得水。应该说，社团的发展对传统的教育理念和管理方式提出了新的挑战，与传统意义上的班级形成一组良性的张力。

(五) 制度文化

对于一个组织来说，制度和文化是不可完全割裂的两个层面，正如法律和道德不可完全割裂开来考察一样。

在中国，从小学到高中，班主任的权力始终处于班级的最高点。在班级的大小事务中，班主任都有着至高无上的决定权。班级的文化，碍于目标与活动的单一，也显得比较雷同和相似，不能够充分体现班级的特色。民主氛围的缺乏和活动目标的单一使这个阶段的班级或者说班团组织的文化始终处于比较隐性的地位，没有充分发挥应有的作用。

大学中的班团组织则可以通过各种活动得以充分地酝酿、形成和表达。注重学术研究的班级可以通过学术讲座、读书小组，甚至开办论坛来弘扬学术；热衷实践的班级可以在社会实践、志愿者等方面大有作为。这些都是很生动的例证。另外，学校也会通过各种途径来鼓励班团形成自己的文化特色。例如：复旦大学团委每年都组织“班团文化展评”，组织各个班团参展，大大推动了校园文化建设。

社团的自身制度和管理制度一直处于探索中，与班级的制度相比具有一定程度上的随意性、不稳定性和不规范性。但是这恰恰也给了社团相对宽松的组织氛围，在这里，学生可以享受不受规章制度的强制约束的轻松愉快，真正地敞开心扉发展个性，一般来说要比班级更加宽松融洽。当然这也要具体问题具体分析，在年级比较高的班级，由于客观上时间积累的缘故也可以产生比社团更加团结、融洽的氛围，这是高流动性的学生社团无法比拟的；而有些社团可能由于经营管理不善而导致凝聚力弱，归属感差，反而不如班级在这些方面做得好。

（六）团组织的影响力

“团支部”处于“班团组织”中的一极，其作用在班级中尤其是大学班级中最为明显，而在社团中尚处于尝试阶段。

首先，在人员构成上，从小学到中学再到大学，团青比例是一个不断提高的过程。小学中，主要政治性的群众组织是少先队，团员很少。在中学，随着学生的思想进一步成熟，出现了比较大规模的入团浪潮。到高中毕业的时候，团员占学生的比例已经非常高了。目前高校的本专科生班级与团支部在人员构成上的差别已经越来越小，仅从复旦大学看，团员占学生的比例达到了98％以上，在很多班级这一比例达到了100％，团组织在班级同学中实现了全覆盖。

社团在团组织建设方面刚刚起步。很多高校的学生社团并没有像班级一样建立了团支部，这直接导致了团组织影响力的削弱。团组织对于社团的影响，更多的还是体现在学校层面的整体领导上，在基层仍然缺少有力的组织载体。

其次，在功能定位上，高校的团支部的功能大大增强。由于人员覆盖面广泛，职务设置充分，干部队伍素质提高，学校资源环境支持，团支部工作的力度和广度大大超过了以往，其影响力和覆盖面几乎可以与班级相媲美，在某些领域如主题团日、理论学习等等可能还要超过班级。正是由于这样的原因，高校团支部的定位也不仅仅是政治引导，配合高校育人工作相对独立地开展活动，拓展团员青年素质成为题中应有之义。在实际工作中，班级工作也是与团的工作结合在一起开展，例如一些理论学习、实践公益、志愿者活动、文体活动等等，很难将班级活动和团支部活动完全区分开来。

三、"高校班团组织"的重要作用及其发展瓶颈

随着改革开放的不断深入，我国高等教育的改革也如火如荼。集合了文理医等多学科的大型综合性大学日益兴起；原有的"学校——系科"的二级管理体制被"学校——院系——系科"三级管理体制取代；新的现代育人理念不断涌现，通识教育逐步深入人心；大学社会化趋势明显加强；大学生独立意识日益显现……这些都为新时期高校班团组织的发展提供了新的机遇和挑战。作为我国高校最基本的学生组织样态之一，高校基层班团组织发挥了重要作用，也面临着很多问题。

（一）高校班团组织的重要作用

1. 高校基层班团组织是学生展开社会交注的基本平台

人不是孤立地存在，而是社会地存在，社会交往是人的本质属性和基本需求，学生在学校里生活学习，不仅仅是个体行为，他需要和周围的人进行沟通、交流，并从中得到正面或负面的反馈。班团组织为学生提供了一个基本的社交平台，使他们能够相对稳定地进行联系，产生交流，形成文化。

2. 高校基层班团组织有利于校园精神的凝聚

班团组织的存在，客观上促进了班级内部成员的交流，在这种交流中产生了深挚的感情。高校在赋予学生更多的自我管理权力的同时，也给学生提出了更高的独立、自理要求，在陌生的环境里，学生需要有精神上的依托，班级就是他们最初的家园。在接下来几年的学习、生活、实践中，同学们之间真诚团结、互助友爱建立的深厚感

情，常常能在毕业后依然成为联系彼此的纽带。班级的浓厚的精神家园气息和独特的文化氛围，也是校园中一道亮丽的风景，为校园文化的繁荣做出了巨大贡献。班级的团结凝聚，是一个学校团结凝聚的基础。

3. 高校基层班团组织为学生全面发展提供了必要的组织支持

学校中很多活动和资源不是直接向学生提供，而是需要通过一定的组织开展和分配。比如班团文化展评规定参加的只能是班级（团支部），基层特色团建项目申报面向的主要是基层团支部。一些社会实践、青年志愿者活动、社会调研考察等等，都需要以团队形式开展，班团组织为这些活动提供了一个基本的组织样态。事实证明，很多这样的活动，都是以班级为单位开展的。

4. 高校基层班团组织的存在有利于学生事务的管理

在现代社会日益多元化的背景下，学生对于自我、独立、民主等要素的强调越来越明显，他们的民主意识和参与意识空前高涨，在脱离了班主任控制力占主导的中小学班级之后，他们迫切要求掌控自己的事务。基层的班团组织就是学生们自我管理的基本单元，班委会和团支部委员会承担了班级日常管理的大部分工作。

（二）基层班团组织发展的瓶颈

我们在看到基层班团组织的重要意义的同时，也必须看到，我国现在的基层班团组织，也面临着很多发展瓶颈。

1. 班与团的定位与关系有待进一步澄清和理顺

班团组织在组织上高度重合，这在开展活动方面提供了极大的便利，同时也为班与团的划分造成了困难。在目前条件下，班级和团支部的活动领域和控制范围究竟应该如何界定依然没有明确的标准。这个问题与中小学中团的组织生活不规律、不正规有直接关系，直接导致了学生们对于团组织的定位模糊，团员意识淡薄。在日常工作和活动开展中，班与团的定位及运行往往是混杂在一起的，班的活动就是支部的活动，相反也一样；而团支部委员往往是与班级委员在同一个含义下使用，班委会与支委会一起开会，团所谓的“独立开展活动”根本无从下手。

共青团中央第一书记陆昊指出，共青团作为党领导的先进青年的群众组织，在新的历史条件下，必须不断巩固和扩大党执政的青年群众基础，团结带领青年为实现中华民族伟大复兴而奋斗，这是共青团的根本职责所在。基层组织建设决定着共青团最本质的影响力、战斗力和生命力，必须从巩固和扩大党执政的青年群众基础的战略高度充分认识。而团支部作为最基层的团组织，如果不能在日常生活中找到明确的自身定位，将对团的作用发挥造成很大障碍。

2. 班团组织职责庞杂，但难以覆盖学生各种需求

在现代高等教育体制下，班团的责任无疑是重大的，无论在制度层面还是精神层面，班与团都扮演着基础性的角色。有学者认为，我国高校目前普遍采用的是一种直线职能制的组织结构，其特点是在权力沿直线自上而下传递的同时，在各个层级设立若干职能部门，这些职能部门负责相应工作的开展，因此每一层级的单个部门都要应对来自上级各个部门的工作布置。[①] 班级作为最基本的学生集合，处于高校权力层级的底层，要面对来自各方面的任务，导致班级职责庞杂。

但是现实中不可能所有的工作和活动都由基层班团组织负责执行、落实，也不可能每个班级都直接参与到校园的管理和建设当中来。班团组织承载着太多的责任，这样的重压会导致班团组织畸形发

① 郑文：“大学组织结构——权力的视角”，《高教探索》，2006 年第 3 期。

展，甚至异化为“为了搞活动而搞活动”，背离了组织的初衷。学生的需要是方方面面的，有学习需要、交往需要、能力发展需要、自我管理需要、发展兴趣需要、职业发展需要等等，班团组织难以完全满足所有的需要。在现代社会多元文化背景下，学生的价值观也存在多元化的趋势，枯燥的意识形态灌输经常造成抵触情绪，而个体化发展倾向大幅度上升使得大部分学生对于组织纪律和组织动员出现了反感和抵触，班团的行政权威在不断消逝。这样发展下去，班团组织的引导、凝聚功能会不断削弱，甚至走向反面。

3. 面临来自其他学生组织的冲击

在班团之外，还有其他学生组织的存在，如社团。社团的迅猛发展引起了越来越多的重视。校园中别具特色的社团文化对于长期处在行政固定框架下的学生来说具有相当大的吸引力。传统的动员模式很难将班级成员吸引到班级活动中来，而社团的氛围轻松，管理松散，有更大的自主自治权力，而且成员们有共同的兴趣爱好。这对于班团来说，无疑是一个巨大的人员和关注的分流，如果没有好的对策，班团在组织动员上将越来越处于弱势。

四、面对挑战与机遇的回应：定位澄清、目标扩展与制度建立

在党的十七大报告中，胡锦涛总书记语重心长地说道：“当今世界正在发生广泛而深刻的变化，当代中国正在发生广泛而深刻的变革。机遇前所未有，挑战也前所未有，机遇大于挑战。”面对新时期的机遇与挑战，如何突破瓶颈，获得新的发展，是所有学生组织面临的共同问题。基层班团组织作为学生组织基本的样态之一，在这方面需要做出的努力不可谓不大。

班团组织的新发展，主体在班，关键在团。高校班团结合的基础

在于成员的高度重合，正因为如此，班团必然要分享某些相同的诉求，同时承担共同的挑战。

（一）班团组织的定位必须澄清

明确定位是组织健康发展的前提。这里所说的澄清包含三重含义：

1. 班团工作的出发点必须澄清

班团是因为有了学生才存在的，它本质上是一个学生共同体，而不是一个官僚机构。学生对于班团，有先在的重要性，我们无法设想一个没有学生的班团。因此，班团就必须要坚持"从学生中来，到学生中去"的原则，脱离学生开展活动，无疑是自掘坟墓。班团所有的活动，必须要体现学生的利益，切实从学生的需要出发，坚持服务原则。这就要求班团的干部必须摒弃官僚作风，切实深入学生，仔细了解学生的需要，多开展调研，设计符合学生需求的活动。

2. 班团组织在整个学校当中的角色定位必须澄清

作为学生组织的班团组织，还必须要明确一点，班团组织不是万能的，更不是所有事都要冲在第一线。班团组织是校园学生组织的基础，既然是基础，就不应该去完成专门的职能。一座大厦，不可能所有的房间都建在底层。只有做到"有所不为"，才能够真正地做到"有所为"，进而"大有所为"。班团组织要做的不是轰轰烈烈的大事，而是细水长流的小事、实事，在日积月累中建立和谐融洽的班级氛围，形成积极向上的班级文化，这才是班团的真正意义所在。

3. 班级与团支部的相互关系必须澄清

最初设置班级的动因，本来就是为了便于学校的教学管理，班级的目标也始终包含着这一点。班级的地位再受到冲击，作为学校管理的基本单元（前文所述的班级的第三种含义），始终有其存在的意义和根据；但是团支部不同，团支部带有明显的政治色彩。共青团组织本来就是一个带有很强政治性的群众组织，团支部也必须按照团章的规定和上级团组织的要求开展相应的活动，在责任功能上，团支部的主要任务在于意识形态供给。但是现实中这一点往往被忽略，团支部组织功能弱化，团员意识淡薄，开展活动缺少“团味”。这种问题的实质是将团支部同化于班级。这当然和社会大环境、学生时代特点有关系，但是这些不构成团组织功能弱化的根本原因。在共青团历史上，从新民主主义革命，到社会主义革命，再到改革开放全面推进现代化建设，共青团的功能与责任始终与时俱进，不断创新，在新时期我们也必须坚持解放思想，实事求是，以改革的精神不断把共青团工作推向前进，这不仅仅是当下的要求，更是保持自身长盛不衰的根本。也只有这样，才能真正将班团的发展纳入良性的轨道，稳健发展。在实际工作中，必须将团支部的主体作用发挥出来，一方面，已经开展的、应该由团组织牵头的活动应由团组织开展，如主题团日、推优入党等工作；另一方面，应该开展而没有开展的团工作如团内民主、团的组织生活等等应该尽早由团支部负责开展。在职务设置上，班长可以兼任团支部副书记，支部书记可以兼任副班长，便于两套班子的相互兼容。

（二）班团组织的目标必须扩展

班团组织定位明确后，目标也随之清晰，原有的目标不能够满足现在的需要，因此必须加以扩展。班团不能仅仅满足于完成来自各个方面的行政命令，被动地完成各项任务。班团既然是有思想的，其活动就要有主见，更要时时体现自己的诉求。“管理”只是班团职能的一个方面，真正体现班团价值的，是它的“服务”和“育人”职能。班级和团支部在这两个方面尽管各有不同，但是这个总体目标是一致的。

在树立了“服务”和“育人”两大新的导向之后，也要明确这两者的内涵。“服务”不能够再像以往一样只局限于文体活动、寝室卫生等表层方面，更要体现在能够根据学生实际需要和社会、校园发展需要不断创新，为学生的全面成长、成才提供机遇。例如在以往的读书小组基础上，还可以成立职业生涯规划小组，将发展意向相似的同学组织起来一同准备；学校内的一些实践、科创、志愿者等活动也可以组织班级同学积极组队参加。同时“育人”也要明确，必须和学校的正常教学做出区分，牢牢立足于第二课堂的实践，不能喧宾夺主。这两个方面其实是紧密结合在一起的，服务也是以育人为导向的，而育人要寓于服务之中。

（三）班团组织的管理和运行机制必须规范

没有规矩不成方圆。“所谓群体规范是指，在某一群体内存在着被大家普遍接受的行为准则”。[①] 每个群体都会形成自己的规范，而这个群体规范“意味着某种程度的一致意见，某种形式的允诺，由同意和允诺又产生某种义务和责任，产生某种自愿施加的约束”。[②] 群体规范无论是正式的明文规定，还是更为常见的约定俗成，都对成员的个体行为具有相当的约束力，并控制和指导群体和个体的行为，从而使个体的无序行为转化为群体的有序行为，使群体价值取向趋于一致、行为取向趋于统一。群体规范一旦形成，便成为指导和制约群体行为的强大外力，使成员自觉用规范约束自己同化，把规范视为自己的行

① 史蒂芬·P·罗宾斯：《组织行为学精要》，北京：机械工业出版社，2001年版，第139页。

② 何怀宏：《契约伦理与社会正义——罗尔斯正义论中的历史与理性》，北京：中国人民大学出版社，1993年版，第13页。

为准则内化。[①] 目前高校班团组织的制度建设依然不够完善，班级管理带有很大的随意性和人为性。以至于在诸如奖学金评定、荣誉评选、干部任命、班级事务决策等问题上容易出现问题。我国积极倡导法治建设，班团管理也应该沿着制度化的道路不断前进。

总的说来，必须坚持这样的原则：必须坚持从学生利益出发、以学生为本思考问题；必须积极推行“育人”理念，服务学生成长、成才；必须努力规范、改进工作机制，明确职责范围。只有这样，班团组织才能够在时代的洪流中始终发挥积极的作用。

第三节 边界划定与服务机制：以学生社团的发展为个案

一、“社”与“团”的辩证起源——我国社团的起源

高校社团是具有某些基于共同兴趣的师生相聚而成的学生组织，符合社团的普遍规律。而社团的起源是基于两方面的社会需要：一是自下而上的，基于成员的自发需要；二自上而下的，基于某个团体的组织。我国社团的起源不仅遵循这样的规律，而且具有一以贯之的中国特色。

作为学生组织的社团在中国古代即有了雏形。自明朝起，“社”便从一种基层单位演变为了民间团体的代名词。明朝时，为了应对科举制度、重构儒学，文人结社成风。著名的“复社”就是由“云间社”、“历亭席社”、“黄州质社”、“江南应社”等十几个以青年书生为

① 魏雷东：“人本管理的组织行为学解读”，《河南师范大学学报（哲学社会科学版）》，2007年第34期。

主体、以砥砺儒学为目的的社团联合而成。“复社”的前驱“东林党”起初也只是一群以学术研习为要旨、不抱政治目的、在东林书院聚众讲学的文人。由于儒家思想根深蒂固，儒学和政治密不可分，这样的团体不可能停留在学术的阶段，必然会走向政治舞台。面对明末政治腐败，大批东林书院出身的文人力图匡正，遭到阉党迫害。“东林党”之名也是阉党首倡。这和东汉太学的“清议运动”衍生出“清议派”如出一辙。

中国古代的学生组织具有政治性强、经世致用的特点，政治性强就是与国家的命运相契合，经世致用就是研究要落到实处，尤其是政治方面。这种特点延续到了近现代。

我国第一个严格意义上的高校学生社团是1904年京师大学堂抗俄铁血会，会员们通过集会、演讲、办报、发传单等方式抗议日本、俄国在我国东北地区发动战争。“五·四运动”前后，伴随五·四新文化的传播和民主爱国运动的兴起，高校社团如雨后春笋，团结了大批进步青年学子。1915年，湖南第一师范学生、21岁的毛泽东发起了新民学会，以“改造中国与世界”为学会方针。他认为新民学会应是“一个高尚纯粹、勇猛精进的同志团体”、“不可徒做人的聚集，感情的结合、要变为主义的结合才好”。1919年成立的觉悟社，主要作科学和新思潮研究，探求真理和民族的出路。以民众戏剧社为代表的、与五·四新文艺相结合的社团，则通过话剧等形式开启民智。1928年前的文学类社团，据茅盾统计超过了100个。这些社团继承了中国古代社团的特点，以爱国民主为主题，通过各种形式开展活动，对于民族的觉醒和解放做出了巨大的贡献。

解放后，高校社团的发展随着历次政治运动的发生而起伏。文革时期，由于对结社的忌讳和高校本身工作的停顿，高校社团工作全面中断。改革开放后，社会稳定，高校社团遵循现代社团规律，蓬勃发展。同时，恰逢非政府组织（NGO）和非营利组织（NPO）在世界范围内兴起。非政府组织和非营利组织作为特定的社会组织形态，本来是以克服“市场失灵”和弥补自由竞争机制缺陷为使命而产生的。正如权威学者莱斯特·M·萨拉蒙教授所说：“我们是置身于一场全球性的社团革命之中，历史将证明这场革命对于20世纪后期世界的重要性丝毫不亚于民族国家的兴起对于19世纪后期的世界的重要性。”这一场“社团革命”也对中国的高校社团发展起到了深远的影响，成为学生社团兴起的重要推动力。出于思想政治工作的需要，高校社团仍然在一定程度上保留了中国古代社团的特点，但也呈现出了多样化的特征，许多社团回归到了以兴趣为导向的本位上。

二、鸟瞰西方学生社团：活力和整体性

（一）独特的社团定位

社团在西方高校是一个十分广泛的概念，对社团采取广义的定义，社团几乎就是学生组织的代称。由于这样的社团定位，狭义的社团在高校学生机构的地位比较高，和校学生会、院系学生会等学生机构不存在级别上的差异，在使用学校资源上，使用的规章、制度、工作流程也是相同或近似的。

YCDO①（Yale College Dean's Office）是耶鲁大学主管学生组织注册、活动经费（Student Activities Fee）的办公室；而负责管理和分配这些经费的，是YCC（Yale College Council）下属的UOFC（Undergraduate Organizations Funding Committee），它不仅管理和分配社团的经费，也包括YCC举办全校范围的专项活动时的经费，权限是比较大的。UOFC将经费拨到四个方面，分别是：支持学生会的传统品牌活动，支持体育团队的制服、设备、外出竞赛，支持各类社团日常运作，支持学院、社团和未注册的团体举行全校范围的大型活动。后三

① 参见耶鲁大学主页 http://www.yale.edu。

者和社团相关的经费占了50%。

西方高校社团的定义虽然宽泛，但是狭义社团的分类却非常具体细化。按照逻辑将社团分为社团、体育竞技团队、宿舍、同乡会等类别是比较通行的做法。此外，个别高校还根据规范程度将社团划分为兴趣小组与社团（或者注册社团与非注册社团）。这种分类的做法确保了校方对社团指导的针对性，也方便了校方的日常管理。

剑桥大学①一共有三大类别的社团，在社团联合会注册的全校性的社团（共570个）、基于各个学院的社团（共有31个学院，每个学院都有大约20个学院性质的社团）和未注册的社团。全校性质的注册社团（除体育类社团）由社团联合会（主席是剑桥大学的一位副校长，常务负责人是一名初级学监）进行管理。体育类社团由剑桥大学体育联合会管理。学生联合会的功能主要是提供服务，把社团看成是和其他丰富校园文化的组织平等的学生组织，提供与其他平等组织相同的服务。

（二）全方位的资源支持

西方社会法制比较健全，而高校的社会化程度非常高，所以社团能够享受全方位的资源支持。其主要特点一是资金来源广泛、数额巨大，二是活动场地多、服务质量专业，三是流程公开透明、财务制度严格。

麻省理工学院②的ASA（Association of Student Council）负责管理学生社团，每个社团都要参加年审。不同类型的社团得到的经费、场地、人员培训的支持是不同的。注册社团主要分为两类：一是完全注册社团（Full ASA recognition），得到的支持最多，有经费限制的完全注册社团（Full Recognition with a funding restriction）是此类型里

① 参见剑桥大学主页 http：//www. cam. ac. uk。

② 参见麻省理工学院主页 http：//www. mit. edu。

的一个分支，它们具有自主筹集经费的能力，只能向大型活动基金和文化交流资助基金申请资助；另一类是有赞助的社团，ASA允许其独立开展日常活动。主要的经费支持途径有四：本科生联合会财务委员会（Undergraduate Association Finance Board）、研究生会财务委员会（Graduate Student Council Finance Board）、大型活动基金（Large Event Funding）、文化交流资助基金（ARCADE）。LEF和ARCADE一年的经费分别是80000美元和75000美元。

芝加哥大学[1]定期更新活动成本指导（costs guide），社团预算中的项目和单价大多可根据此表开列，有效地统一了标准。另外，芝大的学生活动中心（Student Activities Center）服务很全面，不仅能提供免费或低价的复印、传真、储物、表格索取、收发信件等服务，也为社团的日常会议、小型活动提供免费场地。

（三）高度的信息化

西方高校体制下的学生普遍比较独立，没有固定的集体归属概念。所以，社团就称为组织学生的重要载体。而在信息化程度较高的西方国家，随着高校的信息化建设步伐加快，社团呈现出明显的信息化趋势。而面对越来愈普遍的网络依赖，信息化的操作模式无论对于学生、社团还是学校，都是最经济又最有效的方式。

斯坦福大学[2]重要的社团管理事项都是通过网络完成的：新成立社团实行网上注册登记的方式；主要的场地预定部门是学生活动办公室，租借教学楼等正规场地时社团必须提前7天在网上向学生活动办公室提出申请，只有租借一些特殊场地才只需提前与场地联系；资金申请必须由社团指导完成逐条列记的项目预算表格提交到网上未完成。

---

① 参见芝加哥大学主页 http：//www. uchicago. edu。

② 参见斯坦福大学主页 http：//www. stanford. edu。

牛津大学[①]只有注册社团才可以申请使用信息化的服务，如以社团命名的邮箱和刊物。因此，社团需指定一人负责这个学校邮件账号，并命其为IT工作者，他的职责是与牛津大学电脑服务部联系，负责管理后者配发社团的设备。另指定一人作为网站建设者，他的职责是持续关注大学对于网络信息提供者的指导，调节和管理社团的网络资源。

三、我国学生社团的组织功能与任务

（一）实施组织育人

作为重要的学生组织群体，社团是高校全方位培养人才的重要载体。据2003年全国学生社团调查不完全统计，上海高校学生社团712个，参与学生占上海高校学生总数的72%。如果说课外活动是大学生的第二课堂，那么社团无疑是这个课堂核心课程。

大学生大部分是成年人，在高等教育阶段需要接受必要的公民教育，培养符合时代要求的道德素质与政治素质。这种教育不同于中小学的思想政治教育，难以通过道德说教来进行，而通过社团活动实现则比较合适。学生社团不进行刚性的知识灌输，也不借助强制外力实施，而是通过活动以及相应环境进行潜移默化的影响。鉴于社团的自发组成性，社团活动具有选择自主、目标自主和行为自觉的特点，更容易为高校学生所接受，在历练心理品质、培植个人涵养、陶冶道德情操、形成文明行为等方面都具有不可替代的作用。

复旦大学邓小平理论研究会是上海市明星社团和校级永久五星级精品社团。并不是像很多人认为的，邓研会只是一个研究邓小平理论的地方。学术研究与理论学习只是协会活动的一部分。正如邓研会的

① 参见牛津大学主页 http：//www.ox.ac.uk。

口号——“洞察社会、思考人生、切磋砥砺、观点碰撞”一样，邓研会自成立以来坚持举办双周讨论会，定期走访领导人的家乡，通过读书、争鸣、沉思、践行，成为复旦青年的新视野。

大学生经过高等教育后会踏入社会，所以高校本身就是一个社会预科，需要帮助学生完成从自然人向社会人的过渡。在学生漫长、离散的接触社会、了解社会、融入社会的过程中，学生社团有力地弥补了教育真空。学生社团归根结底是具有共同兴趣的、一群活生生的人，其对成员的能力有一定要求，以维持自身正常运转。其中沟通、团队合作等能力是社会人所必需的，也只有通过人际交往才能培养。学生社团都要组织活动来进行自身的发展，满足成员的需要。一个活动从策划到执行，涉及方方面面，参与其中对大学生而言是进入社会前最好的演练。同时，在企业、非营利性组织和高校合作水乳交融的今天，大学生通过社团能够学习到与社会发展相适应的知识、技能和生活方式，提升自我并与外界相适应，促进自身的社会化。

复旦大学前程协会是上海第一家就业指导类的高校学生社团，坚持 professional、potential、permanent、perfect 的“4P”精神，旨在为即将踏上求职道路的同学提供信息、资讯、经验以及心理指导，帮助同学了解行业的前景，从而在择业和发展中游刃有余。七年来，前程协会探索出了社团、学校职业教育发展中心和著名企业三方联合的新模式，通过讲座、论坛等形式向同学提供就业指导、职业规划建议和培训，为高校学子架起了一座校园和职场的桥梁，搭建起一个孕育社会精英的平台。前程协会帮助同学们解决对于未来的迷茫、倡导高尚的人生定位、更好实现人生价值的工作，赢得了校方、学生和企业的多方赞誉。

（二）促进高校发展

高校以育人和科研为目的。为了更好地完成这样一个使命，高校也需要重视学生社团的建设。学生社团不仅具有育人的职能，构成了高校多层次、多维度教学与科研的一个重要环节，同时对于高校本身而言，客观上起到了很多促进作用。

每一所大学都有着自己独特的历史积淀和文化内涵，这是大学的灵魂，需要在纵向传承、在横向传播，除了传统的班团以外，社团是最好的渠道。社团不仅在学生中覆盖率高，其组织形式更容易让学生理解。

从 1978 年复旦改革开放后第一个社团——书画协会成立至今，复旦社团已经走过了 30 年的风风雨雨。2005 年 5 月，以“天马行空大策划、脚踏实地谋发展”为主题的第二届长三角社团发展高峰论坛暨社团发展研讨会在复旦大学举行。出席此次论坛的社团分布在长三角各个大学，包括了教育部评出的全国十佳社团标兵中的六个社团：北京大学爱心社、清华大学学生马克思主义学习研究会、东南大学创业学会、华东政法大学学生社会法律援助中心、中南大学雷雨剧社和复旦大学生命学社。论坛中，各个标兵社团都做了精彩的主题演讲，从社团的组织结构、作用、活动内容以及发展方向等方面做了交流，为高校如何扶持社团发展、促进社团发展提出了许多宝贵的意见与建议。

当下的中国高等教育正处于精英教育普及化过程中，高校的发展速度越来越快，措施越来越频繁。高校社团是学生自愿结合的团体，位于学校与学生之间，是一个双向的衔接点。在为广大同学服务的同时，社团活动已成为高校了解大学生思想动态的重要而真实的窗口。这有利于高校真实准确地了解学生的情况，调整工作思路，提高工作的针对性和实效性。同时，通过经常性的社团活动，在社团内部成员之间、社团与社团之间、社团与学校之间进行协调和沟通，能够增进互相之间的了解和信任，缓解行政体制下学校和学生的矛盾和冲突。

复旦大学演讲与口才协会成立至今已经有 19 个年头了，一代又一代复旦才俊在演协的帮助下传承人文复旦的优秀传统。其辩论队曾获得 1993 年国际大专辩论赛冠军、1995 年名校辩论赛冠军、2004 年海峡两岸辩论赛冠军等荣誉。除辩论外，演协还在演讲、朗诵和主持等多方面为会员提供专业的培训和展示的舞台。从聚光灯下到普通教室，演协人挥斥方遒，大声疾呼，在一次又一次的论辩和演说中历练口才，结交朋友，体验大学的理想和责任。演协作为复旦校园一道独特的风景线，对培育复旦精神、形成良好学术氛围起到了重要的作用。

四、制度移植：内生性因素的审视

高校学生社团在中国和西方存在定义上的分歧。我国的社团采用的是狭义的定义，即社团是学校学生在自愿基础上自由结成的群众组织，可打破年级、系科以及学校的界限，团结兴趣爱好相近的同学，发挥他们在某方面的特长，开展有益于学生身心健康的活动。而西方的社团采用的是广义的定义，即社团是所有学生组织的统称，包括狭义的社团、学生会等。本段进行的比较是基于狭义社团的一系列比较。

（一）社团定位

狭义的社团在西方高校的地位非常高，与校学生会、院系学生会基本不存在级别上的差异，在使用学校资源上，使用的规章、制度、工作流程也是相同或近似的。同时，这也造成了社团身份独立化、工作自由化、组织社会化和制度严密化的特色。此外，由于西方高校社团的社会化程度比较高，整个社会的非政府组织和非营利组织力量也比较强大，所以高校社团更接近社会团体，甚至可以在政府注册并拥有自己的产业。相比之下，我国的高校社团基本由校团委指导的机构如学生会、社团联来进行管理，并且局限在校园内，和社会的联系相对较少。

（二）社团分类

西方高校社团发展时间长、规模大，这就导致了管理方对于社团的分类非常细。英国爱丁堡大学[①]有共计 214 个注册社团，分为学术（人文社科类）、学术（医科类）、学术（理工类）、竞选类、慈善类、舞蹈类、文化和艺术类等 21 个大类。这种划分确保了校方对社团指导的针对性，也方便了校方的管理。因为学校是直接管理所有社团的，如果没有这样的一个制度保障，工作量非常大。根据社团的发展程度，校方也有不同的界定。东京大学[②]的社团分为“部”和“社团”两种，部的规模更大，活动更多，形象地说“部”就是升级版的“社团”。“部”的活动常常更为正式，但并没有官方更多的支持，活动的所有事项都由学生自己联系，老师一般不提供帮助。新加坡国立大学[③]则根据社团的规范程度区分社团和兴趣小组，分别进行管理。国内大部分高校对于社团的管理由于社团数量、质量的制约，并没有达到这样精细的划分。复旦大学总结外国先进社团管理机制，结合复旦社团的实际情况，于 2007 年将 133 个本科生社团划分为能力拓展类、媒体类、电子类、兴趣类、经管类、科学研究类等十七类，[④] 并归入学生会对口部门进行日常管理，是我国高校社团管理制度的一次重大突破。

---

① 参见爱丁堡大学主页 http：//www. ed. ac. uk。

② 参见东京大学主页 http：//www. u-tokyo. ac. jp。

③ 参见新加坡国立大学主页 http：//www. nus. sg。

④ 复旦大学学生会“2007 年复旦大学本科生社团管理体制发展报告”《复旦社团》第十期。

(三) 社团可用资源

随着社团蓬勃发展，我国高校的硬件环境对于社团的支持呈现出捉襟见肘的局面，包括场地的匮乏和资金的紧张。而西方高校的学生社团则拥有比较优越的生存环境。

场地支持以东京大学①为例，一座三层楼的建筑“学生协会”专门用作学生社团的活动场地，管理由研究生负责。用于休息的场地有“学生协会”边的一座“和馆”，即“学生同窗会馆”，专门供一些活动完毕的社团使用，比如大型活动后的庆功宴。以集体申请的方式，场地不要钱，但如果需要租用被子等则需要另外收钱。

资金支持以剑桥大学②为例，剑桥大学共有 570 个注册在案的社团，但是社团在开展活动中并没有普遍存在资金不足的情况。剑桥大学的社团资金有六种：

成立资金：这是一笔很小的、一般不超过 75 镑的资金，以支付给那些刚刚成立的社团作为起始开销，比如印刷费等。

固定设备购买资金：这些固定设备必须是价格昂贵、靠社团的自有资金无法解决的，同时这些项目将长期对社团有用。申请这种资金，社团必须写明设备的多处报价、设备预期的使用年限以及它将如何储存和维护。对于那些可以对社团产生收益的设备，社团一般希望可以自己负责设备的操作和负担维护费用。

对特别活动的资助：特别活动主要是指那些不包括在常规活动中、社团自有资金难以完成的活动。申请这样的资金，社团需要说明所有的资金信息，包括收入的细节、支出的细节，同时还要有社团的年度账本。社团经常希望同时申请该资助和弥补社团亏损的资金（主要是在特别活动时）。

---

① 参见东京大学主页 http：//www.u-tokyo.ac.jp。

② 参见剑桥大学主页 http：//www.cam.ac.uk。

对亏损的弥补（保证社团不会亏钱）：这主要是因为社团管理成员在活动前估计，活动的整体花费将有可能超过年初的预算而造成社团的亏损。这类申请的表格必须在活动之前提前递交，而且必须要有准确的金额。资金只会在活动的最终决算得到确认之后才会给予。这些活动必须在 3 个月以内完成。在前些年已经申请过此项目的社团在重新申请时，资金将有所减少，以鼓励社团在年初做出更精确的预算。

年度资金：这主要是一种鼓励资金，对在一年内举行过活动的社团的鼓励，但是那些已经申请过资金补助的活动将不算在其中。原则上这个资金是按照每年社团的成绩给予，但是一般来说，那些需要更换昂贵设备或者需要交一笔钱给上级组织的社团更需要这笔资金，因此，这笔资金并不仅仅依靠成绩的标准来给予。年度资金申请材料一般由社团联合会在复活节期间进行评估，制定关于下个学年的年度资金。

年度差旅经费：这笔经费是用来资助那些需要额外外出的社团的。为了获得这笔资金，社团必须证明外出旅游对于整个社团是十分重要甚至是第一位的，同时差旅的费用无法在社团捐赠金或其他收入中得到满足。一般来说，这笔经费是极难申请到的，除非社团可以证明这次会员的外出活动确实是十分必要和重要的。社团联合会一般不会资助一次性的外出活动，比方说去参加一个比赛或者举行一场艺术表演，这些费用必须由社团或者会员自己承担。差旅资金申请材料一般由社团联合会在复活节期间进行评估，制定关于下个学年的差旅经费。

随着我国高等教育事业的发展，许多高校的硬件环境和资金投入有了很大改善。但是社团的跨越式发展仍然给高校带来了巨大的压力，尤其是受制于场地让很多难以就地扩展的高校无能为力。在资金使用上，面对社团数量的显著增长和活动质量的逐步提升，如何合理分配好社团经费也是各个高校急需研究的一个课题。

五、区分与融合：国际学生社团的边际效用

在高校社团发展的过程中，随着中国改革开放的深入，许多国际学生社团进入中国高校。这些社团主要以国际组织中国分部的形式出现。这些社团的组织形态与本土成长起来的社团有着巨大的差异，每年会承接总部分派的任务，同时也会结合学校情况开展工作。国际学生社团是全球化进程的产物，在中国高校将逐渐普及。本段以复旦大学为样本，对三个国际学生社团的复旦分部进行分析。

（一）出现的问题

由于国际学生社团在中国的各个高校以分部形式出现，那么在一定程度上受到总部的限制，社团无法施展拳脚，扩大活动针对面，加入到学校社团文化建设中来。但是没有总部限制的社团也有可能遇到许多问题。总部给分部的任务少，这就需要分部自己探索活动形式和内容，没有现成的模式可参照。很多新建社团对于制度不是很熟悉，社长忙于社团活动内容的完善，可能就顾及不到活动的连贯性和持续性。分部社团遇到的主要有以下几个问题：

1. 总部理念的限制

每个分部社团的总部都有自己的独特理念。比如 ASES（亚太地区学生企业家精神协会）——复旦工作组是一个以培养企业家精神为宗旨的社团，拥有核心会员和普通会员，而真正得到培训和锻炼的是少部分核心会员。这虽然符合总部理念——专门培养优秀企业家，但却会损害了普通会员的利益。同时，ASES—复旦工作组由于没有总部资金的支持，无法开展更多面向整个学校的大型活动。复旦大学女性发展协会则是以女性为主要会员，这严重缩小了受众群体，不利于大

型活动的开展。理念的不同导致社团活动与学校期望出现根本偏差。

2. 总部任务的限制

总部对任务要求非常明确，其中某些大型活动占用社团大量资源。比如斯坦福中美学生论坛复旦分会有一个特色项目——中美斯坦福论坛。筹备这样一个活动需要大量的物资、时间、人力，那么一个学期内举办的其他活动就相应减少，无法提供多样的活动，更好地服务于广大师生。

3. "习惯性"独立

部分社团的活动与学校文化交集面比较小，客观上不能提供活动，加之社团在社会上可以获取赞助，无需学校资金的支持，已经习惯独立。"AIESEC（国际经济学商学学生联合会）复旦工作组"虽然扎根于复旦，但是注重学生交流工作，因此可能无法提供"展现在台面上"的活动，渐渐独立于学校主流社团文化之外。

（二）解决问题的方法

分部社团普遍都很有个性，都有强大的国际总部组织作为后盾，而且活动离社会更接近。虽然离学校的期望有一定距离，但是这些社团中聚集着大量复旦的精英，如果能通过双方的努力走出一条社团与学校和谐并进的道路，无疑是一种双赢。

1. 确立社团评价的标准

究竟怎么样的社团才是真正的社团？究竟怎么样的社团活动才是有意义的社团活动？如果游离于学校主流文化之外的社团并非真正的社团，那么这些分部社团大可以没有社团的称号，只是作为一个小型组织或者机构存在。这样对于学校管理和组织发展都是有利的。一方面，减少了学校管理成本，提高效率。另一方面，这些组织机构无需为了应付学校巨大的压力而妨碍自身的发展。因此尽快建立一套灵活、可行的双重社团评价标准非常重要。

2. 搭建展示平台

一个社团的活动本身固然很重要，但是必要的展示也应该得到重视。这并不是说能够“出风头”的社团就是好社团，但是展示自我也是社团价值的重要组成部分。平台可以横向搭建，比如相同类型社团的联手，ASES——复旦与前程协会精英理念相同，可以共同把一个活动做大，创造规模效应；平台也可以纵向搭建，一个活动可以挖深，比如把相关的前期动员和后续活动做成一个连贯的有同一主题的活动。学校在这方面可以辅助宣传，尽量把活动影响扩大。这样分部社团就会有归属感，从而带动整个社团群体的发展。

3. 财务支持

经过调研，发现有的分部社团的财务状况比较紧张。“斯坦福中美学生论坛复旦分会”的资金大部分来自赞助；“ASES—复旦”有固定的赞助伙伴；而“复旦大学女性发展协会”的总部完全不提供资助，所有的资金来源于赞助。学校对社团的资助相对于社团活动可以说是杯水车薪，特别是待审批的社团，不能享受学校的资助，又要开展活动，在财务上是比较困难的。这些社团在学校得不到财务支持，自然而然会渐渐脱离学校的文化圈。学校对于社团的财务支持，不仅是一种对社团的扶持，而且也是对社团负责的一种表现。但是资金毕竟有限，如何把钱用在刀刃上是一个问题。首先，根据以往社团财务状况调整资助额度，比如有些社团一学期没有开展什么活动，那么给它们的资金完全有理由批给那些更需要这些资金的社团。其次，对于社团特殊项目申请预算要有合理的审批过程。最后，可以尝试建立针对待审批社团的专项资金，扶持这些社团的发展。

4. 营造社团文化

大学社团作为一个整体，需要一个团结向上的社团氛围。社团要体现其价值并不只是简单地举办各类活动就能达到的，而对于内部核心会员的培训，虽然能给少部分同学带来好处，但是这种好处是隐形的，不为大部分同学所知。对外文化宣传不足很容易使社团脱离学校的实际发展。社团的文化定位可以是其宗旨，然后活动围绕这个核心展开，突出社团的主体文化，这样才能加大影响力，真正做到扎根于学校。

（三）带给社团管理部门的启示

国际学生社团进入校园给高校社团管理带来了很多困惑，暴露了现行社团管理制度的一些盲点和不足。经过一段时间的沟通、磨合与探索，它们也给高校的社团管理带来了很多启示。无论是社团还是社团管理部门，都必须注重提高效率，狠抓落实。长处形成传统，不足切实改进，管理和服务并行，社团管理部门才不会成为单纯的传递政策的机构，而是真正发挥社团发展核心的作用，引领社团朝着良性方向发展。

1. 提高工作效率

为了更好地扶持社团、管理社团，社团管理部门必须通过制度改进、人员培养等方式提高工作效率，以应对社团对于财务、场务等多方面的资源申请需求。制度改进是指制定符合学校工作实际，让社团工作人员和社团管理部门工作人员互相认可的工作制度，避免互相推诿和责怪。人员培养是指对于社团管理部门的工作人员和各个社团的相关工作的负责人进行规范财务等方面的培训，让双方都熟悉工作中需要的技能和知识。

2. 提高服务意识

社团管理部门的第一责任是服务社团，所以必须树立服务意识，人性化地将各种政策落实为对社团的服务。除了常规的资源申请的服务之外，社团管理部门应该着力于了解社团真实的发展现状和趋势，并作出有针对性和实效性的调研，为社团下阶段的发展提供借鉴，这也是一种必要的服务措施。

3. 建立交流平台

随着社团的发展覆盖越来越多的领域，很多社团在发展过程中面临相同的问题，很多社团的发展跟其他社团之前的发展经历很相似。这就需要社团管理部门提供一个平台，促进社团间实质性交流，使得优秀社团的很多经验和资源共享。比如针对某一类社团定期举办社长沙龙，就一个当下的、共同关心的议题开展讨论，并真实记录讨论的内容。

第四节　创新型育人阵地：作为学生组织的高校学生媒体

近年来，随着现代社会的进步，学生活动日趋丰富、多样，高校学生组织作为学生活动的载体，呈现出两大发展趋势：第一，学生组织的数量不断增多，不同形式和内容的组织纷纷涌现；第二，学生组织的影响力日益增强，随之产生的溢出效应正逐步影响着高校的校园文化建设。受益于改革开放以后我国传媒事业的发展，高校的学生媒体作为学生组织中的一个较为特殊的类型，开始在高校中产生越来越大的影响。由于其所处的“传播者”的位置，以及自身特殊的信息传播属性，高校学生媒体正在且将在各类学生组织中发挥自身独特的作用，其运行模式和组织架构的一些方面，还能为其他类型的学生组织的发展提供一定的参考和借鉴。因此，对学生媒体的研究，无疑是新形势下对学生组织认识的重要方面。

一、我国学生媒体的发展与现状

我国高校的校园媒体，从广义上看，即存在于高校校园内的各类广泛传播的媒介，包括学校网站、校报、校刊、校广播电台和电视台、各机关部处的信息传递发布平台以及学生媒体等。狭义的校园媒体，是指以高校学生为信息内容制作主体、以青年学生为主要受众的传播媒介，一般称为高校学生媒体。

我国高校的学生媒体从历史沿革的角度看，并非一个全新的事物。新中国成立之前，各国立、私立大学的学生自行办报办刊，探讨学术、传播思潮，其中的一部分在引入马克思主义理论、引发青年学生革命热情的工作中发挥了重要的作用。

新中国建立以后，各个高校的共青团组织与学生会在部署宣传工作的过程中注重对高校学生报刊这一具有优良革命传统的媒体的运用，纷纷办起了一批学生报刊，[①] 在宣传党的政策、畅通高校信息的上传下达的通道、落实和宣传共青团工作和反映学生生活方面发挥了宣传阵地的作用。

改革开放以来，我国高校学生媒体进入了一个新的发展阶段。这

---

① 这些学生媒体多以“青年”为报刊名。复旦大学校史馆目前馆藏最早的是1968年7月号的“复旦青年”。改革开放以来各高校陆续宣布恢复学生媒体，北京大学的《北大青年》报、复旦大学的《复旦青年》报、浙江大学的《浙大青年》报、武汉大学的《珞珈青年》报、中山大学的《中大青年》报、中国人民大学的《青年人大》报、吉林大学的《吉大青年》报等高校学生媒体均继承了这一传统。

个时期，我国新闻教育体系加速健全，各个大学的新闻专业设置得到了政策支持和恢复，新闻教育的硕士、博士招生也相继铺开。[①] 到20世纪末，全国新闻与传播类本科专业有教学点100多个，有10多所新闻院系获得硕士学位授予权，人大、复旦、北京广播学院等四家新闻院系具有博士学位授予权。学生媒体由此获得了一大批在校学生记者、编辑的专业支持，其本身也成为了以新闻专业教育为主的、多学科媒体人才树立党的新闻宣传事业观念、锻炼自身专业采编技能的“育人实践基地”。现今的高校学生媒体主要有五大特点：

1. 媒体形式日趋多样。学生报刊方面，激光照排技术、网络数据库的应用，大大提升了高校学生媒体的工作效率。除传统的常规媒体之外，学生电视台、学生广播电台、学生门户网站、学生网络论坛直至这两年得到迅速发展的“校内网”等新兴学生媒体，在二十几年的时间里走完了世界新闻传播媒介形态几个世纪的道路。以学生门户网站为例，复旦学生网、珞珈网（武汉大学）、挑战网（西安交通大学）、百步梯学生网（华南理工大学）的日常点击率都超过了一万次。

2. 青年大学生受众群体的认同正逐步提高。由于该受众群体信息需求多元，对我国部分党报、党刊存在的新闻宣传传统模式极不适应，同时又不满于90年代中后期兴起的都市报煽情甚至低俗的报道制作取向。在这样的社会信息流通环境下，学生媒体日益表现出贴近

---

① 1977年后，中国人民大学新闻系恢复，四川大学、山西大学、河北大学、广西大学等都相继开办新闻专业。人大、复旦、社会科学院等开始和恢复招收硕士研究生。1983年，中共中央宣传部和教育部联合召开第一次全国新闻教育座谈会，并下发了《关于加强新闻教育工作的意见》，有力地推动和加快了中国新闻教育的发展步伐，当年就新增新闻系（专业）近10个，使全国设有新闻专业的高等院校达到21所。1984年，中国人民大学新闻系和复旦大学新闻系开始招收博士研究生。1985年后，增加了广播电视新闻专业，恢复了新闻摄影专业，广告学专业也在新闻系内开始招生。80年代末，各高校又纷纷扩系建院，如中国人民大学新闻学院、复旦大学新闻传播学院、武汉大学新闻传播学院、杭州大学新闻与传播学院等。参见倪宁：“我国新闻教育的发展及其特点”，《新闻界》，2000年第5期。

大学生群体的信息需求、贴近大学生群体的信息获取习惯、贴近大学生群体的言语表达方式的特征。学生媒体还为该受众群体提供极低的参与门槛，大学生群体可以通过直接参与、通讯撰稿、读者反馈等形式参与到学生媒体的运作之中，从而大大拉近了媒体与受众的距离。据复旦大学第三届“望道学生传媒奖”[①] 的《关于学生媒体影响力调查》的统计，近446名受访学生中，66.2%的学生每周阅读一份或一份以上校园学生报刊，75.1%的学生每周接触校园学生新媒体（包括复旦学生网、复旦广播台、复旦优频电视台、复旦学生网络广播电台）。

3. 学生媒体分层趋势日趋明显。校一级学生媒体、院系一级学生媒体、班级一级学生媒体正在成为高校学生媒体三个主要层次。虽然不同层次的学生媒体在传播的内容上存在着交集，但差异是主要的：

媒体层次	传播内容	媒体样式	受众分布
校一级学生媒体	校内外大事、政策报道和解读、提供各类资讯、课外娱乐服务	报刊、门户网站、电视台、广播台	全校
院系一级学生媒体	院系特色活动、专业学术思想交流	刊物、网络论坛	专业
班级一级学生媒体	学生心声表达、班级成长记录	刊物、校友录、博客	班级

4. 学生媒体之间的组织化程度正在加强。2007 年 8 月，北京地

---

① “望道学生传媒奖”是由共青团复旦大学委员会主办，校内各主要学生媒体共同承办的学生媒体的最高奖项评选活动。每年 5 月举行，至今已经举办三届，共计 1100 余件各级各类学生媒体作品参与了选送和评选活动。

区 40 多所高校举行了“2007 年北京高校学生媒体社长总编暑期研修班”。8 月 26 日，研修班通过了《首都高校媒体联盟章程》，宣布成立北京地区学生媒体之间的联合组织。[①] 该组织在 2007 年还在中国农业大学、北京科技大学等高校举办了多场学生媒体记者的业务讲座，组织了学生记者参观北京的一些媒体机构。[②] 据了解，上海地区、华南地区、四川地区的高校学生媒体之间也正在沟通成立相关组织。虽然学生媒体跨校联合在我国民间组织管理、新闻宣传法制体系中的合法性问题尚未有明确的说法，但从事实上看，我国学生媒体之间组织化的意愿的确存在，并且已经进入了实质性的操作阶段。

5. 学生媒体朝专业化方向发展，呈现出双重的“溢出效应”。学生媒体一方面受益于高校新闻教育的人才资源支持，专业课堂上的媒体理论与专业技能逐渐向作为学生记者第二课堂的学生媒体的采、编、播、发行等实践领域“溢出”；另一方面，学生媒体的人才梯队正在逐步形成，高年级的大学生记者由于在学生媒体的业务训练，与同年龄段的没有经过相应训练的学生相比，更具竞争优势，学生媒体正不断为党的新闻宣传事业输送人才。

二、组织传播：学生媒体的本质特征及其特殊的育人功能

高校学生媒体究竟是一种大众传播机构，还是一种组织传播机构？学生媒体的本质究竟是怎样的？有关这个问题的回答，不仅仅涉

---

① 首都高校学生媒体联盟秘书处：《首都高校学生媒体联盟常务理事会工作简报》，2007 年 8 月第 1 期；《首都高校媒体联盟章程》，2007 年 8 月 26 日首都高校学生媒体联盟第一次全体大会讨论通过。

② 首都高校学生媒体联盟秘书处：《首都高校学生媒体联盟常务理事会工作简报》，2007 年 10 月第 3 期。

及到一个学理问题的解决。

在大众传播的过程中，职业传播者利用机械媒介广泛、迅速、连续不断地发出讯息，目的是使人数众多、成份复杂的受众分享传播者要表达的含义，并试图以各种方式影响他们。[①] 相对而言，组织传播是一个组织使用特有的组织媒体工具和传播措施的总和。[②] 其目的是形成组织氛围，凝聚组织力量，向外部受众展示组织影响，达成组织自身目标的完成，促进组织内部、组织之间和组织外部的良性互动。

我国的大众传媒必须服从于党和国家对于新闻宣传工作的目标，落实“三贴近”的要求，并以此为基础做好舆论监督的工作。需要指出的是，这样的工作目标与要求落实到包括新闻宣传、高等教育等各条社会主义战线的价值旨归是统一的，然而在具体工作方式和路径上又必须结合各条战线和各个领域的实际。

高校学生媒体虽然分享了大众传播媒介的一部分特征，也为大众传播行业输送了一批人才，然而，将高校学生媒体的工作要求直接和大众传播媒介等同起来，不仅不利于工作目标的实现，这样的“跳跃”更是与高校学生媒体组织传播者的角色不相符合，并遮蔽了学生媒体自身的规定性和发展规律。因此，必须对学生媒体的本质、功能和效用发挥的路径进行重新认识。

(一) 学生媒体的信息传播运作是组织传播行为，服从于组织发展的目标，是组织传播者生命力的保障与可持续发展的动力

相对于大众传播没有边界的范围性质来讲，学生媒体的组织传播边界就是高校组织的边界；相对于大众传播的不特定的对象来讲，学

---

① DeFleur ML and Dennis E, *Understanding Mass Communication*, (Boston: Houghton Mifflin Company, 1994).

② 胡河宁：《组织传播》，北京：中国经济出版社，2004 年版。

生媒体的组织传播有着特定的青年学生受众群体；相对于大众传播的受众本位来讲，学生媒体的组织传播目标是与高校育人工作发展的目标结合起来的。[①] 谈论组织传播必须结合组织本身的特色，谈论作为高校组织传播形式之一的学生媒体，必须厘清以下几方面的内容：

1. 合法性问题

我国高校的学生媒体一般不经过大众传播媒体的社会传播资质认证，不在新闻出版总署备案与获得刊号，而是在学校的党委宣传部门备案。因此，从合法性来源的角度，学生媒体的信息宣传尺度来源于党和国家对青年学生发展的要求，来源于社会对高校育人情况的要求和期望，来源于学校中心工作的开展。

2. 传播立场

大众媒体讲求客观真实，作为组织传播的媒介，学生媒体传播的内容又不仅仅要讲求客观和真实。新闻专业主义对客观性的认识早已超越了单纯的"还原事物本体"的立场，[②] 可以说，客观性本身就是一个不断选择和组合的过程。学生媒体不是要抛弃"尊重事实，勤于调查研究"的信条，而是要摆脱对信条的教条化理解，其中的关键就在于要把对于客观真实的理解与学生媒体身处其中的组织目标结合起来。

3. 信息制作主体

大众传播媒体的信息制作依赖于现代社会分工，经由专业化人员完成。学生媒体的内容制作是在高校组织内完成的。前者存在一个分工区隔造成的"受众信息期望落差"问题，"三贴近"原则的提出，

---

① 关于大众传播与组织传播的一般意义上的区分和联系，参见尹敬媛、苏林森："组织传播与大众传播的区别与联系"，载《现代传播》，2007 年 1 月。

② 黄旦：《传者图像：新闻专业主义的建构与消解》，上海：复旦大学出版社，2005 年版。

在一定程度上便源于此。相比之下，学生媒体信息传播者和接受者的距离大大缩短。能够了解学生需求、反应学生心声、引起学生共鸣，是思想政治教育有效性的必要前提，学生媒体在相当程度上具备了这样的条件。

4. 受众与学生媒体之间的关系

由于现代社会体制和社会分工的存在，大众传播者与受众的距离不仅客观存在，而且有时相当遥远。学生媒体因其组织特性，与大学生是一体的。在高校组织内部，进入学生媒体工作的门槛相当低，除了直接成为学生记者、学生编辑外，青年大学生还能通过专栏、通讯员、采访对象、特约编辑等方式参与媒体内容制作。因此，学生媒体与受众之间不仅距离近，而且还能实现角色交互。

5. 传播效用

大众传播最为本质的要求便是实现信息的沟通。在高校组织的范围内，当然存在一定的信息获取成本，然而与社会相比，其代价势必低廉不少。学生传媒作为组织传播的重要组成部分，传播信息固然重要，但是其最终的目标，就不单单像大众传播媒体那样，利用海量信息流形成意见竞争的市场，而是要通过信息的选择、解读、组合，让青年学生在获取信息的基础上，养成健康的情趣、健全的思维、批判性的选择能力和较高的鉴赏情趣等。

（二）学生媒体的实践是对经典组织传播理论的修正和丰富，其发挥组织传播作用是通过学习的认知标准的建立与学生传媒信息环境的构建达成的

经典组织传播理论源于以泰勒为代表的以生产为中心、管理为导向的古典组织理论。该理论认为，组织传播的方式多是指令式的，有

时甚至是靠组织强制的。大众传播与组织传播最大的区别，就是在于接受者是在自由状态下还是强制的状态下面对传媒。[①] 我们从学生媒体的传播实践中可以看到，正是破除了强制性传播方式，才使得学生媒体可以成为经典的组织传播理论的一个“异数”。

（1）学生媒体以信息传播为基础，建立的是合理认知的标准，而不是所谓的“合理认知内容”的强制。学生媒体的基本运作方式是以信息传播的形式表现出来的，而不是观念、理念、道德诉求的直接灌输。

社会认知心理学家发现，自我调节机能的内在观念，如意志力观念，经常以技能活动所发生的社会环境的确切信息为基础。[②] 信息的特点在于及时、有效和阐释弹性。学生媒体天然地来源于学生、贴近学生，这样的来源保证了学生媒体的信息选择框架不是外在于学生的。学生记者、学生编辑的日常经验构成了他们裁剪组织内发生的新事件、新行为的剪刀，而这样的日常经验和他们的受众没有多大区别。学生采编人员为了使学生媒体在内容上能够引起受众接触欲望，往往利用了他们的专业知识，以他们的日常经验为基础，对身边的受众需求进行更为深入的分析——尽管有时以不自觉的形式表现出来。因此，以信息传播为基础建立起来的认知标准，比起直接传播认知标准所包含的内容更为有效。

（2）学生媒体发生作用的重要机制在于构建有利于发挥个体主动介入认识过程的信息环境，而不是把学生排除在自身发展的过程之外。

经典的组织传播理论实质上是没有“受众”观念的。[③] 不得不承认，在很长一段时间内，我国高校的学生媒体也存在着同样的问题：

---

① 魏永征：“关于舆论导向的断想”，《江海记者》，1999 年第 3 期。

② Ericsson，A. K. & Charness，N.，“Expert performance：Its structure and acquisition”，American Psychologist，49，1994.

③ 胡河宁：“组织传播研究的学术路径”，《学术研究》，2007 年第 1 期。

学生媒体的传播内容往往是千篇一律，成为了学校发布政策、共青团的活动和要求以及各类会议的“黑板报”。

社会心理学家班杜拉认为，为了学习和发展，个体主动地从环境中抽取有关信息，而不是机械地发生条件作用。这是“一个主动改变和再构造事件信息，从而形成以法则和概念为形式的记忆表征的过程”。[①] 当代大学生虽然也保持着较高的大众传媒的接触率，但是由于海量信息、良莠不分，大众传媒制造出的信息环境常常使得大学生在抽取有关信息的过程中效率低下，甚至迷失方向，很难说大众传媒承载的陌生、海量的信息能够对学生的学习和认识产生共鸣性的影响。

不同的是，高校学生媒体构建信息环境的主体的出发点，是运用自身的专业技能，一方面利用具有贴近性、实用性的信息素材，一方面过滤大众传媒中的信息杂质，形成有利于青年大学生学习和认知能力提高的信息环境。实质上，学生媒体作为组织传播的工具，应该在青年大学生的意识形态导向方面成为社会主义国家所需要的媒介，服务于新时期共青团宣传工作的有效性和针对性的需要，并顺应党报改革背景，转变大众媒介工作方式的需要。换言之，高校学生媒体目前的发展应该与高校思想政治工作有机地结合起来，为高校思想政治工作打开空间，才能真正突破原有学生组织的弊端，作为一种新型的学生组织存续与发展。

三、学生媒体对传统学生组织的超越

前文已述，现有的学生组织具有以下一些特点：活动范围小、成员变动大、民主性强、服务性强和约束力弱。但是这些特点所显现的

---

① Bandura，A. Social foundations of thought and action：A social cognitive theory. New York：Prentice Hall，1986，pp. 329－330. Also：Bandura，A. Self-efficacy：The exercise of control . New York：W. H. Freeman，1997，p. 90.

缺陷也十分明显：首先，基于活动范围小产生的激励机制不足；其次，基于服务性强产生的约束力弱；再有，基于成员变动大产生的人治印记明显。这使学生组织的发展变得动态且不可测度。

美国学者欧文斯和斯坦霍夫认为，组织发展包括十个方面的内容：（1）组织发展的目标，即改善组织本身的工作；（2）系统更新，即发展自己的目标意识和方向意识；（3）系统方法；（4）重视成员；（5）教育策略；（6）通过经验学习；（7）处理实际问题；（8）计划策略；（9）咨询指导人员；（10）高层管理人员的参与。①

上述这些要求被认为是现实中组织发展的必要内容，而我们认为，学生组织若想实现当前纬度的突破，也必须按照上述要求进行变革，归纳起来有如下几点：第一，学生组织必须实现制度化的转向；第二，学生组织必须将个体的发展与整体的发展结合在一起；第三，学生组织必须不断在学习中实现自我提升。而学生媒体作为新型的学生组织，恰恰蕴藏着以下这些特征：

第一，学生媒体能够获得不断发展的空间。人力资源管理理论将知识型雇员作为企业赖以生存和发展的重要力量。② 对于学生组织而言，特别是以知识性为主体的学生媒体，同样必须将知识管理的理念作为贯穿整个过程的主线，这就需要该组织将学习作为发展的有机组成，而学生媒体由于自身专业性的要求，必然将学习作为组织完善和发展的切入口。这种学习能够达到两个方面的效果：首先，能够使组织始终保持一种追求完美的工作态度，不满足于既有的成就，使组织能够有上升的动力；其次，能够保持组织的活力，促使组织中的成员在研究中找到自我更新的方向，解除组织在人员流失后缺乏高素质人才的窘境，为组织获得不断发展的空间。

---

① Robert G. Owens and Carl R. Steinhoff, *Administering Change in Schools*, (New jersey: Prentice-Hall, 1976), pp. 142—148.

② "Major Changes Redefine the Modern Workplace," *BNA Bulletin to Management*, July 3, 1997, p. 209.

第二，学生媒体能够实现内外的二元耦合。传统的组织行为通常将组织的业绩作为主要的追求目标，而对成员个体的培养则置于业绩追求之后。在这种模式的运作下，尽管组织能够调动最大的内部力量完成一项工作，但是成员会因此产生组织归属感的缺失，因为成员所能够获得的不是组织对成员的关注，于是，组织的业绩往往也只能在达到一个高度后失去长久维持的可能。而学生媒体发展的前提即在于成员自身的水平提升，组织如若忽视对成员的关注，学生媒体本身也无法获得业绩的回报。因此，一方面，学生媒体投入了对成员的关注，使组织成员的认同度得到增强；另一方面，组织文化的形成又会促使成员更努力地回报组织，使工作绩效反而变成培养的结果，由此形成良性的互动过程，达到对内育人、对外绩效的二元耦合。

第三，学生媒体能够保持可预测的动态稳定。上文已述，现有的学生组织最大的缺陷在于无法预测的动态变化，即无法预知组织中成员的行为心态、组织中成员的去留、成员更替后的组织状况。这种无法测度的动态，使组织在发展中随时面临崩塌的危险，决策的自主性也就实际上并不掌握在组织的手中。然而学生媒体却有效地避免了这三方面的不可预知性：首先，学生媒体能够回报成员一定的资源，或是技能的养成，或是自我认同度的增强，使成员在对组织贡献的过程中获益；其次，成员在利私的过程中受到了组织的重视，养成了成员对学生媒体的归属感，情感顾虑成为了成员去留不得不考虑的因素；最后，学生媒体以学习为发展的重要内容，且新成员的相关知识结构是建立在原有成员的基础之上，并在学习中不断更新，这就使学生媒体在根本上形成了一定的积淀，组织因此也就能够保持可预测的动态稳定。

四、多层次：以复旦大学的校园媒体为例

经过多年的探索和发展，复旦大学的学生媒体在数量、种类、表现形式、设置层次上都具备了一定的特色。截至 2006 年 5 月，学校

一级由学生自己全程完成策划、采编、出版（调试）、发行（上网页）、调研的各类媒体近 10 家，院系班级一级的超过 200 家。

（一）组织内部建设

不同的组织具有不同的结构。对于组织结构而言，有六个关键因素值得考虑：工作专门化、部门化、命令链、控制跨度、集权与分权和正规化。① 在研究了简单结构、官僚结构和矩阵结构②三种结构的利弊之后，现有的校园媒体基本形成了兼具矩阵架构和简单结构特点的机制。团委《复旦青年》报社在 2005 年编辑委员会和 2006 年部门制的基础上，形成了“四中心一分站”的组织架构（见下图），不仅保证正常的出版发行，也服务于报社发展的目标。

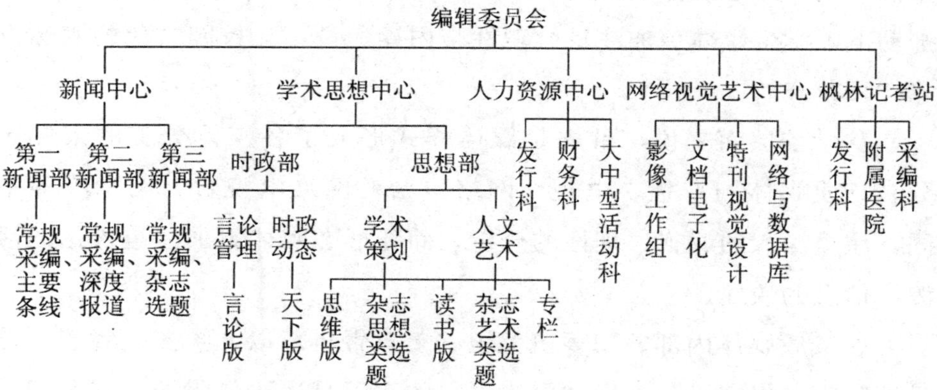

经过几年来的实践，报社在今年尝试完善新闻中心“大部制”、学术思想中心“小部制”的建设。完善新闻中心“大部制”建设方

---

① R. L. Daft, *Organization Theory and Design*, 7th ed. (Cincinnati, OH: Southwestern, 2001), pp. 52—53.

② ［美］斯蒂芬·P·罗宾斯：《组织行为学》（第十版），孙健敏、李原译，北京：中国人民大学出版社，2005 年 1 月版，第 474—476 页。

面，考虑将类似的传统以一定的发展路径规制下来，并将其细化为条块，健全部门内部设置，最终目的是促进低年级成员加速成长。学术思想中心经过多年的办报办刊实践，对精英化的人才提供了更高的需求，这种需求的满足必须立足于个体化的培养方式，而非批量生产，因而，在新闻中心作为人才输出上游、完善“大部制”建设的前提下，学术思想中心致力于建设“小部门”，畅通精英化报刊人才培养渠道，使报社在动态可测中良性发展。

（二）多层次的媒介环境

媒体数量的增多，一方面使得学生媒体有着“量”的繁荣——各种咨询、体验、思考、学术思想“百家争鸣”；另一方面，复旦的学生们开始着眼于媒体自身的定位和分工，即“质”的提高，在竞争的推动下，学生媒体更加注重合理性与内涵建设，让校园文化的表达方式“百花齐放”。

从学校层面来说，首先是媒体样式形成了各媒体分工的天然区分。纸质媒体与广播、电视、网络电台、网络电视台、网站等等不同，注重深入的调查、理性的分析，而新形态媒体更加注重表达的活泼、信息的快捷。

在纸质媒体内部，团委机关报《复旦青年》以“主流、睿智、建设性”为办报宗旨，秉承“主流独立的而不是追捧依附的、睿智理性的而不是感情用事的、执着于建设性的而不是局限于破坏性的”的办报理念，在青年学生中成为一份独立思考、视野宽阔、见解真诚的报纸。学生会主办的《复旦人周报》围绕“亲切”做文章，立足把版式做精美、把新闻做专业，亲密接触校内新闻和校园生活，每期头版的新闻专题或直击同学最关心的校园热点，或发掘新闻背后的人物与故事等等。这些媒体对于自身发展的关注使学生组织的定位变得更为明晰。

（三）激励机制与奖项平台

学生媒体要有明确的媒体价值标准，这是由学生媒体的组织特性所决定的。正是基于这种考虑，“望道传媒奖”在校园内应运而生。在这里，目标有两点：第一，释放并检验青年学生媒体的育人标准；第二，成为共谋认识、统一发展的平台，使学生媒体完成这样一个过渡：从日常的出版、播出等注重传播的内容到展现客观事实和传递文化新知。

“望道传媒奖”的评比有序推进了学生媒体的网格铺建。学生媒体能够通过“望道传媒奖”这杆标尺，在网格铺建的过程中把握好中心和外层、核心和外壳的辩证关系。这不仅为各层面和性质的学生媒体提供了价值上的旨归，也为学生媒体加强自身定位建设提供坐标和参照，从中心到外围，形成合理的网格化格局。

第五节　学生组织面临的优势和瓶颈

我国高校的行政化特征贯穿于校园生活的方方面面。学生组织的主体——学生虽因群体自身特点，具备比较高的自由、民主、开放等观念，但是同样未能完摆脱行政化的影响。学生组织无论在组织结构、工作思路还是管理模式、活动形式上，都不同程度地受到了这一特征的影响，打上了行政化的烙印。本节我们就从三个方面对我国高校学生组织面临的优势和瓶颈进行论述。

一、高效的组织动员：发展动力和隐患

提到组织动员，就不得不提到“活动”。一方面，活动对于学生组织来说有着不同寻常的重要性，是学生组织体现自身存在意义和价值的必要手段。学生组织不同于行政组织，它没有法律法规所赋予的绝对权力，也没有教学机构所独具的学术权威，要完成组织目标，只能够借助于各类活动。各种形式和主题的活动，是学生组织自身诉求最直接、最感性的表达：团组织开展各类主题教育、社会实践、志愿者以及科创活动增强团组织的凝聚力和影响力；学生会通过各类文艺体育比赛、才艺展示、文明公益等活动切实丰富校园文化；没有固定办公场所和职能的社团更是视活动为生命，要靠活动来证明自身的存在。另一方面，学生组织开展各类活动，符合青年的群体特点。青年学生年轻而充满活力与热情，他们对于现实的关注性和参与性都非常高，迫切希望展示自己的才智、理念并得到充分的关注和认可，也乐于参与到群体中协同行动。与课堂教育和直接说教相比，各类活动显然更加容易为学生所认同、接受，更容易在学生中产生共鸣，形成群体效应。可以这样说，学生组织不仅“应该”搞活动，而且也“适合”搞活动。

也正是因为这样，学生组织对于学生来说，具有比其他组织更高效的组织和动员能力。在传统的科层制组织结构条件下，组织动员主要通过的是硬性的行政命令，而与此相对照，现代学生组织的动员方式体现出了更多的人性化、通俗化、感性化，更加贴近动员对象，是一种相对柔性的动员方式。尤其随着校园网络化建设日益完善，学生组织的动员渠道和动员效力得到了极大的加强。学生们通过 BBS、通讯软件、电子邮件等方式传递信息，往往能够在短时期内形成可观的动员群体，其受众面之广，传播速度之快，是传统的通讯模式无法比拟的。

但是，随着学生组织自身的发展以及外部环境的变化，这种高效的组织动员能力也带来很多隐患。

第一，是管理上的困难。组织动员的效率越高，留给管理者反应的时间就越少。有些活动可能会以比较隐秘的形式开展，不受校方控制的可能性大大增加。学生组织的种类和数量不断膨胀，已经加剧了学校的管理压力，而学生组织这种高效的组织动员能力如果没有得到正确的引导和使用，便可能造成负面效果。因此可以说这种组织动员是一把双刃剑。团委和学生会由于有着统一的领导体系和负责机制，自身经过长期的运作和积累，经验也比较丰富，甄别能力较强，同时，团委和学生会一般有专门的老师加以指导和把关，构成“双保险”，因此这两个学生组织出现学生盲目行动的情况较少；但是一些学生社团（尤其具有营利倾向和涉外背景的社团）却容易出现被校外势力操控或学生随意组织活动的可能性。

第二，容易造成活动泛滥。以往为了能够争取到更多的人前来参加，从前期准备、宣传、动员到正式执行实施再到后续收尾，可能需要组织者付出非常多的努力，活动周期也比较长，活动的质量也因此得以保证。组织动员的高效性客观上造成了活动成本的降低，而成本的降低可能造成双重结果：丰富多彩和粗制滥造。活动数量的激增也客观上刺激了宣传包装的迅速崛起。活动做得怎么样，包装很关键，排场、气氛往往压过了活动本身的意义，成为活动组织者最关心的因素——因为这往往决定了该组织能否得到继续开展活动所需要的必要支持。当这些因素取代活动的本质意义成为主导时，其实活动已经异化。

第三，容易造成学生疲惫和反感。人的精力始终是有限的，没有人能够不停地参加活动还保持高涨的情绪，更何况目前学生的自主意识和就业压力空前提高，大规模的学生活动必然要侵占学生大量的课余时间甚至是上课时间，学生必然要做出适当的选择和取舍。长此以往，学生组织将把自己推入与学生对立的尴尬境地。

面对这样的困境，学生组织必须做出应对。首先，必须牢牢把握“团管青年”的原则，积极发挥共青团的力量，将各类学生组织牢牢地团结在团组织的周围，充分发挥团组织的凝聚、引领作用，大力扩展团组织在青年学生中的覆盖面，通过广泛的辐射和有力的抓手，准确把握青年动态，同时要联合学校各个方面，严格掌控活动开展的有效动员途径，如校园网、广播电台、BBS等等，保证学生组织沿着正确的方向发展。其次，要对活动开展的质量进行严格把关，坚决抵制形式主义的大而空的活动，要定期对已经开展的活动进行整理和评审，对于一些不合格的组织和活动坚决取缔。再次，要在广大学生干部中树立调研意识和群众观念，同时广开言路，主动提供群众意见发表的平台，活动开展前要深入受众学生进行考察，在充分了解的基础上确定活动方案，同时积极发动学生自己参与到活动的策划和组织中，以充分调动学生的积极性。

二、整齐的组织纪律：行为效率和时代的冲击

任何一个组织都有自己的行为规则，例如共青团组织有“团章”，学生会有“学生会章程”，社团也有“社团章程”。除了这些章程，还有各种内部和外部的管理制度，内部的如团委或者学生会的单个部门的内部管理条例，外部的如“社团管理办法”等等，这些制度加在一起框定出了学生组织行为的边界。应该说，学生组织已经比学校内的行政组织少了很多限制性制度，但是学生组织为了自身的发展和工作的开展，仍然存在着很多制度上的规定。这些制度客观上保证着学生组织各项职能的有序实现，维护着组织的正常运转。

学生组织的纪律性与长期以来的教育观念和学生地位息息相关。在中国历史上，总的来说学生居于被管理者的地位，而目前所谓的学生自治，远不及西方高校的学生自治完全和彻底。学生从进入小学开始便被教育要“守纪律”，而且这个观念贯穿于整个基础教育过程，

不断强化，“遵守纪律”也成为各类评优评奖的重要条件和标准之一。学生在进入高校之前，纪律观念已经深深地植入他们的内心。进入大学并且参加学生组织之后，学生们有了更多的自主权力，可以在与学校规章制度不抵触的情况下设计自己的制度，但是在长期的意识形态熏陶下和现行体制的大背景下，这些制度往往体现出行政化特征。

纪律性最直接的作用在于行为的规范和效率的提高。前者对应着控制力，后者对应着执行力。在高校学生组织呈现爆炸式发展的今天，纪律性依然是学生组织得以保持自身活力与能力的重要因素。以人事制度为例，在复旦大学团委，新干事进入部门都要经过一个月的考察方能正式录用，每个部门的副部长都要经过由所有部长组成的面试团的面试合格方能上岗，每个学期部长要对整个部门的工作进行总结并向书记班子述职，由书记班子和各个部门打分评定优劣，评出优秀部门。同时还会对部长进行“360 度考评”，分别由部长的上级、平级、下级和自己对相同的考评项进行打分，然后通过对比找出优势和不足。再比如说各种活动的审批，无论是团委还是学生会，从社会实践，到基层团建、社团活动，都有相应的申报和审批办法。当然效率的提高是相对于无序状态而言的，前面所说的高效的组织动员，其实在很大程度上也受益于整齐的纪律。

但是整齐划一的纪律并非没有弊端。在时代精神的冲击下，这种体制也经历着严峻的考验。同纪律性的来源一样，最直接的压力也是来源于学生本身。现在高校当中的学生所处的年龄层次，基本上是“80 后”一代，而且正在向“90 后”一代过渡。这些学生完全是改革开放之后出生的一代，在他们成长的过程中，接受了更多新思想和新观念，他们也更加善于和乐于独立思考，强调个性发展，强调公平、民主。在这样的情况下，整齐划一的纪律正在日益显露出自身的弊端：内容过于死板独断、缺少灵活变通、见物不见人，抽象地看待对象和工作等等。另一方面的压力也来源于学生组织本身。学生组织的日益发展，已经超过了理论研究的步伐，在这个领域，仍然缺少比较系统和专业的研究。这些是全社会共同面临的问题。

三、整一的管理模式：科层对接和时滞效应

这里说的管理模式，指的是学生组织内部的管理模式。组织目标决定了组织的结构和功能，在此基础上制定了各种制度，在制度之上则形成了组织特有的文化氛围。因此组织的结构很大程度上影响着组织的制度和文化。①

高校学生组织的管理模式，其实也是一种类似德国社会学家马克斯·韦伯提出的科层制，又称为理性官僚制。这种体制的核心和理论前提就是"合理性"（rationality）或"合法性"（legitimacy），其实质是特定权力的使用和服从。科层制组织有如下几个特点：第一，科层组织有专业化的分工，有非常严格的规章制度和等级制度，并且是非人格化的，科层组织是理性组织，通过规章制度来提高效率。第二，科层组织内的官员是受过专业训练的，在组织里有自己的职业生涯，成为专业化的人员，其目标就是在组织制度里不断地晋升。第三，科层组织一定建立在理性——法理权威基础之上。高校的学生组织，与韦伯说的理想状态的科层制组织虽然存在着一些差别，但是无论团委、学生会还是社团，甚至在班级里，都存在着权力等级的划分和对口负责的规则，基本符合科层制结构的形态特点。在学生组织中，等级制度贯穿整个组织体系。以团组织为例，全校的团组织结构可以分为校团委、院系级分团委、基层团支部三级，校团委内部又分为书记、副书记、书记助理、秘书长、副秘书长等等，各部门有部长、常务副部长、副部长、部长助理、干事，层级十分明显。这样的科层结构应该说或多或少受到了行政系统组织结构的影响而形成，因此在工作中，也体现着行政化的特点，如权力的实施与服从关系十分明确，

① 丁力："思想政治教育及其制度创新途径"，《思想理论教育》，2007年第5期。

下级必须服从上级的安排，重大事项必须经过上级批准下级方能实行等等。

从理论上说，这种制度的优势是显而易见的。其一，通过分工，能够有效地确保局部工作从而保证整体工作准确高效地完成；其二，通过等级制度，能够充分实现组织协调控制。而这两方面直接指向的是同一个目标：组织目标的高效实现。的确，高效的组织动员以及整齐的组织纪律都与这样的结构有着密不可分的关系，但是我们同样应该看到，科层制组织的管理模式表现出越来越多的问题：机构膨胀、效率低下、管理僵化、精英集权、否定民主等等，科层制并不是完全像韦伯所说的那样高效。这些弊端反映在学生组织当中，有如下一些表现：

（1）机构膨胀，冗员众多。学生组织的内部结构有越来越复杂的趋势，新的部门不断出现，管理的层级越来越多，人事任免也缺乏制度和控制，很多学生组织一味扩招，把成员的数量作为衡量组织影响力和成功的最重要因素，其实已经偏离了原初的目标。究竟组织需要多少岗位？需要怎样的复杂程度？这些都没有细致的分析和详实的论证。当然这不能一概而论，组织复杂化的一部分原因是组织自身发展的需要，一部分是工作需要，但是有一点是明确的，学生组织不可能无限制地发展下去，它始终要明确自己的定位是辅助性的，且成员的组成具有极高的流动性，这些决定了它永远不能够取代行政机关，因此也不应该被行政机关化。

（2）层层审批，决策滞缓。这一点本来只是在传统的行政系统当中才比较明显，但是目前在学生组织中也发现了这种趋势。由于层级设置的缘故，原来可能只要一级审批的，现在需要两级甚至三级审批，原来可以直接上达至决策者的思路、方案、措施，往往几经辗转才能到达，严重影响了组织行为的时效性。有些学生曾经反映，活动总是来得太急，准备的时间太少，其实并不是真的准备时间少，而是方案从策划到确定再到实施经过了漫长的过程，由此导致最终的执行者的准备时间很少。这种情况在团委、学生会当中比较严重，因为这二者的组织机构比较稳定和复杂，存在着审批的需要和可能。社团当中该问题相对不怎么突出，因为大多数社团本身的发展尚未到达足够的复杂程度，而且社团从一开始就没有像前面两者有诸多限制，比较自由。当然，这样的情况并非一定会造成严重后果，像团委、学生会这样的组织因为活动一般比较有规律，而且传承性比社团高，对于比较大的活动都有一定的经验，所以虽然时间紧任务重，往往还是能够顺利完成，但是从长远看，这样是不利于组织创新的健康发展的。因此，应该在充分调研的基础上，理顺层级的权力边界，尽量减少管理层面，甚至可以尝试推动组织权力架构由金字塔形朝着矩阵式或扁球形的方向发展。

（3）硬性管理，作风官僚。一般在组织的初级阶段，权力分层比较少，整个组织可能是扁平化的结构，分工较不发达，活动的开展往往是大家一起策划实施，而且由于核心成员较少，领导与群众之间的界限并不明显，人与人的交流比较充分，整个组织的管理是通过制度与情感两个渠道完成的，有的时候可能情感的作用还会占主要地位。但是，随着组织的日益发展壮大，人与人之间的充分交流不再容易达到，管理越来越多地需要依靠制度来完成，情感的作用日渐被削弱。这在学生组织中主要表现在学生干部与普通同学之间的关系上。高校学生组织中的专职老师一般比较年轻，而且多有学生工作经历，工作中比较能够讲究方式方法，不太会滥用权力（至少在复旦是这样），而且教师身份对于学生本来就有着管理优势，适当的硬性管理还有助于树立权威。但是有一些学生干部，自以为是干部，就有了管人的权力，习惯摆出一副官老爷的架势，甚至比老师还要威严。这种学生当中的官僚作风尤其让人担忧。这其实是官僚思想渗透到学生干部身上的表现，如不加以制止，长此以往不仅不利于学生组织工作，更可能造成学生骨干队伍的变质。因此必须加强对学生干部的思想教育，牢固树立服务观念，自觉抵制官僚作风，坚持灵活多样的管理方式，充分发挥个人魅力、情感联系等方面的凝聚和带动作用。而在制度上，要明确学生干部在工作态度上的工作要求，并建立有效的监督反馈机制。

（4）权力过度集中。科层制组织的结构是金字塔形，权力越到上面越集中，在保证了组织领导的统一性的同时，也造成了权力的高度集中。学生组织权力相对与校方的行政权力来说是比较小的，在这样的情况下如果仍然要进行集中的话，势必造成效率的低下。在一些敏感问题上，高层需要把关，但是在平时的一些事务性的工作上，可以适当放权，只有充分相信学生的能力，释放他们的创造性，学生组织才能真正焕发独特的魅力和活力。即使有些小的纰漏也无伤大雅，毕竟这是学生的作品，我们应该允许犯错。这一点在学生会和社团体现得比较充分。这两个组织都是领导层相对较年轻的组织，而他们的长处就在于他们充满创造力，不断有新的创意涌现，如果完全按照中规中矩的标准来要求，恐怕没有人会再留恋于学生会和社团。复旦大学每年的新生节、社团节都是由学生自己策划的，活动也是大家一起来组织实施，每次都得到学生的热情响应。在团委里面也一样，现在的日常社会实践项目、特色团建项目以及科创项目，都是由学生负责组织审批，开展得也很有序。

（5）民主受到限制。说学生组织缺少民主观念，是不恰当的。但是科层制限制了学生组织的民主建设。科层制讲求等级观念，规定了命令与服从的关系，而且往往实行的是领导负责制，在实际操作过程中，民主常常不得不为效率让位。

机构冗员，人浮于事，直接导致了整体思想的涣散；层级过多，削弱了民主的力度和广度；官僚作风与民主思想保持着僵硬的对立；权力集中等于架空了民主的作用。要想建立切实可行的民主制度，学生组织需要做出更多的努力和尝试。

综上所述，科层制整齐划一的管理模式虽然有利于提升工作效率，但是其也具有不容忽视的负面效应。学生组织所具备的优势和瓶颈决定了它同时面临着机遇和挑战，改进学生组织，发展学生组织，必然是一个全面、综合的改革过程，只有将学生组织的发展与学生的特性和时代的特点结合起来，才能够真正找到发展的出路。而这需要更多的学生工作参与者进行大量的研究和试验。

参考文献

1. 丁学良：《什么是世界一流大学》，北京大学出版社，2004 年版。

2. 郑文："大学组织结构——权力的视角"，《高教探索》，2006 年第 3 期。

3. 史蒂芬·P·罗宾斯：《组织行为学精要》，北京：机械工业出版社，2001 年版。

4. 何怀宏：《契约伦理与社会正义——罗尔斯正义论中的历史与理性》，北京：中国人民大学出版社，1993 年版。

5. 魏雷东："人本管理的组织行为学解读"，《河南师范大学学报（哲学社会科学版）》，2007 年第 34 期。

6. 复旦大学学生会："2007 年复旦大学本科生社团管理体制发展报告"，《复旦社团》第十期。

7. 倪宁："我国新闻教育的发展及其特点"，《新闻界》，2000 年第 5 期。

8. DeFleur ML and Dennis E，Understanding Mass Communication，（Boston：Houghton Mifflin Company，1994）.

9. 胡河宁：《组织传播》，北京：中国经济出版社，2004 年版。

10. 尹敬媛、苏林森："组织传播与大众传播的区别于联系"，《现代传播》，2007 年第 1 期。

11. 黄旦：《传者图像：新闻专业主义的建构与消解》，上海：复旦大学出版社，2005 年版。

12. 魏永征："关于舆论导向的断想"，《江海记者》，1999 年第 3 期。

13. Ericsson，A. K. & Charness，N.，"Expert performance：Its structure and acquisition"，American Psychologist，49，1994.

14. 胡河宁："组织传播研究的学术路径"，《学术研究》，2007 年第 1 期。

15. Bandura，A. Social foundations of thought and action：A social cognitive theory. New York：Prentice Hall，1986.

16. Bandura，A. Self-efficacy：The exercise of control. New York：W. H. Freeman，1997.

17. Robert G. Owens and Carl R. Steinhoff，Administering Change in Schools，(New jersey：Prentice-Hall，1976).

18. "Major Changes Redefine the Modern Workplace，" BNA Bulletin to Management，July 3，1997.

19. R. L. Daft，Organization Theory and Design，7th ed.（Cincinnati，OH：Southwestern，2001）.

20. [美] 斯蒂芬·P·罗宾斯，孙健敏、李原译：《组织行为学》，北京：中国人民大学出版社，2005年版。

第七章

当代高校学生组织的功能拓展

随着时代的进步和学生组织自身的发展，当代学生组织的功能比以往大大拓展了，学生组织的影响力已经不仅仅局限于校内学生，它们对于高校、城市和社会，都起到了不可小觑的重要作用。

第一节　学生组织与高校

一、高等教育普及下的学生组织

（一）高等教育普及所引发的问题

自1977年高考恢复以来，我国高等教育经过30年的改革发展，取得了重大的成就。据中国高等教育信息网相关数据显示，截至2008年，我国高等教育毛入学率达近23%，在校生有1800万人之多。而北京、上海等城市高等教育毛入学率都早已达到了50%以上，率先实现了高等教育的普及化。

然而，高等教育的蓬勃发展也不可避免地为业已紧张的教育资源带来额外的负担，为各高校及其各组成机体的运作带来了新的压力。在当前高等教育普及的新形势下，大学校园内学生组织的发展无疑受到了深刻的影响。

相比30年前1：29的高校录取比例，如今1：1.7的招生计划为大批学子打开了通往高等教育的大门，也使大学学府的学生人数大大增加。如此大幅增加的人数为高校校园环境带来了质的变化。首先，学生群体之间的竞争较过去更为激烈，在面临有限的资源和机遇时，必然会频繁出现竞争的场面；另一方面，大批的学生对高校的管理工作带来了挑战，对学生的管理不能仅由校方单一掌控，需要逐渐过渡到由学生共同参与管理的模式，而众多的学生为这种自主管理模式的构建提供了可能，更为在学生群体中建立起相应的自发性组织打下了基础。可以说，随着高校学生人数的日益增加，高校学生所要承担的事务和责任也日益繁复。

高等教育的普及也使高校学生的组成较过去更为多元和复杂。当大学的校门向越来越多的对象敞开，来自不同地区、民族甚至国家的学生在校园中汇聚，组成了校园的共同体，上演了不同观念、习俗和文化的碰撞与融合。除了长期稳定的学生群体外，国内乃至国际高校间的学术交流，使大批流动学生也成为了校园的一份子，他们为大学校园带来了新的活力，而这种海纳百川的姿态更是成了高校在开放的时代背景下的又一大特色，使大学的构成和走势都呈现多元化的趋势。

在这种多元化的背景下，高校的学生也不可避免地卷入到社会化的大浪潮中。回顾高等教育发展的这数十年，我们可以发现，“象牙塔”的围墙正悄然被打破，而今的大学与社会联系紧密，而当代的大学生也与社会密不可分。在现代化高速发展的今天，高等教育正不断实现其社会职能，向社会大众蔓延，而培养服务社会的人才也是当前高等教育最重要的职责之一。然而，面对各种有形或无形的竞争，面对来自各方的压力，当前青年学生的思潮越来越趋向社会性和世俗性。在实用主义观念的影响下，大学生的价值取向带有功利化的色彩，这些在当前大学生择业心态中表现得尤为明显。

而在高等教育普及所带来的诸多问题中，传统的精英教育与当前所面对的大众教育的矛盾无疑是最突出的。美国著名教育社会学家马丁·特罗曾将高等教育划分为“精英”、“大众”和“普及”三个发展阶段，而中国的高等教育发展也大致遵循了这一规律。曾经，为数不多的大学生在社会上具有举足轻重的地位，受到来自各界的重视和瞩目，所以高等教育一度被定义为“精英教育”。然而，随着高等教育的受众不断增多，以往的“精英教育”已逐渐向大众教育过渡，大学生不再是“物以稀为贵”的天之骄子，加之高等教育发展尚未全面成熟，在部分高校难免有学术上滥竽充数的现象，使得大学的入学门槛降低，教育质量以及教育成果也叫人不敢恭维，这自然使社会对于大学生的定位和评价发生了很大的改变。大学生人数逐级增长，社会对于大学生的精英认同却在削弱，当前青年学生的生存能力、实际工作能力，乃至人格和价值追求都受到了不同程度的质疑。面对求职场上激烈竞争的场面，面对大学生不断降低的“身价”，我们不禁要问，高等教育普及的负作用是否就是将原本的“精英”变成了“平民”？当前高等教育的发展是否走上了一条中庸的道路——虽能生产大批专业人才，却无法培养可以支撑社会、国家命运的优秀英才？

（二）环境变化下的学生组织发展

可以说，高等教育的普及是一把双刃剑，国家的发展离不开高等教育的进一步发展，但高等教育普及所带来的连锁反应也不能就此被忽视，在这样的情况下，高校的学生组织要求发展，就必须敏感地意识到这些问题，辟取新的改革道路。

长期以来，高校学生组织更多地承担了青年学生的思想教育观念工作以及部分的学生管理工作，采取了垂直运行模式，上传下达，成为高校学生管理行政系统的延伸。[①] 从某种程度看，这种运行方式较为被动，既忽视了学生的自主性，也限制了他们的创造力，更存在选拔机制僵化，组织结构松散等弊病，在高等教育普及的形势下显得捉襟见肘，无法应对高等教育的普及为高校校园生态带来的宏观性变化。所以，只有改变攻守之势，构建新形势下的组织模式，积极回应变迁，才能实现高校学生组织的继续可持续发展。

首先，高校学生组织应帮助青年学生重塑社会精英意识，这是各学生组织当前最主要的职责之一，也与大学的办学目的和本质密不可分。

有学者认为，大学的生命意义是通过学者们对真理境界的追求实现的，而学者的人格生命和学术生命则是通过精英教育来延续的。精

---

① 王守刚、封雪、畅军亮：“高校学生组织自治运行模式及机制研究”，《煤炭高等教育》，2006 年第 24 期。

英教育并非是与“大众教育”完全相对立的概念，精英教育的目的在于研究高深学问，选拔培养优秀学术人才，而起源于功利主义的大众教育的目的则是为了保障大众接受高等教育的权利，促进社会的民主平等，即为促进经济发展，培养高素质的公民和技术操作能手。[①] 从本质上讲，这两者并不互相矛盾。保障大众的受教育权并不意味放弃个体的追求，没有个体的精益求精，大众教育也无法达到社会进步所需要的质量和深度。居高身自远，青年学生在高等教育普及的今天更应该树立起自身的精英意识，以实现自我理想的践行，使大学真正成为培育社会栋梁、推动国家进步的思想动力场。正如马克戈尔曼所言，当我们可以选择卓越时，我们为什么要选择平庸？因此，面对高等教育普及化的态势，在新的环境下重塑青年的精英意识应当成为学生组织推动变革的必然选择。

要重塑青年学生的精英意识，首先要对精英意识作出界定。新时期所要重塑的精英意识与以往的传统理解有所不同，应该更加符合社会发展潮流，符合青年群体特征，故被称为“社会精英意识”。其中，有三个要素是社会精英意识的重要构成，即务实、博雅和超越。“务实”的要求是由当前青年学生思潮的社会性所决定的，培养务实的精神即是要求大学生摆脱浮躁的心态，培养脚踏实地的品质。在社会对大学生的精英认同逐渐消解时，大学生自身更应正视自己，对自己做出正确的定位与判断。

“博雅”是世界不少著名高等学府的治学理念。美国耶鲁大学就以重视古典人文教育而闻名，长期致力于维护古典文化的传承和发展。近几年，我国复旦大学通过建设一批人文课程，建“望道书阁”，鼓励学生走入经典等方法，拉开了中国内地博雅教育的帷幕。博古通今，雅润治学——这些高校开展的博雅教育带给我们很大的启发。四

① 宗丽：“论精英高等教育与大众高等教育的冲突和整合”，《中国农业银行武汉培训学院学报》，2007 年第 6 期。

川大学教授谢家和认为，大学是文化的存在，是精神的存在。[①] 若没有人文精神的支撑，高校的发展无法走向可持续的道路。因此，在大众教育的背景下，我们更加需要博文广识的人才和深厚的校园人文底蕴，使博雅的意识润化每一个青年学生。

“超越”对于青年学生来说，更是社会精英意识必不可少的要素。超越的表面含义在于超越他人，意指在激烈的竞争环境中脱颖而出。但更为重要的是，超越的内涵在于自我的超越，在于克服自身的狭隘，濯洗社会化所带来的世俗性影响。马斯洛在他的需求层次理论中，将自我实现列为最高层次的需求。而社会精英意识的内核之一，即在于实现自我的提升和飞跃，而非仅囿于眼前的利益，最终成为一个能够服务社会，承担社会责任的人才。学生组织在帮助重塑青年精英意识时应帮助青年学生将视野抬升至更高的高度，放眼更辽阔的维度，从而获得真理世界的海阔天高。

有了对精英意识的重新定位和认识，学生组织下一步需要做的就是提供广泛的德育资源，为青年学生树立精英意识创造条件。如前文所述，当高校的学生数量不断上升，学生事务管理便需要由对校方的完全依存逐步过渡到由学生共同参与的格局。学生组织在这其中起到了很重要的作用。考虑到长期以来各高校学生组织在运行上的弊病，在学生组织对自身功能进行拓展探索时，应更侧重于培养青年学生对于学生组织的认同感和归属感。在高校校园中，各类学生组织是学生群体相互交流的最主要平台，也是青年学生发挥自身潜能、张扬自我个性的大舞台。因此，要真正发挥出学生组织“平台、舞台”的作用，就要使广大学生对学生组织的这一功能有更多的了解和认同。同时，学生组织也可以被视作“虚拟社区”，正如大学是通向社会的大门，校园内形形色色的学生组织也是面向社会的一面面窗口，可以帮

---

① 谢和平：《大学文化与大学精神》，《大学校长视野中的大学教育》，北京：中国人民大学出版社，2005 年版。

助学生在人际交往、统筹协作等方面得到历练。一方面，学生组织应构架起联系高校与外界社会的通道，通过广泛的社会活动帮助学生正确认识社会，积极融入社会；另一方面，高校作为学术净土，毕竟与社会有区别，学生组织在促进学生社会交往的同时，也要注意排除社会的浮躁之风对学生的不良影响，指引学生树立正确的人生观和价值观。

除了重塑青年学生的社会精英意识，学生组织的另一重要职责在于为广大学生提供学术实践的机遇与空间。学生组织在某种程度上是第一课堂的延伸，尤其是各类学术性的学生社团，为学生在课堂外的自主学术研讨、思维开拓提供了很好的机会。与第一课堂相比，学生组织的优势在于其更大的自主性和开放度。学生可以根据自己的兴趣选择适合自己的团体，并自主决定拓展的深度和广度，这是单靠第一课堂所无法企及的。如近年来，不少高校学生在科研领域取得了可喜的成果，这在很大程度上有赖于校内学生组织的蓬勃运作。同时，学生组织也能便捷地为学生提供面向社会的实践机会。当前，各高校的团委、学生会、社团等都会经常组织学生参与社会考察、志愿者服务等活动，在这些组织的带领下，青年学生走向社区，走近农村，走近西部，使他们的学术实践在空间上得到了扩展，接触到了更为广阔的天地。

同样的，学生组织的灵活性决定了它可以更切实地服务青年的需求，根据现实情况调整自己的目标，为青年营造良好的成长氛围。我们在不断追问大学精神的内涵的同时，也该注意到随着竞争的激化，青年学生所承担的社会压力也不断加大，这使得许多大学生成为了精致但脆弱的“玻璃娃娃”，抗压能力较弱，容易陷入浮躁和焦虑的不良情绪，或是陷入无所适从的迷茫。这也使大学生的心理健康问题重新受到人们的关注。由于学生组织更贴近学生群体，能敏感地意识到学生心理的细微变化，学生组织应该主动承担起引导青年心理健康发展的职责，舒缓学生的心理压力，营造温暖健康的成长空间。

在高等教育飞速发展的今天，学生组织的价值不但未被削弱，其重要性反而更加凸显。当然，学生组织自身也在不断调整与发展，如今的学生组织已经超出了单一的管理职能和种类，校友会、社团等非正式学生组织的发展为学生组织功能的拓展提供了基础，而网络等媒介的运用使这种拓展更具可行性。如今，新的学生组织模式正悄然兴起，许多跨校、跨省市、甚至跨国学生组织已经受到了越来越多学生的欢迎，如中国绿色学生组织、SIFE 国际大学生组织等。广泛意义上的学生组织覆盖了青年学生生活、学习、实践等方方面面，为青年学生构筑了全方位、多元的活动平台。可以说，新时代下的学生组织在培育人才、科学研究和服务社会方面都起到了重要的作用。

二、通识教育渗透下的学生组织

（一）国内高校通识教育的推行

通识教育的理念最早起源于美国。早在 18 世纪，美国的一些高校就开始为了摆脱英国殖民教育的影响，进行了教育自由化的尝试，其中包括哈佛、耶鲁等著名学府。经过了数十年的努力和几次改革运动，通识教育在美国已颇具规模，并形成了一系列大学精神探索的经典理论。许多学者认为，大学的目的，不是教导单一的技能，而是同时提供广博的基础；不是造就某一单一行业的专家，而是培养领导群伦的通才。[①] 通识教育既不排斥职业教育和生活实用，也注重思辨的内省和心灵的扩展。可以说，通识教育理念的形成对于高等教育的发展有重要的意义。

他山之石，可以攻玉。受美国成功开展通识教育的启发，我国许多知名学府也开始了通识教育的探索和尝试。2005 年，复旦大学在

① 黄坤锦：《美国大学的通识教育》，北京：北京大学出版社，2006 年版，第 7 页。

国内首创书院模式，借鉴哈佛大学、耶鲁大学等世界一流大学“住宿学院”的做法，承续中国书院文化传统，建成以复旦历史上德高望重的老校长名字命名的志德、腾飞、克卿和任重四大书院，将酝酿已久的通识教育付诸实施。2006 年，复旦大学继续推出了以通识教育为指导的通识核心课程，鼓励学生走近经典。虽然在推行之初，也遇到了不少阻力和困难，但通识教育已经成为一条必行之路，复旦大学校长王生洪表示，通识教育的理念与精神将贯穿大学本科四年，显示了复旦大学在通识之路上的毅力与决心。

继复旦之后，国内其他著名高校纷纷加入了通识教育的实际运作。2006 年，南京大学成立了匡亚明学院，采取“2＋2”的培养模式，对学生开展了跨专业的本科教育。而 2007 年，北京大学在实施了 6 年的元培实验班后，正式成立了元培学院，在通识教育改革之路上前进了一大步。复旦大学的复旦学院、南京大学的匡亚明学院以及北京大学的元培学院被认为是目前国内高校开展通识教育中最为接近通识教育理念的，而这种对国内来说尚属新型的人才培养模式为不少高校所认同与赞赏，清华大学、浙江大学等知名学府纷纷加入了通识教育探索实践的行列，不少高校也以建立文理混合班、实验班的模式，在小范围内开展了通识教育。此外，高层次讲座的开办、人文教育丛书的出版以及各校间的资源共享，拓宽了通识教育在中国高校的发展道路。可以说，虽然路遇不少阻碍，通识教育已经成为了国内各高校进行教育改革，寻求突破的大趋势。

通识教育改变了我国传统的人才培养模式，为培养触通文理界限、兼习各科的硕学闳才打下了坚实的基础。虽然与国外已经成熟的教育制度相比，我国的通识教育尚处摸索阶段，既存在教育资源有限等困境，也无法完全借鉴他国模式以补缺罅漏，但这股推动大学发展方向变革的力量不会停止，也已经成为了推动学生组织发展的变革性力量。可以说，通识教育的开展与学生组织的发展相互联系，学生组织的拓展离不开通识教育的进行，学生组织自身也为通识教育的渗透提供了心理支持和延伸空间。因此，学生组织在拓展自身功能时，要积极与通识教育的开展相结合，成为通识教育中的基石力量。[①]

(二) 学生组织在通识教育渗透背景下的拓展空间

学生组织的拓展离不开与通识教育的相互结合。而学生组织也可以通过调整结构和拓展方式，为通识教育的渗透打下坚实的基础。

首先，学生组织的拓展需要依靠基层班团组织的支撑，因此，高校应该注意为基层班团组织注入必要的资源。班团组织是高校学生的基本载体，无论通识教育的模式如何推进，班团的组织形态不会消解，而会作为基础力量长期存在。因此，在通识教育推进的今天，它反而会成为日益重要的学生成长空间。

基层班团组织与广大学生具有最直接与最紧密的联系，以班团为载体开展的活动学生参与度也最高。长期以来，基层班团组织往往存在资源有限，缺乏创造性等问题，当前不少高校也对班团组织的功能和管理做了新的探索和定位，希望能充分挖掘基层班团组织的积极性和主动性。要摆脱班团组织存在的困境，高校应该对班团组织进行充分的资源支持，以解决基层班团组织因资源困乏而造成的局限性。国内各高校在校内资源的分配上大相径庭，资金、场地、人力、网络资源等的调配并不平均，这也就使得各高校内的各级学生组织的发展情况参差不齐。要改变当前的困境，高校应合理运用有限的校园资源，并在此基础上给予基层班团组织更多的支持，保障其运作过程中的需求。更重要的是，高校应注意给予基层班团组织充分的自由空间和自主性，而不是单纯将其纳入学校行政管理的轨道。借用哈耶克在对自生自发性秩序的描述中所提出的理论，高校对学生组织的管理应由原来的强制命令型职能向服务型职能转变，学校所能提供的是资源上的

---

① 丁力："思想政治教育及其制度创新途径"，《思想理论教育》，2007年第5期。

支持而非全权的管制。给予基层班团自主性就是为学生组织的创造力和活力提供生长的空间，也能够使组织内的学生群体更大限度地发挥主观能动性。班团组织从根本上说还是以青年学生为主体的，只有建立起以学生自主创新为中心的运行模式，才能真正发挥基层班团对青年学生的扶持和帮助作用。

其次，学生组织是青年学生相互沟通联系的平台，若组织结构松散，无疑无法承载起学生群体对它的要求和期望。因此，学生组织要形成一个紧密的学生社会共同体，对学生发展起到引导作用。

学生组织的优势在于其内容的多样性和功能广泛性，从学术研究能力、领导协调能力、实践能力、兴趣爱好、人生价值观养成等多方面为青年学生提供了历练和自我培养的机会。社会上许多事业有成的成功人士在回忆自己的母校时，常对自己曾在高校参加过的社团、组织充满美好的记忆，可见学生组织对于学生的影响是全面而深远的，它给予了青年学生人生路上一笔重要的精神财富。可以说，学生组织的多样性特征及其对青年学生的影响与通识教育的本质特点不谋而合，它拓宽了通识教育的覆盖面，开辟了生动的第二课堂，打开了大学生的课外思维，使他们能够将课堂所学的经典理论与社会实践紧密相互融合。重要的是，学生组织的组织结构特点能使通识教育的渗透更加系统。高校学生在建立学生组织时，应侧重于功能上的分类与各组织之间的分工协作，形成有序的共同体，方便学生选择和参与，并通过有条理的组织和管理，给予学生系统科学的指导，帮助学生在通识教育中实现自我的全面发展。

再者，学生组织对于校园人文精神的建设也有重要的意义。学生组织营造学术氛围、创建人文环境的渠道是多样的，可以根据组织的性质开展不同内容的活动。无论是理论的构建还是社会实践，学生可以在组织内感受到多层次的引导和灌输。当前许多高校纷纷以开办高层次讲座的方式强化校园学术氛围，不少海内外的学术专家、文化名人被邀请进高校，使同学们能够近距离聆听大师的声音。这样的文化饕餮在许多校园都掀起了热潮。值得注意的是，在这些活动的开办中，各类学生组织起到了穿针引线的主导作用，它们及时发现同学的关注焦点，在第一时间为同学奉上人文盛宴。从中我们可以发现这些学生机构的积极性与创造力，也看到了学生组织在落实校园人文建设上的有效性。

当然，在建设校园学术氛围的过程中，学生的力量还是有限的，要使人文校园的建设更具深度和影响力，学生组织也可以尝试引入教师资源以深化其人文内涵。一方面，高校应鼓励各院系的专家教授主动为学生提供课余的拓展帮助，鼓励教师支持参与学生组织所开办的各类活动；另一方面，学生组织也可以积极地开拓校外教师资源，在各高校内形成联网，更多地引入校外资源，促进高校间的资源整合和有效利用，使人文经典真正做到无边界。教师资源的引入可以使学生组织内通识教育的渗透更具操作性，而教师与学生的贴近也可以使人文建设更具感染力。

最后，学生组织的拓展离不开学生领袖的培养。精英教育是高等教育中的重要内容，培养能够服务社会的领导型人才也是通识教育的目的之一，学生组织无疑为领导型人才的培养提供了有利的空间。

学生组织对于学生领袖的培养是通过理论和实践两方面来完成的。一方面，组织机构内的日常培训、拔擢标准以及考评模式为学生干部提供了示范性的标准；同时，具体的活动开展和与组织成员的协作又使他们得到了实践锻炼的机会。一个优秀的团队不能缺少一个优秀的领军人物，更不能缺少团员间的相互协调。学生骨干的培养模式是学生组织民主意识的要求，也是学生组织“准社会化”的体现，采取有效的培养机制，可以使青年学生在彼此磨合的过程中，积累经验，丰富自身人格魅力，成为具有使命感、责任感和较高学术素质的人才，从而成为通识教育所需要的有力范式。

通识教育的进行为学生组织的改革提供了发展方向，以通识教育为指引的学生组织拓展将更加贴近学生的需求，符合社会对当今青年学生的期望。学生组织的拓展不仅是自身功能的扩展，更是青年学生心灵的扩展和启明，在通识教育的牵引下，努力实现中国青年一代心灵的攀登。

三、多校区运行机制

(一) 我国高校多校区现行实践情况和运行模式

随着我国高等教育规模的扩大，不少国内高校纷纷异地增设新校区或多所高校合并办学，形成了“一校多区”的办学格局。据有关资料显示，我国多校区大学的起源主要来自两个方面：一是1990年以来的高校间的合并，如同济大学、浙江大学、北京大学、武汉大学、东南大学、南昌大学等；二是1999年开始的高校大规模扩招使得一些学校在原有校园面积有限的情况下向外扩大建设新校区，也成为具有两个或两个以上校区的大学，诸如上海大学、河海大学、南京师范大学等。

浙江大学是较为典型的合并式综合大学的代表。1998年9月，当时的浙江大学、杭州大学、浙江医科大学、浙江农业大学实行“四校合并”，成立新的浙江大学，成为中国规模最大、学科覆盖面最广的综合性大学，引领了中国高等教育界的“合并”热潮。如今，浙江大学设玉泉、西溪、华家池、湖滨、之江、紫金港等6个校区，分布于杭州市区不同方位。其中，新建的紫金港校区西区在规划理念上突破以往校园规划的模式，以学科群为特点形成组团式的建筑群，将校园构筑成研究型的“社区”。浙江大学从“物理”—“化学”—“生物”三方面的融合发挥了综合性大学的优势，也践行了浙江大学校长杨卫上任之初曾提出的“大楼、大师、大学精神”的观点，成为了备受争议的高校合并模式中的正面典型。

合并是多校区的大学成立的常见模式。继浙江大学之后，2000

年，原北京大学和北京医科大学合并组建新的北京大学，同时撤消两校建制。2000年5月4日，在原北京医科大学的基础上，成立北京大学医学部。这是北大发展中的一项重大举措，也开启了国内综合性大学与医科大学合并的先例。之后，复旦大学、上海交通大学等高校纷纷与各大医科大学进行整合，成立了新的医学院，使综合性大学更加实至名归。可以说，这类合并提高了综合性大学的综合实力，也改善了当前高等教育部分薄弱学科的处境，平衡了我国高校的学科结构，使高校的资源得到了充分发挥。

与其他多校区大学相比，复旦大学采用了较为综合的多校区建设模式。除了与原上海医科大学进行合并之外，复旦也通过与国家级高科技园区联合打造上海“产学研”高地的方式，建立了一些新型功能型校区。2005年5月，复旦张江校区正式成立，目前有两个学院和一个中心，即复旦大学国家级示范性软件学院、复旦大学（张江）微电子研究院和复旦大学国家微分析研究中心。同时，复旦开辟了江湾的新校区，虽然尚未正式投入使用，但已经颇具规模，将与邯郸主校区、张江校区、枫林校区一起组成复旦一校多区的多元化格局。

多校区的运行机制为高校的建设发展带来了有序的治学格局，满足了高等教育普及形势下学生对于校园空间和资源的需求。但另一方面，一校多区的运行也为高校的发展带来了新的挑战，当前不少高校都面临不同校区间学生的融合以及校区间资源、组织的平衡问题。这是多校区高校发展的瓶颈，也是这类高校的学生组织所面临的难题。[①]

(二) 有效的组织覆盖与学校整体认同感的构建

多校区办学的模式带来了校园文化建设的新问题。由于不同校区历史、风格、文化特色各不相同，彼此人文精神和科学精神的互动难

---

① 丁力：“思想政治教育及其制度创新途径”，《思想理论教育》，2007年第5期。

以良好展开。有人认为，多校区办学模式下，学生不容易接受学校精神的全面熏陶，难以形成对学校整体的认同感和归属感。[①] 这是当前很多高校面临的现实问题，也是多校区模式下的学生组织所需要解决的关键问题。事实上，学生组织所具有的特色和优势也使其成为解决这些问题的必要方式。

要使学生重新树立起对学校的归属感，首先要注意凝聚多校区格局下学生关于学校以及自身发展的共识，学生组织要把握这一思想资源，参与到多校区校园文化的建设中。了解学校的发展方向，及时把握学校动态，是青年学生使命感、责任感的体现，也是时代对于社会人才的要求。在明确了这一点后，要建立起学生对于学校的认同，学生组织应该引导学生更多地参与到学校的建设中，利用相关平台和民主形式为学校的发展献言献计，真正成为学校的主人。这样，能使青年学生切身感受到他们对于学校发展的影响，从而建立起对于母校区的心理归属。

另一方面，学校的发展也与学生自身的未来发展息息相关。学生组织可以通过具体活动的开展，帮助学生对自己的人生追求做出定位，帮助他们了解自己能从高校的教育培养中收获什么。虽然个体的追求存在差异，但大学对于培养大学生慎独思辨，引导人生价值的总体目标是不变的，而学生对自身的发展形成共识，正是多校区的人文建设的思想基础。学生组织应把握这一点，引导学生树立积极的目标追求，帮助学生贴近学校整体的价值观念。

学生组织间的联网运行也是多校区格局下学生组织发展的重要举措。学生组织是最贴近学生的团体，其灵活性和多样性也为组织在校区间的延展提供了便捷。但是，多校区格局下学生组织发展的关键并不是单纯组织的延伸。依现实经验，虽然不少学生组织如团委、学生会等在各个校区都有分支机构，但由于缺乏有效的组织覆盖，所以彼

---

① 《多校区的学生教育工作》，广州：中山大学出版社，2007年版，第169页。

此仍是独立的个体，无法融合为整体，各组织的成员之间也缺乏了解，遑论协作。要突破这一瓶颈，关键在于形成有效的组织覆盖。各学生组织之间应建立起统筹有序的管理格局，既保持相互之间的独立性，也要侧重彼此之间的联系和互动。例如，不少高校都有自己的校刊和校报，而不同校区的校刊编辑部门就能为彼此间的信息交流提供有力帮助。同样的，其他部门在活动的开展和学生管理事务的处理上，也应该积极地寻求互动的可能，在各分支部门自主运行的基础上，构建统一的层级管理模式。此外，多校区的组织覆盖应该更多地向学生生活领域扩展，生活园区的建设是建立学生对学校内心归属感的重要举措，从学生的日常生活入手，运用联谊、经验分享、搭建虚拟交流平台等多种手段，可以使学生组织更具亲和力和感染力，突破它在多校区格局下的活力瓶颈和功能局限。

更重要的是，一些非正式的学生组织应在其中发挥更大的作用，充分激发学生组织的潜能。学生社团是学生组织的重要组成部分，而跨校际、跨省份乃至跨国际的学生社团的有效运行证实了这类学生社团的跨越性。学生组织在其运行过程中，不妨借鉴广泛的学生社团的运作先例，更多地依凭学生社团的力量。哈耶克认为，自身自发秩序有助于人们追求众多不尽相同甚至彼此相冲突的个人目的。[①] 而学生社团正具有这种自身自发性。学生社团的建立依靠不同学生共同兴趣的粘合和自愿的选择，学生参与社团的目的可能是多样的，但这并不妨碍他们形成一个共同体，在同一团体中追求自我个性的张扬。当前，高校学生社团的活动时间、场地都是自由开放的，弥补了多校区格局的地域局限，能够吸引来自不同校区的学生参与到共同的团队中。因此，高校应注重对于学生社团等学生社会共同体的培育，借助这些团体的桥架，将各个校区的学生有机地联系起来，充分激发多校区学生的活力。

---

① ［英］冯·哈耶克，邓正来译：《自由秩序原理》，三联书店，1997年版。

(三) 和而不同——多校区高校运行的文化格局

美国前加州大学总校长克尔曾提出“多元大学”的理念，他认为，大学是多目标的，能够服务多个对象，实现多重目的，与传统的单一精神的大学有本质的区别。[①] 虽然多校区的大学的概念与之有所不同，但我国当前所致力于建设的多校区大学大体上与“多元大学”有异曲同工之处。多校区大学不单纯是地域上的分割，功能上的各司其职也是多校区校园的特色之一。高校的发展离不开各校区间的联系交融，离不开多校区学生对于整个高校的认同感，但是，我们不应忽视在高校的整体文化背景下，各校区独立的人文精神和文化特色也是“一校多区”高校发展的活力所在。

目前，各高校的校区划分依据主要有两种，一是根据年级，即为大一或低年级学生单独成立校区，如浙江大学就将新建的紫金港校区作为新生的集聚点；另一种是根据专业学科来进行校区划分，如复旦大学枫林校区主要容纳医学院的学生，而张江校区则是根据地理优势，为信息学院的学生设立。这两种划分方式虽然各不相同，但都形成了不同的校区文化，校园的人文环境也自然因为入住学生的学科背景、年龄层次的不同而显示了差异。此外，历史悠久的校区人文底蕴深厚，富有历时经年的沧桑与悠远，而新落成的校区则更多地富含时代感和现代特色，这样的差异对比本身就为整体增添了时代的交互感。值得注意的是，这种差异性并非多校区的弊端，相反，它为多校区多元文化的形成提供了有利条件。

多校区高校的优势在于，各校区可以高校的整体文化背景为依托，在此基础上形成和发展自己的独有特色。有学者认为，多校区高校可以充分调用各校区的办学资源及利用其所在地的人文、商业环境

---

① 黄坤锦：《美国大学的通识教育——美国心灵的攀登》，北京：北京大学出版社，2006年版，第43页。

进行特色文化建设。这样，不仅有利于高校学术研究，也非常有利于培养出适合新时代社会要求的各类人才。[①]

无疑，各校区的校园文化丰富多彩有利于深化、提升整个高校校园文化内涵和品味。如果说高校的历史背景是多校区发展的基点，那么各校区的自我发展就是文化自觉的成长。高校对于这种文化多样性的培养应采取扶持的态度，鼓励各校区形成具有自身特色的文化格局。

在这一理念下，各校区学生组织的构建成为了多校区文化建设的重要手段之一，校区间学生组织的联动更无疑成为了多校区文化互通有无的桥梁。如前文所述，学生组织对于和谐校园文化的构建有不可替代的推动作用，由于每一个校区都有自己相对独立的管理制度和管理文化，学生组织能够利用各校区的资源开展富有特色的校园文化活动，引领学生形成自成一体的人文特色。同时，由于学生组织的成员更新较快，创新意识较强，由学生组织所推进的校园文化更具新鲜活力，能够适应当下高校学生的需求。

当然，鼓励特色文化的养成不应停留在散漫的自由主义，高校也应注意母校文化对于全体校区的辐射。当今的高校，尤其是综合性大学，应形成兼容并包的大格局，而“和而不同”正是一校多区高校的追求目标，多层次、多元化、多样性的校园文化格局也是青年学生成才的需要。“和而不同”的内涵在于鼓励外在的百花齐放，更追求内在的和谐统一，这是通识教育背景下的校园文化建设的基本要求，也是一个开放、包容的社会的前进基点。因此，学生组织在注意构建本校区校园文化的同时，也应通过广泛的联动和交流，建立起跨校区的文化平台，使高校固有的传统人文底蕴得到保持和传承，也使校区的文化发展更具深度和持久性。

花香数朵，脉源一枝，只有坚持主流文化引导下的多元并存的校

---

① 郑鹏：“浅论多校区高校校园文化建设”，《当代经济》，2007年第5期。

园文化格局，才能真正有利于多校区青年学生的成长，而依托于学生组织的固本培元，创新突破，多校区的文化高校的运行才能更具生命力。这也是高等教育普及背景下的多校区建设的生长点所在。

第二节　学生组织与城市

有人说，“一个没有一所重要大学的城市是一个不完整的城市”。[①]有人说，一所大学就是一个城市的“名片”。大学的出现与城市文明的诞生相伴相随，大学“聚散人才、孵化科技、传播人文”的功能也使大学在城市文明进程中始终扮演着重要的角色。学生是大学最基本的要素，在当代高校体系中愈加强大、日益成熟的学生组织与发展中的城市产生着怎样互动？本节围绕学生组织与城市发展进行探讨。

一、与城市精神共生

当我们将“学生”和“城市”纳入同一个视野中时，我们发现两者是如此自然而紧密地联结着，仿佛他们天生便是共生相依的，天生便应该担负起在天平两端相互衡量的使命。他们具有相近的气质：发展、进取、活力……他们之间的这种关联是与生俱来，抑或在融合与渗透中互为注解而共同缔造？

分散的学生个体的力量和影响确实十分有限，而我们不难发现，正是学生组织的角色在其中起到了举足轻重的作用。学生组织，从本质上来看，它是一定数量的学生个体的集合；同时学生组织又作为社

① Thomas Bender (eds.), *The University and the City: from Medieval Origins to the Present* (New York & Oxford: Oxford University Press), 1988, 212.

会的细胞单位存在并与外界发生作用。对于学生个体来说，学生组织对其组织成员产生着统合、同化和凝聚的效果。它一方面继承了学生个体普遍的属性特征，另一方面也实现了个体力量简单相加之上的最大超越。因此，学生组织对外成为学生个体的代言，也是学生通往外部世界的桥梁，成为学生与城市之间相互作用的中间媒介。它让学生从城市固有基础中得到充分营养，也供给城市发展不竭的源泉和动力。

学生组织是一个前进中的城市不可或缺的一部分，判断一个城市的精神风貌自然离不开其学生组织的诠释。我们姑且将城市精神与学生组织的文化割裂开来，对学生组织与城市之追求进行对比分析。我们可以发现，学生组织不仅仅作为城市精神的一部分，而正如大学作为城市的名片，能够作为其外在形象和内在气质的简约概括和典型代表，管中能窥豹，具体而微，是为一个城市的文化缩影、精神象征。

（一）海纳百川、兼容并蓄

城市的产生和发展，资源聚集的过程是关键一步，并且这个过程永不停歇，成为其永恒的价值追求。人才、资本、科技、文化……城市对最优质的资源有着强烈的渴求，城市像一个强大的磁场，抢占资源、吸引资源，成为各类集散中心和高地是城市发展必不可少的策略。因此，城市的文化容不下封闭和禁锢，闭门自足不是城市的性格和态度，城市需要的是宽松的环境包容大千万象，宽广的平台网罗天下英才，浩瀚的胸怀笑迎八方来客。每一个城市都在努力塑造自己开放热情的形象，一个城市是否“排外”往往直接影响着人们对其的好感度，也影响这个城市发展的后劲。北京、上海等大城市在人们传统印象中基于优越感的傲慢和排外倾向，正在为海纳百川的气度所取代。北京正力图借着承办奥运会的契机展现这座古老城市开放、活力的新形象，向世界发出了“北京欢迎你”的声音。这句简单朴实的口号不仅是一个邀请函，更是向外界允诺开放的姿态、传递接纳的信息。上海则着力诠释“海派文化”中的传统优势，从外滩万国建筑博览到如今几乎日日不断的国际活动，“东西融合，兼容并蓄”，“海派文化”当仁不让地将“海纳百川”作为其最佳营销口号。

而我们发现，一个城市中最能将多元文化包罗万象并且调和得声韵和谐的地方往往是高校。在当代高校中，学生组织正是创造和调和这种文化的排头兵和主力军。而学生组织之于百花齐放、海纳百川的校园文化甚至主要不是目标需求性的，而是具有原发内生性，特别是全国性、综合类的高校尤其如此。这源于学生组织的自身特点。

首先，高校学生来自不同的地域和阶层，入学之前经历各自不同的成长轨迹，因此学生组织自形成之初便汇聚了最广泛的地域文化的背景和阶层文化的烙印。而随着国际交流的频繁，高校留学生群体日益庞大，也带来了异国文化和价值观。主要基于高考的高校录取及教育，是社会文化碰撞交融、阶层有序流动最重要的途径之一，高校学生组织就是这种融合之路的起点。对于学生组织来说，多元共生的局面与生俱来，兼容并蓄自然成为共识。

其次，高校作为培育学术文化的基地，文、理、医、工等门类因各自的发展特点，各自侧重不同的风范，有的激情，有的严谨，有的自由，有的缜密……以院系学科为基本集合依据的班级、院系学生组织除了受到高校整体精神的感召外，在知识研习的过程中势必潜移默化地形成具有学科特色的文化。班级、院系开展的最成功的文化实践活动往往也是立足学科的特色延伸。在单一化学科门类的不同高校或校区之间，文化和气质有较明显的分野。而在综合类高校内，学科文化深刻而鲜明，百花齐放而并行不悖。

再次，当代高校对于学生组织的建立发展秉持越来越开放的态度，学生组织多样化，活动发展空间更为广阔。共青团、学生会、社团等学生组织极大地促进了校园文化的繁荣。近几年来高校社团的数量持续快速增加，社团发展多样化，以至于无法用原有的学术、文艺、实践、体育等笼统的大概念来分类，像复旦大学就于 2007 年进行了从四大类到十七类的社团分类改革。除了高校正式认证的学生社团以外，更为松散、灵活甚至虚拟的学生自组织也成为校园文化不容忽视的力量，以高校内部网络平台为集结的BBS版友群就是其中的典型代表。这类学生组织和学生自组织拥有前所未有的宽松环境，以及超越传统学生组织的灵活度，由其绘就的校园文化半壁江山更加绚丽多姿。

不仅如此，我们认为，高校百花齐放的校园文化不仅是健康蓬勃的，而且是优质的、拥有生命力的。高校文化的多元性并不止于静态的包容，也充满了融合、碰撞、自我更新甚至优胜劣汰，呈现围绕于主流文化价值的动态多元共生，和而不同。我们看到，在学生活动中，学生组织往往通过组织成员跨地域、跨年级的、跨学科专业的合作进行资源和文化组合来实现优势互补。我们看到，很多高校都有辩论的传统，而辩论在高校不仅是一种具有明确赛制的比赛形式，它更多的是一种精神追求，真理越辩越明，它作为一种思想检验和进步的方式，普遍、常态化地存在于学生组织内部和组织之间。我们也看到，高校的社团在绝对数量增加的背后，是新陈代谢的规律，社团在一定的资源分配规则下，每年都保持着一定比例的自然淘汰率。正因为具有生命力，学生组织才具有输出价值的力量。

(二) 开拓创新、先锋敏锐

城市是创新的基地，创新也是城市崛起的重要推动因素。创新能力是衡量城市核心竞争能力的重要标志。为了迎接全球竞争日益加剧和科技日新月异的挑战，伦敦、纽约、东京等全球城市纷纷制定和实施了创新计划，如纽约提出打造“世界新媒体中心”，伦敦制定了“伦敦创新战略与行动计划”，东京提出建设“研究型学院城市”。上海也把增强创新能力放在突出的重要地位，提出要“率先提高自主创新能力”，未来上海要塑造“亚洲创新与智慧之城”，重点发展以影视、剧院、音乐、动漫、绘画等为核心的创意文化和时尚文化。创意产业的发展需要培育创意文化、创新精神，形成“敢为天下先”的开拓创业精神和鼓励创新、宽容失败的社会氛围，使创新成为城市精神的重要内涵。[①]

当城市提出创新战略的时候，不会忽略其拥有的高校这个创新文化的阵地。高校将培养学生的创新意识、创新精神、创新能力作为学生培养的重要目标之一，青年学生的群体特点决定着高校学生组织将永远保持着敏锐的触觉、先锋的意识、进取的势头和创新的动力。而学生组织在挖掘创新潜力、培育先锋文化方面就是一面旗帜。

在高校，对于班级这种以专业研习为主要任务的学生组织，在竞争、评比、表彰这些日常活动中，学术的创新在学习研究中被凸显为更高层次的成就，从根本上营造了创新的价值追求。而共青团、社团等组织则搭建了更广阔的创新平台来为学生提供创新环境、创新资源。这种平台的优势在于对创新更明确的导向性，具有专业、系统的催化和孵化机制，一方面激发学生的创新热情，另一方面使这种热情转化为创新实践。我们也注意到，学术科技创新团队和创业团队越来越多地呈现出有意识的跨专业组合趋势，这种创新意识为交叉学科、新兴领域的创新空间开拓带来更多优势。而在由共青团、社团或者校园网络论坛等搭建的平台上，自由组建的学生创业团队是一些更为活跃的群体。具有创业意识和梦想的各类学生得到有效聚集和充分交流，相对于单枪匹马的热情或者偶然性的合作，这种团队组织达到了优势资源的强强联合，不管从创新实力还是创新氛围看，显然具有更为积极的意义。

此外，学生组织的灵活性也为创意、前沿、时尚的小众文化、先锋艺术提供了生存发展的土壤。上海所提出的影视、剧院、音乐、动漫、绘画等为核心的创意文化和时尚文化，在高校中颇有社团基础，

---

① 周国平：“建设全球城市——上海未来五年发展战略”，《上海市经济管理干部学院学报》，2008年第1期。

昆剧、小剧场实验话剧等往往在高校中拥有高于整体城市比例的更多受众，其流行的热度可以通过学生组织的活动窥见一斑。

(三) 精英立场、大众情怀

独善其身从来不是城市发展的康庄大道。全球经济一体化的趋势，客观上决定了城市的发展无法孤芳自赏，傲然独立。如今判断一个城市的竞争力不仅仅局限于自身的基础和条件，社会环境整体情况和区域地缘优势也是重要的因素。上海就将其实现战略转型的方向和目标定位为建设“全球城市”，以世界眼光、全国布局和区域策略，同时“走向海外”和“走向国内”，注重区域互动，强化服务长三角的功能，提升整体竞争力。

另一方面，从国家、社会整体发展需求看，城市一直以来得到国家政策的眷顾，取得了发展的先机，占据社会的优势资源和发展力量，在科技、经济、文化等各领域都处于较高的发展水平，无疑是社会的宠儿。基于权利与义务的对等原则，时代同样赋予了城市相应的社会责任。如今，城市在寻求自身快速发展的过程中，必须自觉着眼于全国一盘棋的大战略，配合东西部和谐发展的大格局，肩负带动区域发展的任务，贡献农村改革发展的步伐，这也是城市得以可持续发展的必然要求。因此城市精神的内涵中除了需要追求卓越的意识，也包含着“达则兼济天下”的精英立场和大众情怀。

我们将目光转向高校学生组织。精英立场和大众情怀，这几乎就是它的固有属性，光荣的传统将这种精神深深地镌刻成学生组织与生俱来的使命。在这里我们已无需探讨这种精神与青年学生及学生组织的关系，解析当代高校学生组织将这种精神传承不息的方式更具有现实意义。

当代我国高校，育人的目标定位于培养高素质、综合型的人才，不仅对学生的知识素养有较高要求，还需要青年学生“勤于学习、善于创造、甘于奉献”。复旦大学就提出当代大学生应该具有“关注人类命运，关注社会发展，关注百姓疾苦”的视野和胸怀，育人工作以理想信念教育为核心。在学校自上而下的育人体系中，通过学生组织的科层结构，通过共青团指导各类学生组织，这种信念得以有效贯彻。学生组织正是这种信念的接受实体，也是面向学生的传递载体。此外，通过学生组织进行的各类实践活动也是培育这种胸怀和信念的有效途径。学生社会实践和志愿者活动让学生走出校园，走上社会，通过接触社会了解社会，切切实实地受教育、长才干。这类活动通过组织力量把握主题导向，更多地集中于关注社会矛盾、关爱弱势群体，培养奉献意识。志愿精神在高校中成为风尚，志愿者成为学生组织的名片。

通过上述分析，我们发现：第一，在上述几个层面，城市呈现的文化内涵与学生组织及主要由其塑造的高校校园文化特点完全呼应，从侧面反映了学生组织与城市之间血脉相连、不可分割的关系，相互影响与融合无处不在。第二，在当代城市发展中，需要为城市精神赋予的一部分内涵、城市需要追寻的一部分价值，对学生组织而言，就是其属性化的价值取向，学生组织具有固有的传统和天然的优势。学生组织可以为城市精神提供给养，成为培育城市精神的重要力量。

二、两种路径：传递与渗透

学生组织与城市精神共生，正是表述了文明内生繁衍发展的过程，城市文明由此传承和更新，生生不息。大学是城市文明的源泉，高校学生组织理应成为城市领跑者。当代高校与城市从横向与纵向两方面都实现了对接，学生组织正是通过纵向传递和横向渗透这两种路径，缔造城市文化，引领城市精神，创造城市文明。

纵向传递是基于时间进程的自然演进力量。历史的车轮无法阻挡，长江后浪推前浪的过程时刻在进行。简单来说，具体方式就是学生组织聚集、培养学生，输送优秀的毕业生进入城市。我们说高校聚集人才，而事实上高校的功能更大程度上是“聚散人才”，高校是人才的集散地。目前，我国高校通过主要基于高考方式的录取教育制度，吸纳来自不同阶层和文化背景的学生聚集于一个城市，纳入高校学生组织；经由学生组织通过高校教育体系运行，同时也通过组织本身的机制进行自我管理、实现自我提升；高校学生组织是“铁打的营盘”，具有一定的组织稳定性，而组织成员却是“流水的兵”，具有高度流动性，最终青年学生离开高校，其中很大一部分将成为这个城市的一分子。不容忽视的是，他们作为建设者和接班人登上这座城市的历史舞台，身上带着学生组织镌刻的烙印。学生从高校学生组织向城市市民的流动过程，直接为城市输送人才资源，同时让依附于人的社会人文、创新科技由此从高校走向城市。学生话剧社团成员也将加入城市的话剧受众群体，高校学生创业团队终将成为城市的创业先锋。高校学生组织创造的精神资源、呈现的文化特征，也将成为城市精神的雏形。今日学生组织之风貌，当为明日城市之气象。高校学生组织可以当仁不让地成为城市文明的发端。

横向渗透源于空间上的开放和联动。高校与城市的联系越来越紧密，高校的“围墙透绿工程”让校园景色与城市景观融为一体，而事实上高校与城市之间原本就不存在围墙的阻隔。在美国，许多拥有大学的中小城市以大学为中心形成了各具特色的“大学城”，如纽黑文、坎布里奇、安阿伯等。这些城市学院文化的影响比大城市更为集中和显著，大学对这些城市的经济和社会生活产生了很大影响，既成为城市新经济的中心，又形成了城市的独特景观——大学校园、各种兄弟会和大学生联谊会、面向大学的购物区、少数民族学生聚居区等。[①]不同于美国这些自然形成的大学城，我国不少城市将高校集中起来兴建了一些大学城，而同样在其周围往往催生出相关的创新文化和高新

① 郄海霞：“美国大学与城市关系的形成特点及相关思考”，《比较教育研究》，2008年第1期。

技术服务产业群，拥有高校地缘优势的城区也无不着眼于此制定发展战略，成为城市区域功能布局的重要依据。在高校与城市一体化的大格局背后，是每时每刻都在发生的具体的交流活动，学生在走出去，城市在走进来。在这个过程中，各类学生组织起到了关键性作用。其具体途径有：

其一，学生组织培育校外的实践和志愿活动。在学生走出去方面，学生的个体行为比如专业实习、兼职等相对比较分散，影响力也较弱，而以共青团组织和班级、社团等为依托开展的学生实践活动和志愿者行动是最重要的形式。根据复旦大学团委 2007 年的统计数据看，该校全年参与社会实践的学生超过 5000 人次，青年志愿者的覆盖率超过全校学生的 80%。由于这些活动有组织、有引导、规模化，收到了良好的社会反应。

其二，各类学生组织的校园文化活动。校园活动不仅仅将眼光投射在校内，校内外共同承办、合作成为常态。我们注意到，其中社团活动的开放度、活跃度尤其高，高校学生社团近几年来蓬勃发展，虽然按照规定，社团正式成员为本校在校生，但参与社团活动的往往并不局限于学生群体，其中不乏一些已经毕业投身于城市大军的老社员，此外也吸引了不少年轻的城市白领。

其三，依托学生组织和学生自组织形成城市白领与学生共同生活圈。近年来，“校园白领”群体不断壮大已经成为引人关注的城市文化现象。他们居于高校生活圈，旁听讲座，参与学生组织的各种活动，作为编外人员却尽享学生式的生活便利和文化资源。高校与城市的边界已经十分模糊，学生组织与所在城市的白领群体并没有多大的隔阂。其实对于这种隔阂的消除产生更大作用的因素是当下城市越来越便捷的信息途径，以及愈演愈烈的网络化生存。网络技术的飞速发展，让人们通过信息化手段足不出户便可实现大部分生活所需，不需面对面的现实接触便可完成日常交流和严肃探讨。大学生与城市白领共同构成了这种生存方式的实践主力，他们游刃有余、甘之如饴。基于高校BBS网络论坛的学生自组织，此时正成为他们共同的生存家园。这种虚拟化的生存，显然使这部分流连高校BBS的资深网友比前面提到的“校园白领”少了那层身份阻隔，多了一份亲密无间和自在悠游。摈弃学生组织与城市之间的边界、融为一体的现象十分普遍，更是趋势性的显现。

上文中，我们将主要视角侧重于高校学生组织对城市的传递和渗透，事实上，特别在对第二种方式的论述中，一个毋庸置疑的事实同样摆在了我们面前：学生组织与城市之间联系日益紧密，在学生组织对城市产生渗透作用的同时，城市也对学生组织进行着反向作用。渗透是双向的，且不分先后，正如本节第一部分所言之“共生”。实力基础雄厚的大城市往往能给安身于此的大学带来附加分，这种附加声誉不仅仅是一件光鲜的外衣，更有充沛的资源、良好的环境和广阔的空间作后盾。

对于学生组织而言，身处大都市能够带来更多的实践机会去开拓视野，更宽广的舞台去初试身手，因而都市学生组织往往在数量、形式、实力等方面都更突出。比如，经济活跃的城市与大学之间的联系更加紧密，一些企业将人才战略的触角直接延伸到了大学校园，运用其企业资源和文化，培养、锻炼一批在未来可能成为其成员的大学生，于是一种与企业实现无缝对接的类似“前程联盟”的学生社团便应运而生。比如，在国际活动频繁的国际化大都市，我们发现学生志愿组织发展得尤其迅猛，参加国际大型赛会志愿服务需要更大付出，其中的挑战也是对志愿者的磨练，而志愿者组织也正是在这样的担当中实现其对外服务社会、对内锻炼成员的价值。学生组织依托着城市的优势，从城市中汲取养分，享受城市发展的红利。城市对学生组织的文化观和价值观也产生着影响。正如“市民通过自己的行为方式形成了这个城市独有的精神状态，另一方面，也正是这个城市的独有的精神状态约束着这个城市市民的行为方式”。[①] 当城市文化特色鲜明

① 俞吾金：“上海城市精神探讨之我见”，《探索与争鸣》，2003年第4期。

地、以固有强势的姿态存在，高校文化和学生组织也往往被烙上所在城市的痕迹。

在这一点上，我们需要对一种现象提出特别关注：在价值观上，学生组织从“引领文化”的骄傲自信到开始呼喊“守护文化”，在表述城市对高校文化和学生组织价值观的影响时，“冲击”二字正越来越多地被提及。冲击，暗示了两方中强势的侵袭和传统岌岌可危的固守。在这里，往往一方是城市以商业文明为中心扩散显现出来的一系列萌动的价值取向，另一方则是高校学生组织围绕社会理想而生的文化价值观。高校是一个社会的良心，高校学生组织对外界文化的汲取必须有判断、有选择，学生组织理应站在时代的潮头，成为城市文化和价值的领跑者，肩负起引领文化的使命。

三、城市发展新动力

参照美国不少城市发展的历史经验，有人说，促使一座年轻城市发展的最可靠办法是使它成为一所学院的院址。[①] 这个观点正被国内越来越多的城市接纳并采用。高校对城市发展的作用不容小觑，其中高校学生组织也扮演着重要角色。学生组织活跃在城市建设的众多领域，积极投身城市建设发展的实践中，成为城市的亮丽风景，也成为城市重要的发展力量。

其一，创造精神财富，提升文化内涵。正如前文论述所见，大学校园作为城市的有机整体，主要由学生组织创造的校园文化已经成为城市精神和城市文化中最优秀、最具活力的部分，学生组织也创造着无形的精神财富，担负引领城市文化的使命。另外，一些学生组织走出校园、走向城市、面向大众开展文学、音乐、艺术等文化活动，一

① ［美］丹尼尔·布尔斯廷：《美国人——建国的历程》，北京：生活·读书·新知三联书店，1993年版，第188页。

方面展示了大学生的青春风采，另一方面也渐渐成为城市的特色文化品牌，提升了城市的文化内涵。

其二，提供人才资源，促进科技创新。知识经济以创新的精神为主导，以人力资本的高价值运转为特征，以高科技产业和智力产业为支柱，企业经济的增长从主要依赖资金资本的积累转化为主要依靠知识资本的积累，从主要依靠产品的更新转化为主要依靠知识的更新。知识资本成为人力资本优势的标志，人力资源的价值成为衡量核心竞争力的标志。[①] 高校学生组织聚集了大批来自各地的人才资源，学生组织与城市之间的交流互动日益频繁，大学生通过学生组织这个形式和中介充分获取大学各类资源实现自我提升，同时在第一课堂外更多受到城市需求的召唤，通过学生组织的自主管理、组织功能的丰富拓展，培养和锻炼能力，使大学生的发展符合社会发展的需求。专业化同时具有较高综合素养的毕业生源源不绝地进入城市，为城市发展提供了最基本的人才资源保障。校园内学生组织带领下的科技创新实践，学生创业团队的梦想与尝试，以及具有创新精神和创新能力的人才成长，为城市的“科教兴市”战略不断注入活力，尤其对高新科技产业、创意产业的建立和发展具有重要意义，硅谷的奇迹不是个案。

其三，推动科学普及，推广科学理念。虽然我国城市居民的文化普及程度在总体上有了显著提高，但知识科普的工作仍然任重而道远。在当代飞速发展的社会，知识更新的速度令每个人惊叹，而城市化进程也使大批教育水平和知识水平相对较低的务工者成为城市的一分子。学生组织的社会实践和志愿者队伍，深入到城市社区和各个角落，通过知识宣讲、结对帮扶，普及和推广科技常识、安全防灾知识、卫生健康知识、防病防疫知识，提供法律咨询和援助。此外，也有志愿队伍与城市相关单位合作，比如城市科技馆、博物馆等，提供义务讲解服务，推动科学普及，推广科学理念。

---

① 廖泉文：《人力资源管理》，北京：高等教育出版社，2003 年版。

其四，促进公益慈善，辅助社会监督。宣传城市文明公约、交通安全、能源节约、环保意识、禁毒知识、造血干细胞捐献等，学生组织以高度的社会责任感，全面投入到城市的文明公益事业中。学生组织也是弱势关怀的主力，从贫困家庭到城市孤老，从农民工子弟到城市流浪者，从残障人士到吸毒、服刑人员，学生组织的实践和志愿活动持续关注和服务于城市弱势群体。学生组织也是重要的社会调研力量，学生组织始终关注社会发展，在提供政府决策参考、监督政策实施等方面也发挥着作用。

高校学生组织需要发挥服务社会、奉献社会的热情，更需要配合城市未来发展的总体战略，服务城市更好更快发展的需求，敏锐应对城市发展过程中需要面临的挑战，发挥学生组织的自身优势，拓展学生组织的功能，思考高校学生组织在城市中新的成长空间。

（1）先遣的民间关怀——着眼城市发展性问题

城市在取得自身快速发展的同时，一些问题也日渐显现，忽视它们的存在势必阻碍发展的步伐，影响城市快速发展的可持续性。正如2010年提出“城市，让生活更美好”，城市需要承担的使命是广泛的。城市面临的挑战，既有全世界范围内日益严峻的能源和环境问题，有全社会需要严阵以待迎接的人口老龄化高峰，也包括农村问题和农村城市化进程。这些问题，一方面亟待政策层面运筹帷幄、力挽狂澜，一方面也有赖于民间力量的群策群力，全民参与的戮力同心。

学生组织是一支重要的民间关怀力量。学生组织在地域、阶层等方面具有最大的包容性，成员背景十分多样化，综合了多种经验和视角。例如，我们很容易理解，一个来自农民工输出大省的农村学生，自然会对城市农民工现象拥有更直接和切身的体会；其父母有进城务工经历的学生，对农村城市化进程的思考也会比一般农村学生更深入，可能会进一步关注到农民工子女进入城市后的教育问题和留守儿童现象；由于同时拥有农村和城市两方面的生活经验，他的视角也会比城市学生更全面。学生组织能够站在全视角的立场，最大程度地消除社会关怀的盲点，对城市面临的各类发展性问题保持敏锐的思考。

通过学生组织的自我完善和能力发展，学生组织必将在民间关怀力量中扮演越来越重要的角色，发挥其先遣作用。在共青团组织的指导运作中，学生社会实践通过顶端设计，保证旗帜鲜明的主题导向，在关注城市的发展性问题上能够持续、大力度地深入。一方面传播理念、凝聚力量。学生团队走进最基层开展调研、宣传活动和关怀行动，启发基层民众对各种城市发展性问题的关注意识；取得媒体关注，结合舆论力量，能够进一步带动更广泛的民间力量投入其中，有助于形成全民参与的良好局面，达到民间合力。另一方面推动进步、贡献智慧。未来，学生的各类实践活动在结合专业优势方面还有很大的施展空间，可以进一步深化实践活动的内涵，提高行动质量；加强实践后期总结、宣传，对问题进行更深入的分析和思考，帮助其中成熟的实践成果走出校园，甚至在辅助政策制定、监督政策实施、反馈政策效果方面发挥作用。

（2）城市志愿服务响应体系预备队——城市发展的补充力量

志愿者是城市建设的重要补充力量，其中高校学生青年志愿者组织发挥着主力作用。目前现有的高校学生志愿组织在参与城市服务方面，常规化的志愿活动主要集中在弱势群体关怀、公益慈善参与、科学文化普及传播等。另外，高校学生志愿者组织更多地参与到配合城市举办大型活动的志愿行动中，承担综合性、多样化的任务，发挥着越来越重要的作用。就上海而言，APEC会议、中非峰会、2007年特殊奥林匹克运动会、女足世界杯……还有2008年奥运会和2010年世博会等等，志愿者工作已经成为大型赛会工作的重要组成部分，志愿者担当着越来越重要的角色。

城市举办的这类大型活动往往需要大规模的力量动员，是对一个城市综合力量的考验，而志愿者作为非常态的预备性力量，构成了对城市常规力量的有力补充。一方面，在快速发展的大城市中，类似的大型活动举办越来越频繁；另一方面，着眼于城市未来发展中不确定性的应急需求，也要求这个补充力量更加稳定化、体系化，使志愿者队伍实现快速有效的动员响应。城市志愿服务响应体系呼之欲出。相对于目前志愿力量、志愿组织的临时性动员和零散组合集结运作来说，其重点是，在对志愿者或潜在志愿力量专门化分类建档的基础上，形成虚拟化预备队，进而由其组合成具有一定专业战斗力的网络，形成完备的体系，实现能够根据需求进行针对性的动员响应，召之即来，来之能战。

对于这样的城市志愿服务响应体系，学生组织应该成为预备队主力军。城市志愿者响应体系预备队以高校学生为主体，以高校学生志愿者组织为基础，具有明显的优势：其一，具有思想基础。大学生是最具奉献意识和社会服务意识的群体，高校对学生的培养目标中始终将培养奉献精神作为重要方面。目前，青年志愿者活动在高校已经具有良好的基础，在大学生中覆盖面广、参与率高，志愿精神深入人心，形成了良好的志愿服务氛围，能够保证志愿动员的良好效果。其二，具有人力资源优势。高校拥有庞大的学生群体基数，稳定的志愿者参与率保证，是优质的志愿者人力储备库。学生志愿组织相对于社会志愿者，在时间上也具有更大的灵活机动性，动员队伍对原有的常规运行体系影响小，更符合预备队所需的机动要求，实现动员有效性。其三，具有专业优势。高校学科专业齐全，学生志愿组织拥有最全面的专业覆盖，能够形成微缩型的完整专业网络，形成预备队所需的体系化的社会力量。例如小语种外语等边缘型特殊化的人力需求往往更容易通过高校学生志愿组织获得满足。虽然学生志愿者尚处于专业学习阶段，学生志愿组织的专业性无法达到专业力量的要求，但由于结合专业的志愿服务行动对于学生来说是一种专业的实战演练，能够锻炼专业能力、积累专业经验，志愿者往往投入更大热情，拥有更强的战斗力，配合专业队伍行动完全可以实现所需的专业要求。其四，学生志愿队伍在组织运作上更具纪律性和规范性。因此，对于目前高校学生青年志愿组织来说，未来在各方面都具有很大的拓展空间，将在城市发展中显示更大的力量，大有可为，是城市发展中重要的补充预备力量。

第三节　学生组织与社会

一个组织实现持续性发展的必要条件，就是能够始终保持具有长远意义或宏观意义的目标。在社会发展的过程中，这一点必须被牢记。比如，当我们放眼目前具有优异商业地位和社会地位的国内外大型企业时，就能发现它们都在不断地修正自己的发展目标，不断地强化表达自己的价值追求，形成具有战略意义的长期愿景。对于学生组织而言，亦当如是。某种程度而言，学生组织的影响和价值具有广阔的发展空间，也是引导大学校园内各类学生组织不断发展的根本基础。因此，关注学生组织与社会的关系是探讨学生组织如何实现更广阔价值追求的题中应有之义。

这样的认识对于目前中国大学的学生组织发展具有深刻的意义。因为随着社会不断深化的现代化发展水平，各方对于大学在当代中国发展中的地位有了更多的探讨、认识以及期许。而学生组织恰恰是在大学的氛围中生长而成的具有充沛活力的群体。所以，学生组织如何实现有利于社会进步的目标具有较强的现实价值。大学无疑是学生组织成长、发展的最重要的空间载体。大学为学生组织提供了丰富的给养，这不仅仅体现为大学汇聚了来自社会各阶层的青年学子，为学生组织的形成奠定了稳定的人员基础和组织基础，同时也体现在为学生组织提供了自由、多元、活泼的环境条件和思想氛围。这种形而上的因素对于学生组织而言恰恰更加重要，因为这些因素使得学生组织具备了更强的“大学特色”，给予其更独特的秉赋。结合目前的条件，当代中国现代化进程已经日益深入，现代化的诉求和动力已经渗透入社会各阶层的生活，也成为国家主导意识形态中的核心内容。[①] 大学自其诞生起，就肩负了推动社会发展、涵养社会思想的渊薮之处。在当代中国的语境下，大学的社会价值更被各方所重视。推动现代化进程，实现社会的可持续发展，也成为大学所不懈追求的文化价值。大学在推动社会物质层面和精神层面取得成就的能力已经不容忽视，也为社会所认同。显然，在大学中出现学生组织，其深远的价值追求也必定在这样的氛围和环境下展开并丰富成为高层次的发展方向。

发掘学生组织与社会的关系，或许对于当下的各类学生组织而言，仍属于应然性分析。但是从目前的实践来看，学生组织所形成的丰富实践，已经为社会的全面发展贡献了自己的力量。因此，可以明确，学生组织的实践活动本身就具备了社会价值和社会意义。不断提高学生组织与社会之间的密切关系应当成为推动学生组织持续发展的宏观方向。

学生组织的发展必然可以帮助青年学生实现人的全面发展。学生组织对于社会而言发挥积极作用，能够更好地实现这个目标。根据我们的定义，学生组织是以学生为主要组成成员，有目标也有群体边界的团体。无论是何种类型的学生组织，其内在目的就是实现大学生的全面发展，也即有利于实现人的全面发展。这正是大学育人工作所内含的价值标准。当学生加入或者被编入一定的学生组织，他们希望通过参与学生组织，实现自身的发展诉求和利益诉求。比如，当代大学生加入学生组织的目的，包括了提高自身学术能力与思维能力，提高自身内含的人力资源价值，以更好地达成自我实现，提高自身的精神境界，以实现物质追求之上的精神追求等等。略做思考，我们就能发现，这些诉求都无法脱离社会发展的现实环境。需要深刻体认的是，尽管大学本身就能满足学生的大部分诉求，但大学的价值不在于在内

---

① 林尚立:《当代中国政治形态研究》，天津：天津人民出版社，2000年版，第412—469页。

部促进学生发展，而在于为社会造就一批批栋梁之材。学生组织追求实现自身的社会价值与大学的使命、大学生的个体发展内在地契合。

同样，社会的发展也为学生组织的发展拓宽了空间。从目前的情况来看，在以后相当长的时期内，大学与社会的关系将日益密切。大学内的学生组织将迎来“大有可为”的状态。随着现代化进程的日益深化，市场经济将逐步成熟，这将深刻地改变当代中国社会的内在性质和外在形态。中国市场经济的发展需要具有原创性的思想动力，这既表现为，在物质层面上，经济发展需要具有创新意义的核心技术突破；也表现为在精神层面上，需要有高素质的公民实践，以强化、巩固社会的核心价值体系，奠定国家、民族的思想。从更为宏观的视角看，学生组织作为中国高校育人体系的重要组成部分，其真正的价值也就体现在满足青年学生多元化的利益诉求，并且引导青年学生全面成长，促进他们在学术训练和思想道德领域逐步成长为能够肩负社会使命的优秀人才。

学生组织要真正实现对于社会的贡献，形成与社会的良性互动，在实践层面，更为重要的是，在于厘清自身所具有的优势和特点，从中探求出走向社会乃至影响社会的途径。这样才能切实地体现学生组织与社会发展的内在契合之处。学生组织能够发挥自身所具备的社会价值吗？无论是理论思维还是实践，均给出了肯定的回答。

学生组织之所以能够实现自身具备的社会价值，最重要的原因在于学生组织具有灵活性、渗透性的本质属性。这一点或许是许多人在探讨学生组织特点和发展路径时所忽略的方面。从最基本的感性认识而言，学生组织的本源就是一批批青春、活跃的大学生。无论是哪一类型的学生组织，它的出发点和宗旨都是为了学生更好地成长，为了更好地满足高校学生的多元化诉求。任何一个学生都永远不能忘记这一根本归宿。更值得思考的是，学生群体自身就是具有特殊社会身份的人群。从动态的视角看，当学生进入大学校园，他的身份就被界定为学校的大学生。然而，当他们进入社会时，他们的身份能获得多重界定。这也正是现代化进程中中国社会发生根本转变的标志。大学生可以成为自主创业者，可以成为自由作家，可以成为具备一定社交能力的营销者（不仅仅推销商品，也可以推销自己的创意或者是活动计划），也可以成为热心公益的志愿服务者。大学生是可以在校内外自由流动的人群，是具有特殊社会身份的人群。以青年学生为构成主体的学生组织也就具备了这样的流动性、灵活性和渗透性。大学生可以穿越大学校园与社会之间的边界，在时机成熟的条件下，充分发挥学生组织的特点和能力，将大学生的青春风采，将大学校园的清雅气息辐射到社会中。同时，在一定的制度规范下，学生组织也能够将社会资源积极引入大学之中，更好地满足广大学生在精神文化和个体发展上的需要。统观当前中国内地高校中学生组织的发展情况，这样的情况已经屡见不鲜。比如，活跃于高校的社团组织经常走出学校，联系校外的机构，或是为社团活动提供资金支持，或是为社团成员提供实践、服务的机会；许多班级集体以社会实践的方式走进农村、社区、企业和各类政府服务机构，运用学到的专业知识，为社会人群提供服务，也引导学生进一步了解社会、认识社会。国外许多大学的学生团体还能够成为社会的瞩目和骄傲，向公众展示独特的大学校园文化。比如许多欧洲大学所举办的大学生合唱团或艺术团，不仅成为学校文艺活动的精华，也在城市的定期节庆中成为"城市名片"，获得良好的社会反响和认同。

学生组织与社会的关系。这一主题的根本内涵就是思考学生组织能够在多大程度上、以何种方式充实、开发自身所具备的社会价值。开发学生组织的社会价值也就是为了探索出当下学生组织这一制度形态发生制度变迁时，应当遵循怎样的路径才能获得更广阔的生机，克服目前各类学生组织所遇到的普遍困难。从学生组织的社会价值入手，无疑是一条具有重要意义的制度变迁路径。

——学生组织整合社会阶层的社会价值。大学校园内的青年学生并不是无源之水、无本之木，他们都是来自各个不同家庭、具有不同社会阶层背景的年轻人群。对于他们而言，大学也并非简单的学府殿堂。在目前中国现代化的条件下，在中国当代社会发生质的变化的环境下，青年学生进入大学求学往往意味着实现自我的发展目标，获得更高的社会地位。大学内部已经具备了很强的社会交往性质。在大学里的各类学生组织集聚了差异较大的各类学生，他们的言谈举止和思想体现着城乡差异和社会阶层的差异。这样的差异对于各类学生组织来说成为了一项项的挑战，但也提供了学生组织的发展契机。

学生组织的根本特点在于形成组织形态，进而实施组织化的行动。这一点对于正式的和非正式的学生组织来说，都是基本的目标设定。因此，学生组织必然要整合组织内部成员，努力使之成为统一的、具有行动力的群体。对于部分类型的组织而言，整合的要求会更高。比如，对于班级集体而言，在目前的条件下，它仍然是承担鼓励、促进学生学业学习，落实思想政治教育要求，培育青年学生全面成长的基层组织和重要载体。所以班级对于组织成员的整合就不能仅仅停留在组织形态层面。简单地维系班级的组织形态，而不注入思想引领、文化内涵和良性氛围，在社会多元化、思想多元化、个性诉求凸显的大环境下，只能出现“形聚神散”的消极局面。班级的整合必定是从形态直至内涵的多层次、多维度的组织凝聚，甚至需要深入到每一个成员的心灵之中。在这样的背景下，结合青年学生所具有的不同成长背景，一个成功运作的班级组织在无形中就实现了整合社会阶层的职能。这一点尽管目前没有被广泛认识，但是其所具有的社会价值却不容低估。现代化进程中的社会和谐，很大程度上就是让不同社会阶层能够实现良性互动、良性流转、良性发展。这都有赖于社会能够形成一个稳定有序、公平合理的阶层结构，能够将各类社会基层整合在和谐的社会框架之中。对于学生组织而言亦是如此。当然，在内涵丰富的大学校园内，不仅正式学生组织发挥着这样的作用，许多非正式的学生组织，如类社团组织、同乡会、读书小组（读书会）等等，也在发挥着这样的作用。

明确学生组织整合社会阶层的价值能够帮助我们拓宽发展思路。实现成功整合的关键在于组织是否能为组织内部的成员提供丰富、切实的服务，基本满足来自各方的合理利益诉求。对于正式组织而言，注重为组织成员提供合理、高效的服务应当成为以后一个时期发展的主要方向。获得成员认同的最好方式莫过于使成员有强烈的满足感和认同感，为大学生营造有利的成长氛围。正式学生组织在校园中拥有诸多的学术资源、经济资源以及社会资源，也可以积极地引入外界资源，这些资源的有机组合必定能为学生提供在校园内需要的各类服务。另一方面，通过一系列的团体活动激发学生的集体荣誉意识，也是推动有效整合的途径。鼓励组织成员为共同的目标而努力奋斗，贡献出个体力量，分享集体荣誉，这种实践性的教育方式比简单的灌输式说教更容易塑造青年学生对于正式组织的认同。对于各类非正式组织而言，外部的调控力量要给予它们宽松而有序的发展氛围。学生成长背景的差异势必形成不同的需求，多元的需求很难通过单一的路径予以满足。校园内各类社团、类社团组织的存在是一种丰富和繁荣。在有序的调控格局下，这些非正式组织能够满足学生各类情感需求和发展需求，进一步提高阶层整合的水平。

当然，阶层整合在这里的含义不仅仅是维持稳定的阶层存在格局，还包含推动阶层的良性流转的内容。这也是学生组织获得创新进步的动力来源。结合当前实际，获得高等教育对于社会大多数家庭和学生而言更具有“人力资源投资”的含义。这一点恐怕在中外均如此。即使在美国，当许多名校在20世纪中期推行通识教育时，也不得不考虑家庭鼓励学生接受高等教育的“经济学意义”，从而通过强制性的制度设计在大学本科一、二年级推行通识教育。[①] 因此，学生组织的阶层整合也包含了为学生提供个人发展基础的作用。比如，在欧美许多大学都存在“兄弟会”等形态的校园精英组织，这类组织不

---

① “四大模式背后：美国名校的‘经史传统’”，《21世纪经济报道》，2006年7月4日。

仅为在校学生提供了高水平的培育措施，也为毕业后走入社会的学生提供了广泛的社会资源。这类组织在欧美的大学中方兴未艾，而且常胜不衰，绵延不绝。这类学生组织其实为成员营造了有利于成长发展的交流空间和实践空间，有效地推动了阶层良性流转的实现。

——学生组织间接推动学术科技创新水平提高的社会价值。扎根于大学的学生组织必然要成为大学履行社会使命的载体。否则，学生组织就失去了魅力和存在意义。大学的重要使命就是传播社会的新思想、新观点，推动社会自主创新水平的不断提高。对于学生组织而言，这也是非常重要的目标。学生组织能够推动学术科技创新，这已经成为中国大学的一项景观。青年的创新潜力是无限的，一旦被激发就能创造出辉煌瞩目的成就。学生组织就是激发青年学生灵感的重要媒介。

从目前大学内学生组织的发展情况看，推动青年学生提高学术科技创新能力的路径主要有两种：一种是基于学生组织自上而下的动员模式。这种模式主要由一些“主流”的高校学生组织予以实施，这些学生组织以大学内的共青团组织为主体。这一模式的优越性在于共青团组织通过在学校党政管理层面的资源整合和运作，能够为学术科技创新活动提供足够的学术资源、政策资源支持与激励。在现实的条件下，共青团组织也具有深入学生的组织体系（从学校团委、院系分团委直至班级团支部）。这样自上而下的体系能够充分发挥组织动员学生参与，宣传扩大学术创新活动影响的作用。根据所掌握的资料，当下国内许多大学实施学术科技创新活动的方式均是以此为主。最明显的例子是，国内大学生学术科技创新最高奖——“挑战杯”全国大学生课外学术科技作品竞赛的实施主体就是各高校的共青团组织。也就是说，通过学生组织广泛动员的模式推进学术科技创新，已经成为历史条件下的一种路径选择。

第二种路径则是基于学生的学术兴趣和热情所自发形成的探求学术的组织（或是组织化形态的行动）。这也是当代中国大学发展所必然出现的情况。大学生本身就是具有较强自主性和学术追求的群体。他们中有相当一部分人对于学术创新和学术钻研具备敏锐的感觉。这既是因为大学生年纪较轻，具有朝气，也因为他们在思维上受到的约束比较少，具有大胆创新的魄力和勇气。随着国家现代化进程的展开，当代青年学生的个人主体性也日渐增强，他们在一定条件下能够被激发出自主探求学术的热情和能力。这一点对于人才培养至关重要。以西方大学为例，著名的麻省理工学院对于学生参与课外学术科技活动有着硬性的指标要求。学院希望通过学生参与这些学术活动激发兴趣，能够自发地对于某些学术问题开展研究。中国的大学在这方面也同样需要做出努力。现在许多大学都有学术类的社团，这些社团在很大程度上都是集聚了一批对于一定学术领域存有兴趣的大学生。此类组织存在的必要性就是能够为成员提供定期培训和研讨的机会，培养学生学术研究能力和团队交流协作能力。同时，根据我们的了解，在大学内也存在各式各样的"读书会"。小团体定期集会，集中阅读一定数量的经典文本，并开展讨论。这实质上已经成为了一种学生组织形态（或是准组织）。它的功能和前述的学术类社团具有很大的相似性。这种形态的组织完全出于学生自发组织而成，形成基础就是共同的学术兴趣和人际交往偏好。

通过分析我们也不难看出，学生组织推动学术科技创新所包含的社会价值：这些组织为大学生的学术兴趣提供了实践的舞台和机遇，有效地提高了大学生的学术创新能力，落实了大学为社会培养创新型人才的使命。以国内知名的学术科技创新赛事"挑战杯"为例，连续创办十届的"挑战杯"赛事，培养了一大批的青年学术创新人才，他们中间很多人目前已经成为高校科研创新的骨干人才，并且为国家推进自主科技创新做出了令人瞩目的贡献。截至 2005 年，"挑战杯"吸纳了 120 万大学生的参与，获奖学生中有多位"长江学者"，6 位国家重点实验室带头人，30 多位教授、学者。其中第二届挑战杯获奖选手邓中翰领衔科研团队，开发出拥有中国自主知识产权的"星光中国芯”，获得了海内外的高度赞誉。[①] 这些事例也充分表明，学生组织推动下的课外学术科研活动对于提高学生创新能力具有不容忽视的作用。

剖析学生组织推动学术创新的路径，更重要的意义在于根据新情况、新局面进一步优化这些路径，并探索出符合新要求的新路径。从目前的实践看，由学生自发组织而成的学术性组织具有很大发展空间。这种基于学生本身兴趣所形成的团体能够进一步丰富、活跃大学内学生的学术实践空间，也能培养他们的社会交往能力。这一点在国外大学的实践中已经取得了明显的成就。耶鲁大学校长莱文就明确表示，造就耶鲁成功的关键之处就在于耶鲁的学生在“住宿学院”的模式下参与各类自发而成的学术兴趣组织，从中锻炼、提高自己的综合素质。[②] 问题的关键在于如何结合中国大学的实际情况探索出新的发展路径，如何为目前及以后的学术组织营造良好的发展机遇，如何形成有效的激励制度推动各类学术组织应运而生。可供借鉴的是，学生组织的第二种发展路径能够依靠第一种路径的优化得以长足发展。具体而言，第一种正是基于学生组织的自上而下的动员体系是否可以有效地与第二种相整合，为第二种路径提供资源支持，更广泛地培植学生的学术兴趣和学术能力，以达成“双赢”的格局。比如，目前各所高校都注重培养学生自主创业，大学生的自主创业行为必然包含两重性质：第一重是学术创新性，大部分的创业行为都有一定的学术科技含量；第二重是团队组织性，这是分担创业风险、提高创业效率的现实选择。正式学生组织对于此类活动的支持、鼓励能起到“雪中送炭”的效果，也有利于进一步推动学生自主创业组织的长久发展。

——学生组织具有引导人感知社会、服务社会的价值。这种价值

---

① 王宏舟、丁力主编：《“挑战杯”系列丛书》（第一分册），北京：时事出版社，2005年版，第114—119页。

② “世界著名大学校长谈大学生应该怎样学习”，http：//www.visioncentury.com/html/anli/xuexixingxuexiao/20070311/1975.html。

是高尚的价值。大学的职责就是培育社会的栋梁，这不仅仅是传授理论实质和学术思想，也包含着引导青年学生形成完善的人格，成为国家合格的公民。鼓励学生具备社会责任意识，形成无私奉献意识，对于育人工作和社会发展而言都具有不可替代的意义。在各方努力下，以大学生为构成主体的学生组织，动员广大学生走进社会，通过自身行动实践服务社会的承诺。这已经成为高校学生组织的常设性活动，也成为吸引广大学生参与学生组织的有效方式。

优秀人才的成长不能脱离社会环境而“自行”达成。社会和大学之间存在很大的差异性。大学培育的社会人才只有在发挥出自己的社会价值时才是真正的人才。因此，大学育人工作就不能局限于课堂中的理论思辨，也必须包括实践中的切身体验。走入社会的人生体验对于青年学生而言都是一笔宝贵财富。同样，社会实践、服务社会的行为对于社会而言也是弥足珍贵的。这既意味着学生作为一股社会力量不懈推动社会建设，也意味着社会通过教育学生夯实自身的基础。

当前的大学内已经普遍形成了社会实践活动和青年志愿者服务活动的载体，它们均由各类型、各层级的学生组织开展运作。这样的举措实现了学生组织的社会价值。总的来看，社会实践活动包括两项内容：其一为社会调查研究，即通过学生组织的动员和评比，形成一系列的社会调查项目。通过参与这样的项目，学生进一步了解社会中的具体问题，提高自己的学术素养，开拓眼界，对于社会生活有了初步的认识。其二为社会性服务举措，即通过学生组织的联系或者支持，学生组成团队，为一定的社会团体或者机构提供力所能及的服务举措。而青年志愿者活动的内容更为丰富，在目前的发展局势下涵盖了许多社会领域，包括关注弱势群体生存、推动城市边缘人群和农村人群的教育工作、服务国家或城市的重大活动赛事、服务城市社区居民等等。当然，这一切的发展均离不开学生组织的积极运作。志愿者群体的形成、培养、选拔、输出，在绝大多数情况下仍然依靠一系列的学生组织予以落实。

发掘学生组织的社会价值，有两个根本性的问题需要追问，在学生组织积极参与的条件下，社会得到了什么，而学生又得到了什么。对于后一个问题，前面已经做了较为详尽的回答，对于前一个问题，还需要认真地思考。之所以说这些问题至关重要，是因为找到答案即意味着探索到了社会实践和志愿者服务领域的新发展路径。

社会通过学生组织发动的实践性、服务性活动收获了新兴的社会性力量。大学生也是当今社会的重要群体。他们具有较高的思想素质和知识水平，也具有敏锐的洞察力，能够关注社会中的各类人群和急需解决的各类问题。青年学生永远是一个社会最具活力的群体。当他们自主地走入社会，发挥自己的优势和特长时，会产生难以估量的影响。目前，在大学校园内都掀起了关注城市弱势群体、关注农村农民生存情况的潮流。在政府的号召和社会舆论的引导下，大学生群体越来越多地深入到城市边缘人群中，深入到农民群体中。这种自发形成的力量为解决社会问题做出了相当大的贡献。实践活动和志愿者活动为支援西部地区发展、支援农村和城市流动人口的教育事业提供了支持，也引发社会各界思考如何妥善解决社会现代化进程中出现的各类问题。作为实践者和服务者的大学生构成了一股积极的社会力量，通过自己的实际行动，推动着社会的发展。这对于市民社会力量并不发达的当代中国而言，显得尤为重要。

社会也收获了崇高的道德感召。在大学生的实践和服务过程中，学生组织始终是主导力量，它们为实现活动宗旨做了切实的努力，成为联接大学生和社会的媒介。在学生组织的发动之下，大学生的实际行动成为了群体性行为，不仅影响了周围更多的学生，也散发出强烈的道德魅力，影响着社会中的各种人群。同时，这种群体性行为来自于平凡普通的大学生，因此更加务实，更加贴近社会人群的日常生活，使它的道德魅力能够持续地发挥作用。

参考文献

1. 王守刚、封雪、畅军亮："高校学生组织自治运行模式及机制研究"，《煤炭高等教育》，2006 年第 24 期。

2. 谢和平：《大学校长视野中的大学教育》，北京：中国人民大学出版社，2005 年版。

3. 黄坤锦：《美国大学的通视教育》，北京大学出版社，2006 年 7 月第一版。

4. 陈时高：《谈我国大学多校区的管理》。

5. 《多校区的学生教育工作》，中山大学出版社，2007 年版。

6. ［英］冯·哈耶克，邓正来译，《自由社会秩序的若干原则》，北京：首都经济贸易大学出版社，2001 年版。

7. 黄坤锦：《美国大学的通识教育——美国心灵的攀登》，北京：北京大学出版社，2006 年版，第 7 页。

8. 郑鹏："浅论多校区高校校园文化建设"，《当代经济》，2007 年第 5 期。

9. Thomas Bender (eds.) . The University and the City: from Medieval Origins to the Present (New York & Oxford: Oxford University Press, 1988, p. 212.

10. 周国平："建设全球城市——上海未来五年发展战略"，《上海市经济管理干部学院学报》，2008 年第 1 期。

11. 郄海霞："美国大学与城市关系的形成特点及相关思考"，《比较教育研究》，2008 年第 1 期。

12. 俞吾金："上海城市精神探讨之我见"，《探索与争鸣》，2003 年第 4 期。

13. ［美］丹尼尔·布尔斯廷：《美国人——建国的历程》，北京：生活·读书·新知三联书店，1993 年版。

14. 廖泉文：《人力资源管理》，北京：高等教育出版社，2003 年版。

15. 林尚立：《当代中国政治形态变迁》，天津人民出版社。

16. 王宏舟、丁力主编：《"挑战杯"系列丛书》(第一分册)，北京：时事出版社，2005 年版。

17. 丁力："思想政治教育及其制度创新的途径"，《思想理论教育》，2007 年第 5 期。

图书在版编目（CIP）数据

中国当代高校学生组织研究/尹冬梅、丁力主编．—北京：时事出版社，2008.9

ISBN 978-7-80232-172-4

Ⅰ．中… Ⅱ．①尹…②丁… Ⅲ．高等学校－学生组织－研究－中国－现代 Ⅳ．G645.5

中国版本图书馆 CIP 数据核字（2008）第 129408 号

出版发行：时事出版社
地　　址：北京市海淀区万寿寺甲 2 号
邮　　编：100081
发行热线：（010）88547590　88547591
读者服务部：（010）88547595
传　　真：（010）68418647
电子邮箱：shishichubanshe@sina.com
网　　址：www.shishishe.com
印　　刷：北京百善印刷厂

开本：787×1092　1/16　印张：18.5　字数：238 千字
2008 年 10 月第 1 版　2008 年 10 月第 1 次印刷
定价：40.00 元